Discover Your True North

True North
リーダーたちの羅針盤

「自分らしさをつらぬき」成果を上げる

ビル・ジョージ 著
小川孔輔 監訳　林麻矢 訳

生産性出版

序文

ウォーレン・ベニスの大いなる遺産

ウォーレン・ベニスは、リーダーシップ研究における偉大な先駆者のひとりです。小柄ながら、彼の知性、心そして精神は巨人そのものでした。ピーター・ドラッカーがマネジメントの父と称されるように、ベニスもまたリーダーシップの父でした。

ベニスはそれまで私たちが持っていたリーダー像を一変させました。リーダーシップの諸資質は遺伝的なものではなく、生涯を通し自己発見のプロセスを経て得られると主張した最初の学者です。リーダーは特定の才能を持って生まれるのだという考え方を否定し、真のリーダーシップの源泉は、「自分の内面」にあると指摘しました。

彼は、次のように記しています。

最も間違ったリーダーシップの通説は、リーダーはリーダーとなるべくして生まれる、つまり、リーダーシップには遺伝的要因があるというものです。この通説によれば、特定のカリスマ的資質を持っているか、いないかで人は区別されます。ナンセンスです。むしろその逆こそが真実です。リーダーは生まれながらにその資質を持っているのではなく、作られていくものなのです。

ベニスは、リーダーがいかに人生経験を経て成長し、試練にもまれてリーダーシップのスタイルを形成していくのか、そしていかに一段と力をつけてリーダーとしての責任を担っていくのかを明らかにしました。「リーダーシップは人格だ」と明言しています。さらに、次のように言葉をつないでいます。

それは表面的なスタイルの問題ではありません。人間としてどうあるべきかという問題であり、私たちを形成してきたさまざまな力の問題です。リーダーになるプロセスは、ちょうど調和のとれた人間になっていくプロセスと同じなのです。

ベニスは若い頃、『企業の人間的側面―統合と事項統制による経営』（産能大学出版、１９７０年）の著者であるダグラス・マグレガーから大きな影響を受けています。彼とは、アンティオキア大学で、さらにマサチューセッツ工科大学（ＭＩＴ）でも同僚でした。ケンブリッジ大学時代は、「欲求５段階説（自己実現理論）」を提唱したアブラハム・マズローをはじめ、ピーター・ドラッカー、ポール・サミュエルソン、エリク・エリクソンたちとの親交を深めていました。中でもエリクソンが提唱した8段階の「心理社会的発達理論」は後に、ベニス自身が提唱した「ジェネラティビティ」（次世代のリーダーを育成する）に大きな影響を与えています。

ベニスは30冊の著書を残しました。ニティン・ノーリア、デービッド・ガーゲン、ジム・オトゥール、ボブ・サットン、ジェフ・ソネンフェルド、ダグ・コーナントといったそうそうたるリーダーシップ論の著者たちの多くが、その思想形成のプロセスでベニスの恩恵にあずかっています。

ベニスはシンシナティ大学の学長を務めていたころに、彼自身の真価を次のように認識したと言います。「私は、地位の上昇にともなう権力を手にいれることで幸せを感じることは決してありませんでした。私が本当に望んでいたのは個人が持つ力、つまり、言葉で周りの人たちに影響を与えられるようになることでした。私が求める本物の能力とは、教室の中やメンターとして役立つことなのです」

1979年に心臓発作を起こした後、ベニスはホームベースを南カリフォルニア大学に移したことで、彼がビジネス界のリーダーたちにもたらした影響は、広く深く行き渡っています。彼を知らなかった何千というリーダーたちが、彼の著書に触発されて、そのリーダーシップへのアプローチを取り入れていきました。私は彼から受けた影響は本当に大きかったのだと多くのCEOから直接聞きました。

さて、私が彼を知ったのは、1989年に出た『リーダーになる』（海と月社、2008年）を読んだのが最初でした。それはまさに啓示でした。私はついに、自分が共鳴できるリーダーシップ哲学と出会えたと直感したのです。そして、彼の哲学をベースに、メドトロニック社とハーバード・

ビジネス・スクール（HBS）時代を通して、私自身の著書や講義を積み重ねることもできました。

私が彼と最初に顔を合わせたのは、1990年代後半の世界経済フォーラムでした。ベニスは心臓を患っていて、その当時メドトロニック製の除細動器を埋め込んだと言っていました。2001年の12月、メドトロニック社の恒例行事だったイベントにベニスをゲスト患者として招待しました。そこで自分が使っている除細動器を設計・製造してくれた社員たちに対する感謝の気持ちを、1万人もの社員たちの前で披露したのでした。

ベニスは、「自分の心臓」の中にはメドトロニック製の器械が入っていて、何度も命拾いしたのだという話題を喜んでしていました。そんな場面に私も直接遭遇したことがあります。それはマサチューセッツ州ケンブリッジ市での講演のときのことです。講演の最中に不整脈の発作が出て、除細動器が作動しました。原稿を落としてその場に倒れ込みましたが、毅然として立ち上がり、原稿を拾い、中断したことを詫びて講演を再開しました。10分後には再び除細動器が作動したため、ケンブリッジ市消防局が来て彼を緊急搬送していきました。

2002年、私は妻のペニーと一緒に、ベニスとデービッド・ガーゲンがアスペン研究所で主宰したセミナーに参加しました。そのころの私はメドトロニック社での経験を本にしたいと思うものの、出版社が見つからずに苦労していたころでした。私の狙いは、リーダーシップやリーダー育成のための実用的なアプローチを提供することであり、人々が他人をまねるのではなく自分らしさを生かして人の手助けをすることにありました。ベニスの応援もあり、私はジョシー・バス社から『ミッション・リーダーシップ』（生産性出版、2004年）を、ウォーレン・ベニスが編集する推薦図書シリーズの一環として出版しました。ベニスはシリーズの編集長として、次のような序文を書いてくれました。「時代を超越してリーダーに求められる資質は、常に人格を陶冶することであり、そして常に本物の自分であることです」

ベニスが推薦する図書として出版された拙著4冊すべての編集長として、自分の時間と知見を惜しみなく共有してくれました。『リーダーへの旅路』（生産性出版、２００７年）の執筆中に、ベニスは、ピーター・シムズと私と一緒に5日間にわたって、本で取りあげる概念的な思想やそのストーリーについて吟味してくれました。自らの思想を守ろうとする著名な学者が多い中、ベニスが私に望んだのは、彼の思想を拡大していきながら、それが新世代のリーダーたちにも十分に伝わるようにすることでした。その世代を彼は後に「試練の世代」と呼んでいます。私たちは次世代のリーダーたちを動かしたいという思いを共有していました。それは彼らが、人々に奉仕することで、より良い世界をつくっていくという明確な目標を持って先頭に立ってほしいという思いです。そのために私たちは著作を通して彼らに語りかけたかったのです。

ベニスは私と妻に彼のクラスに参加してリーダーシップを討議しようと誘ってくれました。亡くなる2カ月前のことです。それが、私が彼から受けた最後から2番目の講義になってしまいました。ベニスは病気のため身体的には万全ではありませんでしたが、心と人間性はそれまでに増して研ぎ澄まされていました。

89歳でなお、このように教鞭をとる先生が他にいるでしょうか？

その夜、夕食の席で妻がベニスに墓石には何と刻んで欲しいかと尋ねると、「寛大な友人」とベニスは答えました。ベニスはまさに何千という友人、学生、学者、そして教え子たちの「寛大な友人」でした。彼にかかわったすべての人たちに、優しさ、陽気さ、そして知恵を授けてくれたのです。

ベニスの最後の著書 *Still Surprised* に、1枚の写真が載っています。それはズボンの裾を折って裸足で大きな足跡を残しながらビーチを歩いているベニス自身です。この足跡こそが私たちへの遺言なのです。彼の思想を私たちのリーダーシップ論の中で生かしていかねばなりません。ベニスの最後の著書は、彼が残した最高の遺産となることでしょう。その足跡は、ヘンリー・ワーズワース・ロングフェローの「人生賛歌」[1]の一説を思い出させてくれます。

大いなる人々の生涯は教えてくれる、
われらも生涯を気高くなして、
この世を去る時、時間の砂浜に
足跡を残していけることを。

1 亀井俊介・川本皓嗣編（1993）『アメリカ名詩選』岩波書店。

本書に寄せて

ピーター・ドラッカーが全盛期の頃、ＣＥＯたちが頻繁に大陸を横切ってカリフォルニアに彼を訪ね、企業のリーダーシップや経営について助言を求めていました。彼はビジネス界ではまさにアイコン的存在で、経営研究の父と称され、彼の30冊の著書は今日のグローバル企業の形成に大きな影響を与えました。彼自身が大変魅力的な人物であり、そうあるための知恵を授かっていたのだと、晩節の彼と交わした会話の中で知りました。

10年前に彼が亡くなった後、「誰がピーターの跡を継ぐのだろう」という声が当然のようにあがりました。そして、ふさわしい後継者として名前があがったのがウォーレン・ベニスです。再びＣＥＯたちは、遠路カリフォルニアに出かけ、温厚で賢明なウォーレンに面談を求めるようになりました。彼と知り合えた私は幸せ者です。ウォーレンはアメリカの大学教育界でリーダーシップ研究の父と称され、20数冊の著書を通して、リーダーシップ研究の学術的な正統性を作り上げました。私たちが持てる最高のメンターであり、友人でもありました。

1年前ウォーレンが亡くなったとき、「誰がウォーレンの跡を継ぐのだ」という声が再びあがりました。それはビル・ジョージでしょう。彼の6冊目となる本書『True North リーダーたちの羅針盤』（原題：*Discover Your True North*）はこれまでの著書の中でも特に優れており、ウォーレンの跡を継ぐにふさわしい候補者にビルを押し上げる内容になっています。

先のふたりとビルには、明らかな違いがあります。ビルが控えめながら指摘している点は、ドラッカーやウォーレンは理論重視の根っからの学者だったのとは対照的に、ビルは大企業のCEOとして大成功した後に理論面のリーダーになったことです。この3人全員が最前線に立って、後に続く世代に向けてリーダーシップやマネジメントの体系化を進めてきました。

私がウォーレンからビルを紹介されたのは、2001年スイスのダボスで行われていた世界経済フォーラムで、ノバルティス社のダン・バセラと夕食をとっていたときでした。ビルはメドトロニック社のCEOを辞めることを決めて、彼が培ってきたリーダーシップに関する考え方や経験をまとめはじめていました。それを、次世代の若いリーダーたちと共有したいと思っていたようです。その後すぐに、ビルは彼の最初の著書『ミッション・リーダーシップ』（前出）を上梓しました。

予期せずして、ビルはまったく新しいキャリアを歩みはじめることになりました。それは彼のこれまでのビジネス界でのキャリアにも勝るものでした。

本書『True North リーダーたちの羅針盤』を読むとわかるのですが、リーダーシップに関するビルの思想を精緻化しているばかりでなく、幅広い層のキラ星のようなリーダーたちの素顔を取り上げ、そして、彼らがトゥルー・ノースへの（人生の基軸を発見する）旅路から得た知見を披露してくれています。本書は名著として、ピーター・ドラッカーの『経営者の条件』（ドラッカー名著集／

ダイヤモンド社、２００６年）やウォーレン・ベニスの『リーダーになる』（海と月社、２００８年）と並んで、後世に読み継がれていくでしょう。私は、ビルを友達、そして信頼のおけるアドバイザーと呼べることを誇りに思います。そして、彼の最高傑作となる本書の上梓に心より拍手を送りたいと思います。

ここで読者の理解に役立つポイントを書いておきましょう。私の経験では、ビルの思想は実務の現場で役立つだけでなく、あらゆる場面に適用できると思います。ビジネス界のリーダーにとどまらず、市民活動や公共部門のリーダーたちにも多いに役に立つでしょう。学者が書く本のほとんどは、その道の専門の少数の研究者たちを対象にしています。そうやって多くの場合、知識は進歩していくのですが、研究者以外の人たちにとっては、果たしてこの進歩は現実に当てはまるのか、悩ましいところです。

ビル・ジョージの功績は、ウォーレンやピーターと同様に、意図して学術と実務の懸け橋を築く一助となっています。ビルは執筆、講義、助言を通して、リーダーたちが一段と自らを磨き、組織でより良いリーダーシップを発揮できるように支援を続けています。現在、主要なグローバル企業の20数名のCEOたちが相談や助言を求めて、彼のもとを定期的に訪れています。

世界中のリーダーたちが自らのトゥルー・ノースを発見して、そのゴールを極めたいと渇望していることは明白です。ビルの教育活動は当初、スイスのIMDとエール・ビジネス・スクールでの講義だけに限られていました。その後、ハーバード・ビジネス・スクール（HBS）で管理学の教授となり、２００５年に「オーセンティック・リーダーシップ開発（ALD）」の講義を2年次の選択科目として立ち上げました。学生たちの評判がうなぎのぼりとなり、その結果、HBSで最も人気のある講義のひとつとなり、エグゼクティブ教育でも受講生がどんどん増えています。

現在ビルはMBAコースでは教えずに、エグゼクティブ教育に焦点を当てています。CEOやトップ経営者たちがリーダーシップに特化して学べるよう、CEO向けに年3科目を開講しています。現在はビルに協力してくれるスコット・スヌーク（退役陸軍将校）やトム・デロングといった教員たちにも恵まれていて、校長のニティン・ノーリアも大いに喜んでいます。

私はハーバード・ケネディ・スクール（HKS）で、行政学の教授とパブリック・リーダーシップ・センターの共同所長を務めているのですが、うれしいことに、HBSで行われていたビルの講座はHKSに移行されました。デイナ・ボーンがその講座を担当しています。ディナは退役空軍将軍で、アメリカ軍が始まって以来、女性で初めて士官学校在学中に将官級に登った英才です。HKSでも学生たちは、嬉々として受講しています。さらにビルは、世界経済フォーラムで選出された若きグローバル・リーダーに向けたHKSの養成プログラムにトゥルー・ノースの考えを反映しています。参加者はこのプログラムが大変気に入っていて、特に毎日の朝食の席を囲んで行われる、深く突っ込んだ小グループの討論が人気です。

これまでハーバードだけでも6000人もの男女がビルの提唱する「オーセンティック・リーダーシップ論（自分らしさを貫くリーダーシップ）」でトレーニングを受けてきました。ビルがどれだけの人たちの人生やリーダーシップの形成に功績を遺したのかという経年的な研究の結果はまだ出ていませんが、逸話やエピソードなどの事例証拠からみて、すばらしい結果が期待できるでしょう。

ビルと彼の業績に深くかかわっているのが、HBSとHKSでジョイント・ディグリーを目指している学生たちで、3年次にビルとペニーから奨学金を受けています。ジョージ・フェローシップのメンバーである彼らは、20歳代後半が大部分ですが、パブリック・リーダーシップ・センター内に住み、頻繁に会合を持ち、しばしばビルやペニーも参加します。ビルは彼らの多くに対してメンタリングを行い、卒業後も大変親しくつき合っています。ジョージ・フェローシップの受領者は、すでに100人になりました。

彼らの多くは間違いなく、ジョージ・フェローになる以前に自分たちのリーダーシップを強めた自己変革を経験しているでしょう。そうは言っても、彼らの近年の成果は目を見張るものがあります。ビルが現在もメンタリングしている修了生を何人か紹介しておきましょう。

セス・ムルトンは連邦議会の選挙で逆転勝利を収め、全国に支持者を得ています。マウラ・サリバンは現在、退役軍人局の次官を務めています。ネイト・フィックは現在エンドゲーム社のCEOで、以前はセンター・フォー・ア・ニュー・アメリカン・セキュリティー（米有力シンクタンク）のCEOを務めており、*One Bullet Away* の著者でもあります。ブライアン・エリオットはLGBT[2]の非営利団体フレンド・ファクターを立ち上げ、ゲイの公民権獲得のために戦う性的多数者（異性愛者）を支援しています。ライ・バーコットは、ノース・カロライナ州にソーラー・システムを設置するためのベンチャー・ファンドを運営していて、ダボス会議ではヤング・グローバル・リーダーに選出されました。また、*It Happened on the Way to War* の著者でもあります。

ジョン・コールマンはアトランタに本拠地を置くインベスコ社（独立系運用会社）の代表者を務め、

2 性的少数者を限定的に指す言葉。レズビアン（女性同性愛者）、ゲイ（男性同性愛者）、バイセクシュアル(両性愛者)、トランスジェンダー（心と体の性の不一致）の頭文字をとった総称。

How to Argue Like Jesus を共同執筆しました。ステファン・チャンはボストン財団の首席スタッフです。ピーター・ブルックスは水資源関連のテクノロジー会社に勤務しながら、ウォリアー・スカラー・プロジェクト（WSP）[3] に関わっています。ジョナサン・ケリーはシンガポールを拠点に投資会社を経営しています。クラウド・バートンはブラジルで急伸するIT関連会社でマーケティング部長をしています。ビルの教えが世界各地で、国境を越えて先進的なリーダーたちに広がっているのがわかっていただけるでしょう。

この本が上梓された今でも、世界はさらにリーダーシップの危機に陥っています。世界中の人たちにとって、人生は一段と変化に富み、予測のつけようがありません。多くのリーダーたちは、しっかりとしたかじ取りができずに、嵐の中で船を安全な港へ導くことができなくなっています。世界経済フォーラムが２０１５年に発表したグローバルなオピニオン調査では、76%の回答者がリーダーシップの不在が危機的レベルになっていると答えています。ビジネスのリーダーたちは２００８～２００９年以来、失った信頼の基盤を取り戻しつつありますが、政治のリーダーたちと比べてほんのわずかに良いという程度です。

本書は私たちが進むべき道を示してくれるでしょう。一人ひとりのリーダーがそれぞれのトゥルー・ノースの軌道からいつ外れたのかを知り、軌道修正ができるようになれば、ビルが主張するように、国家も同じことができるはずです。本物のリーダーシップこそが今、私たちが抱える問題を解決へと導いてくれるのです。

デビット・ガーディン

3 米軍退役軍人のための非営利団体。協力大学の夏季休業を利用して、1～2週間の教育を行う。

目次

contents

contents

第1部　リーダーシップへの旅　Your Journey to Leadership

第1章　人生経験　Your Life Story

第2部　本物のリーダーになる　Developing as an Authentic Leader

第4章　自己認識　Self Awareness

第5章　価値観　Values

第6章　スイート・スポット　Sweet Spot

contents

第3部　成果を上げるリーダーへ　Your True North Meets the World

第9章　「私」から「私たち」へ　*I* to *We*

第11章　エンパワーメント　Empowerment

演習

第12章　グローバル・リーダーシップ　Global Leadership

contents

序章
Introduction

あなたは自分のトゥルー・ノース（True North／人生の基軸）をすでに見つけていますか？　自分の人生の意味やリーダーシップが何のために必要なのかを理解していますか？

リーダーシップの出発点は、あなたが「自分らしい・ならでは」の自分でいること、つまり、オーセンティックであることにあります。

本書『True North リーダーたちの羅針盤』（原題：*Discover Your True North*）の目的は、あなたがこうありたいと思うリーダーになる手助けをすることです。リーダーになるプロセスの中で、あなたは自分のトゥルー・ノースを見つけるでしょう。それがあなたの羅針盤として、人生を成功に導いてくれます。

トゥルー・ノース

トゥルー・ノースは、あなたの人生の基軸です。それは、めまぐるしく移り変わる世の中でも変わることなく、あなたを正しい方向に導き、リーダーであり続けるための基軸です。トゥルー・ノースは、あなたの心の奥底にある信条や価値観、そしてあなたが順守している原理・原則から生まれてきます。それは内なる羅針盤であり、あなた独自のものであり、最も深いレベルであなたそのものなのです。

ちょうど羅針盤の針が地球の磁極（N＝北極）の方向を指し示すように、トゥルー・ノースはリーダーシップの目標の方向をあなたに差し示してくれます。内なる羅針盤に従えば、リーダーシップはあなたならではのものになり、人々も当然のことながら、あなたとともに歩みたいと思うようになるでしょう。ほかの誰かがあなたのトゥルー・ノースを違う方向に捻じ曲げようとするかもしれませんが、あなたのトゥルー・ノースは、あなた自身のライフ・ストーリー（人生経験）からしか生まれてきません。ウォーレン・ベニスが言ったように、「あなたが自分の人生をつづる作者なのです」

トゥルー・ノースを見つけるには、生涯をかけての覚悟と学習が必要です。あなたが試練の場に立たされているとき、鏡の中の自分を見て、そこに映っている自分と自分の人生を大切にしてあげたくなるでしょう。悪いことは長く続かないものです。あなたが自分自身をごまかさない限り、人生のもっとも困難な状況にも対処できるはずです。

周囲の人たちは、自分が思い描いているのとは違った姿をあなたに期待することがあります。小さなチームを率いているときでも、大きな組織のトップに就いている場合でも、あなたは周囲の人たちからの要求に応えようとして、プレッシャーを感じることがあります。場合によっては、要求を満たし、その見返りを受けられる誘惑に駆られることもあるでしょう。こういったプレッシャーや誘惑のせいで、あなたはトゥルー・ノースを迂回するはめに陥るかもしれません。

進むべき路から大きく離れてしまったとき、あなたの内なる羅針盤が、「何か間違っている、進路を修正せよ」と教えてくれます。そして、不断のプレッシャーや目の前にある周囲の期待に抗ったり、また進路を修正しなければならないときには、勇気と決断が必要になります。

サラ・リー社のCEO（最高経営責任者）ブレンダ・バーンズはこう表現しました。「リーダーシップにとって最も重要なものは、あなた自身の個性と人生の指針となる価値観です」。さらに続けて、

> 内なる羅針盤、つまり、あなたの個性と価値観に従えば、何の問題もありません。価値観から外れない行動をとり、内なる羅針盤を決して見失ってはいけません。何もかにも白黒に分けることはできません。ビジネスには、グレーな部分がたくさんあるのですから。

自分のトゥルー・ノースを見つけたときに、自身のライフ・ストーリー（人生経験）とリーダーシップが深くつながっているとわかるはずです。一世紀も前に心理学者のウィリアム・ジェームズ

が、次のように述べています。

人の性格を把握する最善の方法は、その人のある特定の精神的または道徳的な態度を観察することだろうと考えていました。特定の態度というのは、その人が心底から強く元気でイキイキとしていられる心の状態のことです。そういう状態にいるときに、「これが本当の自分だ！」と話す内なる声が聞こえてくるはずです。

ところで、あなたがイキイキとしていると感じ、自信を持って「これが本当の自分だ」だと言えたのは、いつだったのか憶えていますか？　私の場合は1989年がそうでした。メドトロニック社に入社し、有能な人たちと一緒に「痛みを和らげ、健康を回復して命を永らえる」という使命を果たそうと必死に努力したときでした。私は本当の自分でいられると感じました。そして、この状態のままで何がしかの貢献をすれば報われるとも思いました。私の価値観と組織の価値観が合致しているのだと直ぐにわかったのです。

オーセンティック・リーダーの登場

2003年に『ミッション・リーダーシップ』（前出）を出版したときに受けたもっとも多くの

質問は、「オーセンティックとは、どういうことか？」でした。私にとっては、「自分らしく・独自性があること」が人を導く当然な方法でしたが、当時はカリスマ的リーダーがもてはやされていたため、多くの人々にとって「オーセンティック（自分らしい・ならでは）なリーダー」というのは、新しい思想だったのです。

現在では「オーセンティックである」ことがグローバル標準のリーダーシップにとって不可欠だとみなされています。もはやリーダーシップは、20世紀後半によく見られたようなカリスマを育てる、他のリーダーたちをまねる、見栄えをよくする、自分の利益を追い求める、などの特徴とは無関係です。

リーダーシップを、自分のリーダーシップ・スタイル、管理スキルや能力と一緒にしてはいけません。こういった能力は大変重要ですが、それはあなたという人間を、どう外部へ表明するかでしかありません。本当の自分であるように見せかけても、周囲の人は本当にそうなのかどうかを直観的に見極めます。

20世紀に流行った序列や階級に沿った命令調のリーダーシップ・スタイルが急速にすたれた今日では、協調的なリーダーたちが受け入れられるようになりました。彼らは、リーダーを組織全体に分散して育成するのが良いと考えています。一番賢い者がリーダーだという古い考え方は、エンロン社のCEOジェフ・スキリングがその典型ですが、今では心の知能指数（EQ）の高い人物がリーダーとなるという考えに取って代わられています。

一段と高いレベルのオーセンティック・リーダーを求める流れのおかげで、今日ではより高い能力を持ったリーダーたちが多くなってきました。彼らは、自らのトゥルー・ノースを求めつつ、全力を傾けてリーダーシップの目標を実現しようと努力し、新しい世界を創りだし、良きリーダーシップの遺産を後に続く人たちにつなげようとしています。今日のリーダーの資質が高いかどうかは、彼らの成果が組織の中で長続きしていることで証明されるでしょう。

今回、全面的な改訂版を出すにあたり、同僚のザック・クレイトンとともに、47名のオーセンティック・リーダーたちにインタビューをして研究を行いました。彼らは、多様でかつ新世代のグローバル・リーダーたちです。名前をいくつかあげると、ユニリーバ社のポール・ポールマン、ペプシコ社のインドラ・ヌーイ、アリババ社のジャック・マー、『ハフィントン・ポスト』紙のアリアナ・ハフィントン、メルク社のケン・フレイザー、ソジャーナズ社のジム・ウォリスがいます。

2007年に『リーダーへの旅路』(前出)を書く前の段階で、私たちの研究チーム(ピーター・シムズ、ダイアナ・マイヤー、アンドリュー・マレーンと私で構成)は、オーセンティック・リーダーを「どのように」育成するのかという問題に対する明確な答えを出すための研究に着手しました。125名のオーセンティック・リーダーたちにインタビューをして、そのリーダーシップの秘訣を学ぼうとしたのです。それは、ビジネス・リーダーはどのように成長するのかについての、それまでにない大規模で徹底した研究になりました。

私たちは、第1版で取り上げたリーダーの多くを再度取り上げて、彼らがリーダーとしてその後、どのように成長したかを確認しました。大変うれしいことに、大多数のリーダーが極めて順調にキャリアを続けていました。新しいポジションへ移るとか、現役から退いて新たな挑戦に取り組んでいる人もいましたが、ほとんど全員がビジネスや社会に重要な貢献を続けていました。失脚したのは、一握りの人だけでした。

本書では、第1版の構成を維持しながら、さらに掘り下げて、私たちがこの10年間でリーダーシップについて学んできた内容を反映しています。また、多くの知見も書き添えました。それは、ハーバード・ビジネス・スクール（HBS）の同僚たちや私が、そして世界中の実務家や学者がリーダーについて学んできたものです。つまり、彼らがどのようにして、自分のトゥルー・ノースを発見し、オーセンティック・リーダーに成長し、グローバル・リーダーになったのか、そして生涯を通してトゥルー・ノースを踏みはずすことがないのか、といったことです。

本書で取り上げた47名の新たなリーダーたちは、第1版で取り上げたリーダーたちよりもさらに国際的で多岐にわたっています。彼らのリーダーシップ物語や信条は最初のグループ同様に、大変高いレベルのものでした。

彼らは組織のトップに立ちリーダーになるまでじっと待っていたのではなく、リーダーになるためのあらゆるチャンスをとらえて自分を啓発してきました。彼ら全員が試練に直面しています。過酷な試練に遭遇した人たちもいます。リーダーの多くが、彼らの成長を助けてくれた人たちのほかに、こういった経験が大きな成功要因になっているのだと述べています。例外なくリーダーたちは、オーセンティックである（自分らしい・独自のリーダーになる）ことが一段と成果を上げ、成功を生み出す力になったと信じています。

これらのリーダーたちをリサーチした結果、私たちは、成果を上げるオーセンティック・リーダーの資質を明確に理解できました。一人ひとりのリーダーは、ユニークです。それは、一人ひとりの人間がそうであるのと同様です。**オーセンティックであるためには、一切、人のまねをしてはいけない。**人の経験から学ぶとしても、その人のまねをして成功することはありません。周りの人たちが信頼するのは、本当の、そして、あなたらしいあなただけなのです。

偽りの姿を見せたり、仮面をかぶったりしても、周りの人たちは簡単に見破ってしまいます。全国企業取締役協会（the National Association of Corporate Directors、NACD）の会長リーサ・クラーク・キングが、まさに次のように語ってくれました。

あなたが誰かのようになりたいと思ったとしても、それはしょせんコピーキャットにすぎません。それが周りの人たちが望むあなたの姿だと思い違いをしているのです。そのような考えでは、決してスターにはなれないでしょう。でも、あなたが自分自身の情熱に従って道を進むのであれば、誰にもまねのできない、スターになることも可能です。

アムジェン社の会長兼CEOのケビン・シェアラーは、駆け出し時代にジャック・ウェルチのアシスタントを務めているときに大変貴重な経験を積む一方で、当時のゼネラル・エレクトリック社でのウェルチに対する熱狂的崇拝を目の当たりにしました。「誰もがジャックみたいになりたいと思っていた」と、当時を語っています。「でも、リーダーシップにはさまざまなやり方があります。だから、自分を見失わないこと。誰かをまねようなどと思う必要はありません」

リーダーシップの転換

どのような理由で今日のリーダーのあり方に劇的な変化が起きたのでしょうか？　１９９０年代にメドトロニック社のＣＥＯを務めていた頃、私は多くの企業が間違った方法でＣＥＯの人選を行っているのを目にしました。ウォール街からの圧力で短期的利益の最大化が優先され、取締役会におけるリーダーの人選は、しばしば人物の資質や性格よりもイメージやスタイル、そしてカリスマ性を基準にしていました。こうして選ばれたリーダーたちの多くが、企業を危機に陥れました。企業の長期的な成功を構築するのではなく、リーダーシップの落とし穴に陥ったり、利権に熱中したためです。失敗したリーダーたちが多額のお金を手にして引退する姿は、経営リーダーに対する信頼をさらに損ねてしまいました。

２００８年秋、株式市場の圧力がブーメラン現象を引き起こしました。多くの金融機関が支払い不能に陥り、経済システムの崩壊を食い止めるために連邦政府が介入せざるを得なくなりました。その後の長引く不況の中で、数百万人ものアメリカ人の貯蓄が目減りし、失業率は10％を超えました。危機の根本原因は、サブプライム・モーゲージといった金融商品ではなく、**リーダーたちの失敗でした**。２０００年初頭と状況はまったく同じだったのです。

その結果、人々のビジネス・リーダーたちに対する信頼感は、50年来最低のレベルにまで落ちました。ビジネスでは、信頼は通貨に匹敵します。いかなる企業であれ、その成功には信頼が不可欠です。つまり、消費者が購入する製品への信頼、社員の経営者への信頼、投資家の資金運用者への信頼、そして資本主義という公正で価値ある手段を駆使して、すべての人々に豊かさを生み出すシステムに対する世間一般の信頼のことです。世界規模での金融危機から7年以上が過ぎた今日でも、世間のビジネス・リーダーへの信頼はまだ低いままです。

これらの危機には、ポジティブな側面もあります。それは高い資質を持った新しい世代のリーダーが出現したことです。そして、彼らが多くのことを危機の中から上手に学んだことです。彼らは、2003年のエンロン社とワールドコム社が破産した際の企業統治の危機を乗り切り、2008年の世界的な金融崩壊にも生き残りました。

当時、多くのリーダーたちが躓《つまず》いたこういったネガティブな経験から現在のリーダーたちは、**何をしてはいけないか**を学んでいます。彼らが目撃したのは、多くの先輩たちが金銭や名声、そして権力を追い求めるといった罠にはまり、トゥルー・ノースを見失った姿でした。彼らが学んだレッスンは、自分たちをリーダーに選んでくれた組織の利益を後回しにして自分の利益を優先すれば、危険を招いてしまうということでした。自分たちがオーセンティックであることがリーダーとして最も成果を上げ、持続可能な方法であると学んだのです。

今日のリーダーのライフ・ストーリー（人生経験）を読むと、彼らが自身のトゥルー・ノースを見つけて、能力のおよぶ限りそれを追い続けているのだとわかります。しかも、今日の組織を導くむずかしさは、私がCEOであったころの比ではありません。今日のリーダーたちは、短期的な結果を求められ、さらに、はるかに厳しくなった法律や規制を順守しなければならないという強大なプレッシャーに対処しなければなりません。どちらも、リーダーたちがトゥルー・ノースの道を踏み外す原因になりえるものです。

本書を読む中で読者は、不思議に思うかもしれません。私たちがなぜ人を先導することよりも、あなたのライフ・ストーリーやあなた自身の成長プロセスに一段と焦点を当てているのだろうかと。私たちが多くのリーダーたちとインタビューしながら学んだのは、**あなたが先導すべき最もむずかしい相手はあなた自身だ**ということでした。あなたがひとたび、自分という人物にまったく違和感がなく心地よさを感じるようになれば、一段と容易に人を先導できるでしょう。

自分のトゥルー・ノースに従っているオーセンティック・リーダーは、自分たちが経験した試練や挫折から多くを学んできました。圧力や誘惑に打ち勝つ力も備えています。彼らは心得ているのです。オーセンティックでいる（自分らしさを貫ける）からこそ、一緒に働く社員や既得権をもつ多様な利害関係者に対して、リーダーとしての正当性が得られるのだと。そして彼らは、持続可能な企業価値を築き上げる努力を傾けつつ、現在の結果を生み出しています。

現在のビジネスが10年前に比べてはるかにグローバル化しているという事実は、世界のどこにいても、リーダーにとって重要な含意を持ちます。世界経済フォーラム・アメリカの議長であるジャン・ピエール・ロッソは、「今日のリーダーたちは、先輩たちよりも一段とグローバルで、オープンで、そして社会問題に関心を持っている」と述べています。

本書で紹介する新世代のリーダーたちは、先人たちよりもはるかに多様です。考え方や出身国はよりグローバルで、内部から昇進するケースが多くなっています。以前よりも多くの女性、有色の肌を持つ人、出身国以外の国で活躍する人が、今日ではオーセンティック・リーダーになっています。彼らはグローバルなビジョンを持ち、持続的な貢献をしたいと願っています。その結果、今日のグローバルなビジネス世界を理解する本物のリーダーたちが、世界中で企業のトップに登っています。

フォーチュン誌が取り上げる世紀の経営者としてジャック・ウェルチは長年、20世紀の典型的なリーダーであると言われてきました。ユニリーバ社のポール・ポールマンは21世紀の典型的なリーダーとして頭角を現しています。図I-1は、現在と以前のリーダーのあり方の違いを示しています。

オーセンティック・リーダーとはどのような人なのか？　**自分のトゥルー・ノースを見つけ出していて、目的や価値を共有する人々を結集し、彼らをエンパワーして（自律行動の裁量権を委譲して）、すべての利害関係者への価値を創造するように真っ当に指導する、**そういった人です。

オーセンティック・リーダーは自分に対し、自分の信じることに真正面から向き合います。他の人たちとの信頼感を醸成して良好な関係を結びます。周囲からの信頼を得ているからこそ、彼らは高いレベルの成果を出すように人々を動機づけできるのです。他の人たちの期待に沿うように振る舞うのではなく、リーダーが自らの判断で自らのやり方で行動します。サーバント・リーダーとして彼らは、他の人たちに役立つことを自分の成功や評価よりも大切にしています。

だからといって、オーセンティック・リーダーが完全無欠だと言っているのではありません。それとはむしろほど遠いでしょう。どのようなリーダーでも弱点を持ち、人間らしい失敗や間違いを犯します。それでも、自分の欠点を認識して間違いを認めれば、人間らしさや弱さを隠し立てしな

図
I-1

「20世紀」と「21世紀」のリーダーの違い

特徴	20世紀のリーダー	21世紀のリーダー
イメージ	カリスマ的	目標志向
中心軸	国内中心	グローバル・ビジョン
動機	個人の利益	組織の最善利益
経験	完璧な経歴	試練からの学習
時間軸	短期的	長期的
組織への対応	階層型リーダーシップ	分散型リーダーシップ
最大の強み	IQ	EQ
個人の評価軸	外面的な検証	内面的な検証

いで、ほかの人たちと良い関係を結んだり、彼らを鼓舞することができます。

オーセンティック・リーダーを目指す人たち、自分のトゥルー・ノースを見つけようとしている人たちを対象に本書を執筆しました。そして、人生のいろいろなステージに立っているリーダー（指導者を目指す学生から組織のトップにいる人たちを含めて）も対象にしています。

誰でも、若すぎるとか年を取りすぎだとかにまったく関係なく、リーダーシップを発揮する挑戦に臨み、自分らしいリーダーになれるのです。本書の内容は、私たちがインタビューをした本物のリーダーたちの、累積すれば何百年にもわたる経験と私自身の50年間のリーダーとしての経験を土台にしています。本書を通じてあなたは、本物のリーダーたちから学び、本物のリーダーになるために自らを啓発する計画を立てるチャンスを得るでしょう。

結論はこうです。**あなたは今から、自分のトゥルー・ノースを発見できるのです。**

・リーダーとしての天性の特徴や特性はありません。
・現在、組織のトップである必要はありません。
・人生のどの時点でもステップ・アップしてリーダーになることができます。

ヤング&ルビカム社のCEOアン・ファッジが次のように語ってくれました。

私たち全員が、自分の中にリーダーになるひらめきを持っています。それはビジネスか、行政か、非営利のボランティア活動であるかを問いません。課題は、自分自身を十分に理解したうえで、そのリーダーシップの才能を発揮して他の人たちに役に立つ場を見いだせるかどうかです。私たちは何かに役立つために生かされています。人生とは与えながら生き抜くことなのです。

自分のトゥルー・ノースを見つける

自分のトゥルー・ノースを見つけるのはむずかしい。見つけるまでに何年もかかるかもしれません。私の場合がそうでした。

本書は6つの簡単なステップとか、簡単な法則があってトゥルー・ノース見つけられるという内容ではありません。まったく逆のアプローチをとっています。トゥルー・ノースを見つけ出すには、あなた自身の個性を維持し、そして、本来の自分であり続けなければなりません。そのためには、内省すること。そして、友人や同僚からのサポートやフィードバック（率直な批評や意見）が必要です。つまるところ、**自分自身の成長の責任は自分にある**のです。天性の才能を持つ音楽家やスポーツ選手であってもそうするように、あなた自身が生涯を通じて、自分の可能性を実現する努力を続けなければなりません。

本書のパートⅠでは、オーセンティック・リーダーへの道のりを検証します。まずリーダーたちのライフ・ストーリーを取り上げます。どれもがリーダーたち独自のストーリーで、その力強さは、彼らが持っている一連の特質とかリーダーシップ力を超えています。次に、3つのフェーズに分けてリーダーへの道のりを詳細に分析し、各フェーズでの鍵となるステップを検討します。リーダーへの道のりの途中で、多くのリーダーが道を踏み外しています。なぜ踏み外すのかを理解するために、リーダーを5つのタイプに分けて分析します。多くは、リーダーへの道を自分たちは大変うまく進んでいると思っています。

最後に、リーダーたちがこれまでに遭遇した試練や人生を変えるような経験を掘り下げることで、彼らがどのように障害を乗り越え、強靭さを身に着けて本物のリーダーなっていったのかを検討します。

パートⅡでは、あなたの内なる羅針盤の5つの要素をカバーします。それらはあなたがリーダーに成長する手助けになり、また、あなたが道を踏み外さないように軌道修正をうながします。また、このパートでは、課題に直面したとき、自分自身に正面から向き合える直観力について述べます。リーダーとして成長するための5つの領域を取り上げます。あなたの羅針盤の中心にある自己認識、その四方に、自分の価値観と原理・原則、スイート・スポット、支援チーム、公私を統合した人生を置きます（図表Ⅰ-2を参照）。

パートⅢは、あなたのリーダーシップの転換を説明します。つまり、自己中心の「私」リーダーから、人々に役立つ「私たち」リーダーへの転換です。転換して初めて自分のリーダーシップの目標を見つけ出し、共有する目標に向けて周りの人たちを力づけ導けるようになるでしょう。あなたはやがて、世界がまさにグローバル化に向かっている中で本物のグローバル・リーダーに求められ

図
I-2

本書の案内図: パート I　パート II　パート III

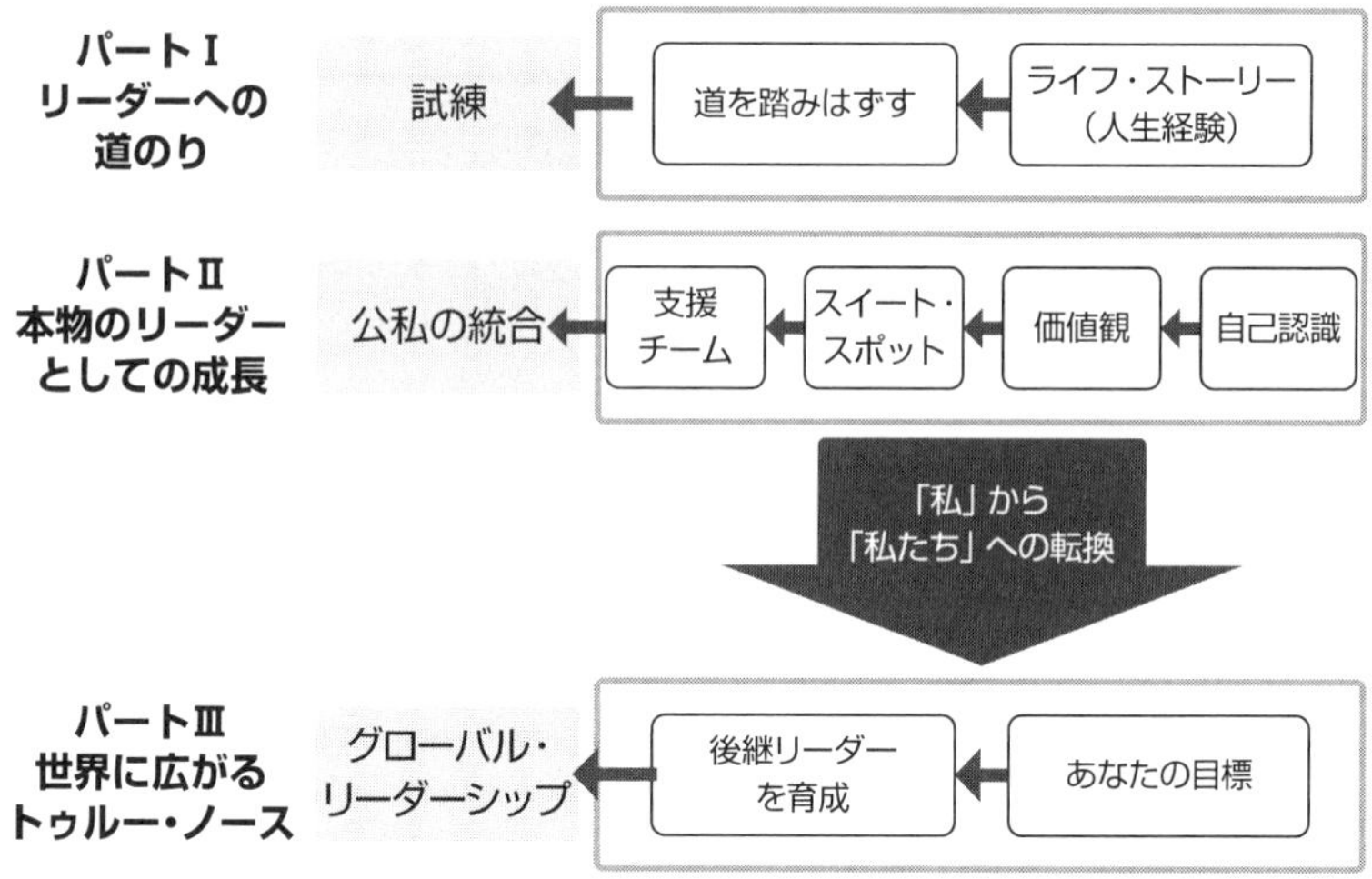

る資質を身につけられるでしょう。本書の後記で、私たちはリーダーたちに呼びかけています。資本主義を梃《てこ》にして、世界中で起こっている困難な課題を解決し、社会に奉仕するように、と。

それぞれの章の末尾には、一連の演習を紹介しています。あなたが自分のリーダーシップ開発プランを立てる際に活用してください。さらにお勧めは、本書の姉妹本である *Personal Guide to Finding Your Authentic Leadership* を購入いただくことです。同僚のニック・クレイグ（Nick Craig）とスコット・スヌーク（Scott Snook）による共著で、本書の各章に対応させて、一段と掘り下げた演習を載せています。

一念発起して自分のトゥルー・ノースを見つけ出せば、あなたは本物のリーダーとなり、より良い世界を創り、後に続く人たちに遺産を渡すことができるでしょう。

第1部
リーダーシップへの旅
Your Journey to Leadership

私たちがリーダーたちに行ったインタビューで、驚くほど共通していたのは、彼らの人生経験がリーダーとしての成長に大きく影響したという回答でした。人生経験が基盤にあるのです。それが人としての世界の見方を形づけてくれます。そして、リーダーシップを育むという最も人間らしい努力をする中で、人生経験はあなたを前に進めてくれるか、後ずさりさせてしまうかのどちらかになります。第一部では、3つのトピックをカバーします。

1 **どのように人生経験を見つめなおすか**――人生の旅路は山あり谷ありで、世の中の試練、褒美、誘惑との向き合いです。人生をよく見つめ、内省することで、自分の人生経験の意味の理解が深まり、時には人生経験の見直しができるでしょう。

2. **進路を見失うリスク**――誰でも人生の途上でプレッシャーや困難なことを経験します。そして、恐怖や不確実なものごとに対応していかねばなりません。人生の旅路で、誘惑に負けて、トゥルー・ノースを踏み外してしまう危険にさらされるでしょう。本書では、道を踏み外す5つの典型例を検証しています。

3. **逆境がリーダーシップ形成に役立つ**――逆境への対処の仕方が、逆境そのものよりもはるかに強く、あなたの性格形成に影響を与えます。鉄が熱によって鍛造されるように、大きな困難や辛い経験が個人の成長のために最も大きな機会となるのです。人生の旅路で、眼力を高め洞察力を強くすることで、トゥルー・ノースの核を見つけだせるでしょう。

第1章
人生経験
Your Life Story

これまですべての人生経験の
積み重ねのおかげで、
私の人としての、
そして、リーダーとしての今日がある。

スターバックスCEO、ハワード・シュルツ

本物のリーダーシップへの旅のはじまりは、自分を理解することです。つまり、自分の人生行路、その試練や挫折です。このことを知れば、自己認識ができ、トゥルー・ノースが発見できるのです。

ハワード・シュルツのリーダーへの旅

1961年の冬、7歳のハワード・シュルツはアパートの近くで友達と雪合戦をして遊んでいました。当時、ニューヨーク・ブルックリンにある、国の助成金で建てられたベイビュー公営アパートに住んでいて、その7階にある部屋から母親が叫びました。「ハワード、戻っていらっしゃい。おとうさんが事故にあったのよ」

その事故が彼の人生を決定づけました。

家に入ると片足全部をギブスで固定され、ソファに横たわっている父親がいました。トラック運転手として働いていた父親は、仕事中に氷の上で転び、足首を骨折したのです。その結果、職を失い、健康保険の権利も喪失しました。母親は妊娠7カ月で働きにも出られなかったため、シュルツ家は収入の道を閉ざされました。幾晩となく両親が今後どれだけ借金をしなければならないかを食卓で話し合うのが聞こえてきました。そして借金取りからの電話には両親の居留守を使うようにとシュルツに頼んでいました。

シュルツは、父親のようにはならないと誓いました。彼が夢見たのは、「父が誇りをもって働ける会社」。従業員を大切にし、健康保険を提供できる会社を作ることでした。将来、世界中の2万1000店舗で19万1000人もの従業員を率いる責任者になるとは、当時は思いもしませんでした。シュルツの人生経験が、スターバックスを世界の代表的なコーヒーハウスに築き上げる動機になったのです。

「私の動機の源は、父の惨めな姿です。父は生涯を通じて30もの酷いブルーカラーの仕事につき、不安定な生活しか送れなかった。教育のない人間にはチャンスが与えられなかったのです」と、シュルツは言います。こういった記憶がシュルツを動かして、パートタイムの従業員にも健康保険の権利を与えることにつながったのです。

このことはスターバックスの文化や価値の形成に、直接つながっています。私が作りたかったのは、自分の父親が働くチャンスを生涯得られなかったような会社です。従業員が大切にされ、かつ尊敬され、出身地・肌の色・教育のレベルを問わない会社です。そして健康保険の権利を提供したことが転機となって、スターバックスは従業員の圧倒的な信頼を得て、ブランド・エクイティを高めました。私たちは、株主価値と従業員が文化価値でつながっている会社を作りたかったのです。

貧しい家庭出身の人たちの中にはそうでない人もいるのですが、シュルツは自分のルーツに誇りを持っています。過去25年間で大成功した事例のひとつに挙げられる彼のビジネス創造の動機は、間違いなくその人生経験にありました。しかし、自分の人生経験の意味を理解するために、彼は考えを深めなければなりませんでした。というのは、ほかの人たちと同様に、彼も自分の過去にまつわる恐れや幻影を避けて通ることはできなかったからです。

ブルックリンの街の風景がシュルツの心に焼きついています。自分が育った公営アパートへ娘を連れて行ったとき、彼女はその荒れはてた建物を見て、「どうやって、こんなところで、よくグレもせずにまともに育ったの?」と、驚きの声を上げました。しかし、ブルックリンで育った経験こそが、ほとんどすべての人といっていいくらい、誰とでも良い関係を結べる人間にシュルツを育て上げたのでした。彼は少しブルックリン訛りのある言葉で話し、イタリア料理を楽しみ、着心地よさそうなジーンズのいでたちで、どんな人たちにも敬意を払います。自分がどこの出身かということを忘れず、富をひけらかすこともしません。「その日暮らしをする人たちに囲まれて育ちました。望みもなく、休む暇もない人たちでした。その経験は決して忘れられません、決して、です」「幼いときの記憶で、アメリカでは自分がやりたいことは何でもできるのだ、と母に言われ続けたのを覚えています。それが母の信念でした」。一方で、父親はシュルツにまったく逆の影響を与えました。トラックやタクシーの運転手、工場労働者として働いても、年俸が2万ドルを超えることは一度もありませんでした。チャンスも尊敬も得られないと、父親が愚痴をこぼし取り乱していく姿を目にして育ちました。

10代のころ、シュルツは父親とよく衝突しました。父親の失敗が恥ずかしかったのです。彼の回想によると、「父は出世していないし、無責任だ、と苦々しく思っていました。頑張れば、もっと成功できたのに」。シュルツは、この生活から逃れようと決心しました。「私をいつも突き動かしていた気持ちのある部分には失敗への恐れがありました。自滅することの意味をわかりすぎるくらいわかっていました」

負け犬のように感じながらも、シュルツは成功するという決意を固めました。スポーツにまず熱中しました。「スポーツでは貧しい家の子だとレッテルを貼られはしなかった」からです。高校でフットボールの花形クォーターバックとして活躍したのち、奨学金でノーザン・ミシガン大学に進学し、家族の中で初の大学卒になりました。その後フットボールからビジネスの世界へとその舞台は変わりましたが、彼の激しい競争心は決して衰えることがありませんでした。

シュルツはゼロックスでセールスとして働きながら、その官僚的な環境に息苦しさを感じていました。ほかの社員たちがゼロックス文化の中でうまくやっている一方で、自分の道を進みたいと強く願うようになりました。「私が自分自身でいられる場所を探さねばなりませんでした」と語っています。

妥協することはできませんでした。型にはまらない道を進むには勇気が必要です。その最中には、自分の人生経験の価値や評価を測ることはできません。なぜなら、本当の自分にたどりつく正しい道をいつ見つけられるのかまったくわからないからです。これまでの人生経験のすべてが、私自身をひとりの人間として、そしてリーダーとして育ててくれたのです。

シュルツとスターバックス・コーヒーの出会いは、販売の仕事でシアトルのパイク・プレース・マーケットを訪問していたときが始まりでした。シュルツは、「まったく新しい大陸を発見したようだった」と、語っています。彼はスターバックス社に積極的に自分を売り込み、業務とマーケティングを担当する部長のポジションを得ました。その後仕入れのためにイタリアに出張した際、ミラノのエスプレッソ・バーがお客の日常生活の中にユニークなコミュニティを作り出していることに気づきました。そして、アメリカでも同様のコミュニティを作りたいと思ったのです。コーヒーを売るだけでなく、コーヒーを飲む時間や空間に焦点をあてたコミュニティです。

創業者からスターバックス社を購入できることを知り、シュルツは個人投資家から資金を調達しました。ところが購入の最終段階で、彼は最大の試練に直面します。彼の最大の投資家が自分で購入したいと提案してきたのです。シュルツは回想しています。「私の有力な支援者全員が、その提案になびいてしまうのではないかと心配でなりませんでした。それで、私はマイクロソフト社の創業者の父、ビル・ゲイツ・シニアに助けを求め、シアトルの大物に立ち向かえるように、彼の地位と信用を貸してほしいと頼みました」

シュルツはこの大物投資家と感情をむき出しにした会合を持つはめになりました。投資家はこう言い放ちました。「私の提案に賛同しなければ、もう二度とこの町で働けなくしてやる。1ドルたりとも金を集められると思うな。お前は死んだのも同然だ」。その場を離れたとき、涙があふれ出てきました。その後の2週間、死にもの狂いになって別のルートで380万ドルの資金を集め、大物投資家を凌ぐことができました。

もしも、あの大物投資家の要求をのんでいたら、私の夢は潰されていたでしょう。気まぐれで首にされ、スターバックスの雰囲気も価値も彼の思いのままになっていたでしょう。私のスターバックスに対する情熱も、努力も、献身もすべて消えてしまったに違いありません。

シュルツの人生で最も悲しい日が訪れました。父親が亡くなったのです。友人に父親との葛藤のあれこれを話しているときに、その友人が言いました。「もしもお父さんが成功していたら、君をここまでかき立ててくれるものはなかったのではないか」。父親の死後、シュルツは思いを改めました。父親は家族に対して正直であり責任感を持っていました。彼は敗北者だったのではなく、世の中のしくみに押しつぶされたのでした。「父が亡くなった後に、父に対するそれまでの見方が不公平だったと気づきました。きちんとした仕事に就いて達成感や尊厳を得る機会を、父は一度も持てなかったのだと思えるようになりました」

シュルツは舵を切り替えました。彼の父親がきっと誇りをもって働いたに違いない、そんな会社を作りました。最低保障賃金より多くの賃金を払い、充実した福利厚生を用意し、全社員にストック・オプションを提供することにしました。それは彼の父親が決して受けることができなかったものので、会社の価値に共感してくれる従業員を強く魅了しました。その結果、スターバックス社の離職率は、ほかの同業者に比べて半分未満にとどまっています。

シュルツの大変優れた才能のひとつは、さまざまな背景をもつ人々をつなげる能力です。自分の人生経験やスターバックス社の歴史を折に触れて披露し、毎週24店舗を訪問します。毎朝5時半に起き、世界中のスターバックスの従業員に電話をします。「スターバックスというキャンバスに、絵を描いているのです」、と彼は言います。

スターバックス社は典型的な人間重視の企業です。私たちは、すべて人間に関する仕事をしています。文化や価値こそが、スターバックスの刻印であり、競争優位の要因です。私たちはスターバックスの魅力を世界中のお客様に発信しています。人は、人間的なつながりや信頼感といったことに飢えています。あなたが中国人だろうと日本人だろうと、またはスペイン人だろうとギリシャ人だろうと、コーヒーが人間同士のつながりの触媒となっています。私がこのビジネスに足を踏み入れたのは、私の生い立ちが原因なのか、それともこのビジネスが点と点を結ぶというチャンスをくれたのかはわかりません。こうなるめぐり合わせだったのです。

2000年にシュルツはCEOの椅子をジム・ドナルドに明け渡し、自らは取締役会長として残ることにしました。ところが、2007年、シュルツがドナルドと経営委員会あてに出したEメールがマスコミに渡りました。そのメールは、スターバックスでのコミュニティ経験はすでにコモディティ化しつつあるのではないか、というシュルツの危惧を述べたものでした。

このことで、メディアだけでなくスターバックスのお客や従業員も大騒ぎになりました。2008年1月、シュルツは再びCEOとしてスターバックスに戻りました。まず彼は全米の店舗を半日間閉店して、今何を重視すべきかを教え込みました。「スターバックスは、創業時の文化を取り戻さなければならない」と強調したのです。その後のスターバックスのすばらしい業績をみれば、シュルツが発揮したリーダーシップの効果が実証されているはずです。

ハワード・シュルツは数多くの本物のリーダーの中のひとりです。リーダーたちは、自らの人生経験から直接インスピレーション（触発）を得て成功を手中にしています。またシュルツも他のリーダーと同様に、心の中で同時にわき起こる肯定的な考えと否定的なの考え方のせめぎ合いに対処しなければなりません。私はこの状態を「肯定と否定の勝負」と呼ぶことにします。大成功したリーダーでさえも、この状態に苦しめられます。

シュルツは肯定的な考え方を持ち続け夢の実現に集中しています。それでも、父親の経験が物語るような失敗への深い恐れが心の中に残っています。しかし、シュルツはその否定的な考えに引きずり込まれることなく、むしろそれを逆手にとって肯定的な考えに転換し、スターバックスを成功させることに集中しているのです。

人生経験で「リーダーシップ・スタイル」は決まる

私たちがインタビューしたリーダーたちは、自分の人生経験に学んでトゥルー・ノースを見いだしてきました。その物語は人生経験のあらゆる局面をカバーしています。両親、先生、コーチや先輩といった人たちの影響、地域社会の支援、そしてチーム競技、スカウトや学生団体、初期の就業体験などでのリーダーシップの経験です。多くのリーダーたちは辛い経験に遭遇しています。本人や家族の病気、愛する人の死、まわりの人たちからの疎外、差別、仲間からのつまはじきといった経験です。

こういったリーダーたちは、一人ひとりが独自の人生経験を強い思いで通り抜けたのです。彼らは、生まれついてのリーダーではありません。自分がリーダーとしての特性、資質、またはスタイルを備えていたとも思っていません。そして偉大なリーダーをまねようとはしませんでした。

ただ本当の自分でいたいために、彼らは偉大なリーダーになったのです。彼らは授かった能力を使ってまわりの人たちの手助けをしてきました。一部のきわめて優秀なリーダーの中には、たとえばリジェネロン社の会長のロイ・バゲロスのように、自らをリーダーだとはまったく考えていなかった人たちがいます。彼らは、人をリードするのではなく、世の中を変えたいと思い、まわりの人たちを鼓舞して、共通の目標に向かって一緒に進んでいきたかったのです。リーダーシップとは、まさにこのことにほかなりません。

保健福祉省の元長官であるジョン・ガードナーがかつて、このように言ったことがありました。

「私には、リーダーシップのある種の資質があったのではないかと思います。人生のある時期にそれが引き出されるのだと思います」

どんなリーダーシップの資質をあなたは引き出したいのか、考えたことがあるでしょうか？　これからふたりのリーダーたちの人生経験をみていきましょう。彼らの経験を読む一方で、あなた自身の人生経験があなたに何を語りかけるのか、そしてあなたのリーダーシップはどんなタイプなのかを考えてみてください。

◆ディック・コバセビッチ　食料品店の店員から優秀なバンカーへ

この20年間、ウェルズ・ファーゴ銀行の会長兼CEOとして、ディック・コバセビッチは最も輝かしい成果を残しました。それにもかかわらず本書のためのインタビューで彼は、自分の職業の成功物語を強調するでもなく、もっぱらワシントン州西部の小さな町で育った経験が自分のリーダーシップ哲学を形成したという話に終始しました。

コバセビッチは、労働者階級の家庭で育ち、さまざまな所得レベルや教育レベルの人たちに囲まれた生活を送りました。酪農家、材木屋、地元のウェイハウザー製材所で働いている顔見知りの労働者たちは知的レベルの高い人たちで、一所懸命に働き強い倫理観念を備えていましたが、大学教育は受けていませんでした。

当時の学校の先生が彼に多大な影響を与えました。しっかりと勉強をするように、そして、大学へ進学するように叱咤激励してくれたと言います。

彼は、11歳のときから近所の食料雑貨店で働いていました。このことがきっかけになって、ビジネスへの興味を膨らませました。放課後にスポーツをし、急いで家に駆け戻って食事をした後、夕方6時から9時まで働いていました。夏休みには、マネジャーが夏季休暇をとっている間、商品部門の業務を担当しました。商品の保管管理、ディスプレイ、値付け、発注に至る仕事でした。このときの経験から、彼は顧客管理の重要さを学んでいます。

「その店で私は直観力やリーダーシップのスキルを身につけました。リーダーシップのコースがまったくなかったビジネススクールよりも、多くのことを学びました」

スポーツもまた、彼のリーダーとしての成長に重要な影響をおよぼしました。毎日数時間、チーム競技に精を出し、野球とフットボールのキャプテンを務めました。

「競技の場では、チームとしての総合力が、個々の才能を足し上げた力に勝ることを学びました。試行錯誤をしながら、ビジネスにも活用できるスキルを学んだのです」

もし11人全員がクォーターバックなら、どんな試合にも負けてしまうでしょう。クォーターバックがことさら評価されるように、CEOも過大に評価されがちです。全米オールスターのクォーターバックになるためには、偉大なラインマンや傑出したレシーバー、そして優秀なランニング・バックがいてくれなくてはなりません。多様なスキルの持ち主が強いチームには必要不可欠です。はっきりしているのは、自分と同じような人材ばかりでまわりを固めるリーダーにチーム力を高めることはできないということです。必要なのは、自分の弱みを自覚し、しかし、それを増幅させることなく、弱みを補完してくれる強みを持った人たちを自分の周りに集めることです。

コバセビッチはウェルズ・ファーゴ銀行でこの原則を活用し、自分の周りに銀行内の個々のビジネスに長けた幹部を集めました。彼らにそれぞれのスタイルでのリーダー権限を与え、彼自身は全体のクォーターバックとしての役割に専念しました。

小さな町で育った人生経験が、彼のバンカー哲学の形成に強く影響しています。他の銀行がコンピュータを導入して顧客担当の人員削減を行っているとき、彼はウェルズ・ファーゴ銀行をすべての地域で、最も顧客志向の高い銀行にするための努力を惜しみませんでした。行員の一番大切な仕事は、顧客の財務ニーズに応えることです。彼は彼自らが指名した後継者のジョン・スタンプとともに、大変優秀な経営陣で周りを固めていたため、ウェルズ・ファーゴ銀行は２００８年の金融危機を、どの商業銀行よりもうまく切り抜けられたのです。

リーサ・クラーク・キング 「綿つみ作業員」から「大会社の役員」へ

リーサ・クラーク・キングのルーツをたどると小さな農村にたどりつきます。そこで彼女は多くの人たちからリーダーになるように勧められました。「私ひとりの力で今の私があるのではありません。私は多くのすばらしい人たちの肩の上に立たせてもらっています。彼らが私を世の中に送り出してくれたのです」と、キングは確信しています。

キングは１９４０年代のジョージアで、農場労働者のひとり娘として育ちました。彼女がまだ幼いとき父親が家族を捨てて出て行ったので、母親がメイドとして働き３人の子どもを育てました。大変貧しかったため、彼女自身もしばしば学校を休んで綿畑で働き、日給３ドルを稼いで家計を助けていました。

「辛い時期でした。白人の子どもは学校を休む必要などありませんでした」と、当時を振り返りました。「格差は明白で不公平そのものでした」

当時通っていた教会は、日々貧困と差別の中で暮らす彼女にとって、天国と言える場所でした。「好きな思い出は、毎週日曜日の朝に教会に通ったことです。今でも目を閉じると祖母が祈りをささげている姿が浮かびます」

教会に来ていた年輩の女性たちは、キングが類まれな能力の持ち主であると見抜いていました。つまり、彼女が持つ知的潜在能力、自主性、労働倫理、信頼性です。

「シスター、先生、地区の人たちが私に目をかけてくれました。そして、黒人に対する不当な障壁を乗り越えるように勇気づけてくれたのです」

キングは小学校の先生と図書館の司書が彼女の成長に大きな影響を与えてくれたと信じています。アトランタにあるクラーク大学に行くように応援してくれたのです。大学での生活費は、奨学金と図書館で時給35セントを稼いでまかないました。在学中、化学学科の学科長から指導を受け、それがきっかけで化学研究者への道に進みました。

彼女は、シカゴ大学の博士課程を受験しました。ジョージア出身の貧しい女性にとって、大変勇気がいることでした。物理化学の博士号を取得したのち、国立標準局（現・国立標準技術研究所）で職を得ました。加えて、ニューヨーク市のヨーク大学で教鞭をとりましたが、大学でも物事は簡単には進みませんでした。

「ある黒人の教授が、私の問題解決のやり方を、アンクル・トムみたいだと言いました。とても傷ついた思い出のひとつです」と、彼女は回想してくれました。

彼女の最初のリーダー経験は、ミネアポリスのメトロポリタン州立大学の学長になったときのことでした。そのときも自分がリーダーだとは思っていませんでした。

周りの人たちは私のことをリーダーだと思っていたようですが、私自身はなすべきことをするだけの人だと考えていました。私がリーダーである意味は、自分のニーズに集中するのではなく、女性たちを助けること。そして私のまわりの人たちや私が属するコミュニティの人たちのニーズに応えることにありました。それを否応なく解決しなければいけないと感じました。

もしも、他の誰もリードすることを望まなかったりリードできないのなら、その課題に立ち向かうのが自分の義務だと思いました。この思いはシスターや先生方から学びました。その方々が、私の人生に大きな影響を与えてくれたのです。

メトロ州立大学に在籍中、キングはゼネラル・ミルズのCEOから、会社が運営する財団のトップになるように依頼を受けます。そして、この基盤を生かして、彼女は有色人種の若者たちを支援するプログラムを立ち上げました。ゼネラル・ミルズを退職後は、彼女はさまざまな企業経営にエネルギーを注ぎました。彼女の評判は、エクソンモービル、ウェルズ・ファーゴなどの会社の取締役に選出されていくにつれて、ますます高まっていきました。キングは、コーポレート・ガバナンス強化の支持者で、現在、全米企業取締役協会の会長を務めています。2004年には、その協会から年間最優秀ディレクターに選出されました。

「私はいろんな企業の取締役会に奉仕できて喜んでいます。取締役会には多様性が必要なのですから」

人生を通してキングは、人生経験から得たインスピレーションを生かして、トゥルー・ノースを外れることなく歩んできました。まわりの人たちに手を差し伸べて手助けしています。彼女は、人種や性による差別という障害を静かに乗り越えていきます。怒りに負けることは一切ありません。世界最大級の企業の役員室が心地よいのと同様に、彼女は貧しい人たちに機会を創出しているときに心地よさを覚えていますが、それでも、まだやるべきことがあるのではないかと思っています。「私はひとつの使命に向かって人生を歩んでいます。それは人々にさらに多くの機会を提供することです。それが私の血の中に流れていて、不当な障害を取り除き、人々が自らを尊重しあるがままの自分を受け入れられるように手助けをしたいのです」

自分の人生経験を見つめなおす

ハワード・シュルツ、ディック・コバセビッチ、リーサ・クラーク・キングの人生経験から、あなたは何を学ぶでしょうか？

彼らはインタビューした他のリーダーたちと同様に、人生経験の中からインスピレーションを手にいれています。彼らは青年期の人生形成期の経験を理解し、その経験を理解し直して自分のリーダーシップ・スタイルを創り上げてきました。情熱を傾けて自分のトゥルー・ノースを守ったのです。

ここであなたは、誰にでも人生経験があるのではないかと思うことでしょう。どこにリーダーの人生経験との違いがあるのだろう？　苦労を重ねた人たちの多くは、自分たちを犠牲者だと思い、貧乏くじを引かされたと感じています。中には世界的な名声を手にいれることに執着して、本物のリーダーに決してなれない人たちもいます。あるいは、内省が不十分なために人生経験と目指すゴールを結びつけられない人もいます。こういう人たちが、かつて経験したトラブルを繰り返すといった過ちを頻繁に犯すのです。

本物のリーダーたちとの違いは、自らの人生経験から「何を学びとる」のかにあります。本物のリーダーは、人生経験から生きる指針を取り出して、心の底から世の中に尽くそうとします。小説家ジョン・バースはこう言いました。

「あなたの人生物語は、あなたの人生と同じではありません。それはあなたが紡ぐ物語なのです」

言い換えれば、重要なのは人生からあなたが何を学ぶのかであって、人生の中で起きた事実そのものではありません。自らの人生経験をしっかりと内省してきたリーダーたちは、周囲の大切な人たちとのさまざまなできごとや交流を通して、世の中にどのように向き合えばよいかを学び取ったのです。

人生経験を見直せば気づくでしょう。私たちは犠牲者ではまったくなく、人生経験を弾みにしてリーダーに成長する人間だと。人生経験は絶えず進化し続けます。私たちが過去、現在、そして未来にわたって学びを続ける限り。

自分の過去と未来の間に散らばる点をつないで、本物のリーダーになりたいという心の中の声をあなたは聴くことができるでしょうか？　今の自分があるのは、どんな人たちやどんな人生経験のおかげだと思いますか？　何が人生の転換点でしたか？　人生経験の何がリーダーへと駆り立てているでしょうか？

人生経験がリーダーシップの基盤になるのだと理解できたときが、本物のリーダーへの旅のスタートです。

本物のリーダーへの旅

私が大学を卒業したころは無知で、リーダーシップへの旅は頂上まで一直線に続いていると考えていました。その後学んだのは、リーダーシップを目指す道は険しく、到達点はひとつではなく、マラソンのようにいくつもの場面を走り抜けてゴールに到達するものだということでした。

私だけがそうだったのではありません。インタビューをした経験豊かなリーダーたちはひとりの例外もなく、自分の狙い通りのリーダー像にはまだ遠いと思っていました。

ヴァンガード社の元CEOのジャック・ブレナンは、最悪の思い違いは、キャリア・マップに沿って進めばその通りに道が開けると思っていることだと言います。「私の知人でキャリアに不満を持つ人たちと、倫理的あるいは法的な失敗を犯した人たちの全員が、明確なキャリア・プランを持

図
1-1

本物のリーダーへの旅

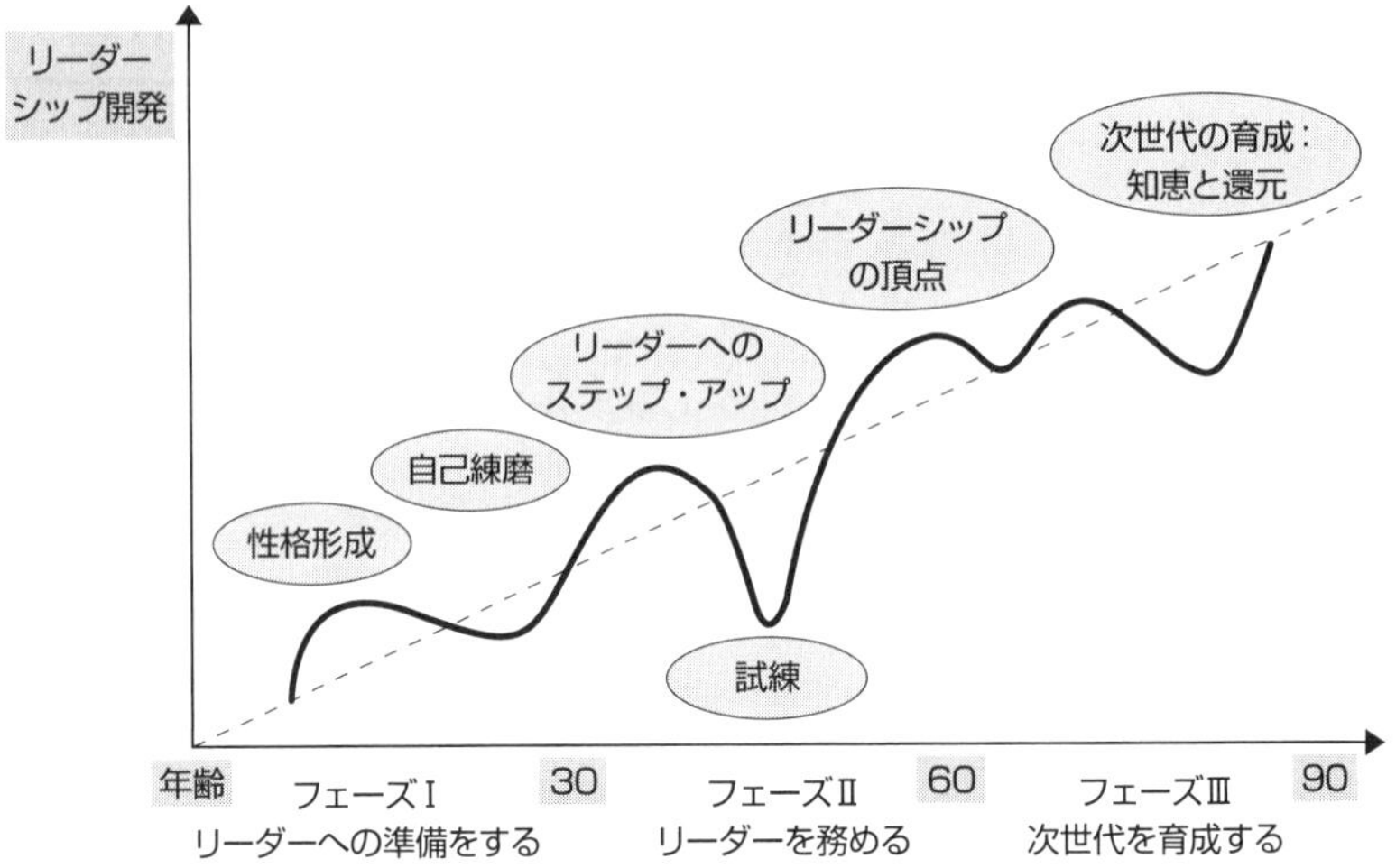

っていました」

ブレナンが薦めるのは、柔軟に、そして大胆に、想定外のチャンスにチャレンジすることです。

「もし、キャリア・アップだけに興味があるとすれば、きっと失望する結果になるでしょう」と語っています。

キャリアの階段を登るという考え方は、常に一段と高みを目指すリーダーたちに大きなプレッシャーをかけます。一方、フェイスブックCOO（最高執行責任者）のシェリル・サンドバーグの持論は、「キャリアはジャングル・ジムのようなもので、上ったり下ったり、横切ったりもできるのです」。実際に、リーダーへの旅は、頂上へ向かう途中に多くのアップ・ダウンがあり、最後の最後までそれが続きます（図1－1参照）。

リーダーへの旅は現在、昔とは違い、彼らの多くが90歳代に至るまで続きます。リーダーシップには3つのフェーズがあり、それぞれに求められるリーダーシップのスタイルは異なります。リーダーによって各フェーズに要した時間軸の長短に違いがあるのですが、彼らの人生経験には多くの共通部分があります。

フェーズⅠは「リーダーへの準備」です。教育や学習、さらに課外活動や初期の勤務経験を通して成長する段階です。フェーズⅡの「リーダーを務める」は、個人としてまわりの人たちをリードする責任を持つことに始まり、リーダーシップの頂点へと到達するまでの段階です。フェーズⅢは「次世代を育成する（ジェネラティビティ）」で、人間発達心理学者のエリク・エリクソンが定義したフェーズです。このフェーズは、リーダーがそれぞれのリーダーシップ・キャリアを終えたときに始まり、その後、生涯にわたって続きます。このフェーズで、本物のリーダーは機会を求めて、自分の知識や知恵を多くの人々や組織に提供します。そして、その間自らもなお学習し続けるのです。

フェーズⅠ　リーダーへの準備をする

フェーズⅠはリーダーシップの準備段階で、性格が形成され、活躍の場はまだ個人のレベルか、あるいは初めてチームを率いるかのレベルです。今日では20代で自らのキャリアを決めてしまうリーダーは、ほとんどいません。増加しているのは、仕事を通じて貴重な経験を積むために、大学卒業後の一定期間を1年半~2年といったサイクルで頻繁に転職して多様な仕事に従事する若者たちです。

若いリーダーの多くは大学院に進学して、ビジネス、法律、あるいは行政を学ぼうとします。なかには修士号を取得した後に、さらにコンサルティングや金融といった専門職を経験してから、特定の企業や産業に従事する人たちもいるくらいです。

この時期に、専門職に熱中するのは自然なことです。10代や20代での成功基準は、主に個人の成績・業績がベースになるからです。個人の成績次第で入学できる大学が決まり、個人の業績が仕事の評価につながるのです。クライナー・パーキンス・コーフィールド・アンド・バイヤーズ社のランディ・コミサーが、まさに次のように述べています。

私たちは、人生のスタート時点で、直線的な道の先にある明確な目標を達成すれば成功できるのだと思っています。明確な目標などないとわかると人生は複雑になり、自分独自の目標を立てなければなりません。世の中で自分磨きをした後で、ようやく自分が何者であるかを知るのです。そうでなければ、一生を誰か他の人の関心や期待に捧げてしまうことになります。

コミサーが認めているように、若い人たちが、自分の人生の旅をどうはじめるのかは特にむずかしい。「彼らは、『私がほしいのは、いい仕事について、家を買い、結婚して、子どもを持つことだけなのです』と言います」

コミサーは、人生がそんなにシンプルならよいのだがと内心では思いながら、彼らに次のように話すそうです。

この苗を先ず植えつけるとしよう。木を枯らさずに育てて、10年後にその木のところに戻ってきてごらん。焦って芽を摘むようなことをしてはいけない。そしてそのとき、自分に問いかけてみなさい。「人生で何がしたいのか?」と。私は、君たちが10年後に必要になる力を培うように鍛えたいのだよ。

◆ウェンディ・コップ　21歳での起業

プリンストン大学在学中にウェンディ・コップは、アメリカの12年間の義務教育システムを改革したいという情熱を募らせました。ダラス郊外の裕福な地域の中流家庭に育ちました。その地域というのは、「普通とはかけ離れた裕福な環境で、教育レベルは他の地域に比べて大変高かったのです」[4]。コップは大学1年生のときに、同期生のルームメイトから影響を受けました。彼女はニューヨーク市内の出身でした。その彼女は、大変優秀だったにもかかわらず、大学での講義についていけませんでした。というのは、彼女は高校でプリンストンの厳格さを教えられていなかったのです。結果、彼女は落第し、学校を去ることになりました。

4年生になったコップは、教育改革に意欲を燃やしていたのですが、どうアプローチすればいい

4 コップはダラス市ハイランドパーク地区にある、裕福な白人の子女が通う全米でも屈指の公立の進学校を卒業している。卒業生のほぼ全員が大学へ進学。

のかわからずにいました。企業での型にはまったトレーニングを受けたいとも思わず、ひどく落ち込んでいました。教職の口を探しはじめると、自分以外にも多くの人たちが、子どもたちに優れた教育の場を提供できないのは国家の悲劇だと考えていることがわかりました。

それでコップは、学生とビジネス・リーダーとによる協議会を組織して、12年間の義務教育の改善方法を検討しました。協議会の開催中に彼女はあるアイデアを思いつきました。「この国に、新卒後2年間公立学校で教職に就く先生たちの全国組織があればいい」

そのアイデアがきっかけとなり、ティーチ・フォー・アメリカ（TFA、教育NPO）が設立され、過去25年間で最も成功を収めている中等教育プログラムができたのです。

コップの旅も決して安易なものではありませんでした。経営管理や継続した資金調達の経験がなかったため、TFAはキャッシュ不足にあえぎ、次々と経営の危機にさらされました。再三再四コップは資金調達に奔走し、予算の組み直しや赤字の補てんに努めました。5年間、週に100時間働いて、TFAは年間500人の新卒の先生が加盟するまでになりましたが、組織の存続に必要な資金調達のプレッシャーに押しつぶされそうになっていました。

設立当初の資金提供者の多くが提供を打ち切ることになったときには、累積赤字が250万ドルにまで増えていました。有力な教育者向けの雑誌はTFAを酷評しました。「TFAの施策も教育も良くない。新人教師にも、学校にも、子どもたちにも良くない」。コップはこの記事について、「ガツンと頭を殴られたような気がしました。私への個人攻撃であり、私たちの努力を学術的に分析したものではありませんでした」と振り返っています。

設立当初のメンバーたちの何人かがＴＦＡを去っていったとき、コップはＴＦＡの閉鎖を考えました。「でも、教育改革に対する情熱と子どもたちを失望させてはいけないという思いが強く、私はプログラムを続けたのです」

若いときのコップの経験は、本物のリーダーシップのエッセンスだと言えます。つまり、情熱を傾ける対象を見つけ、まわりの人たちを鼓舞して参加を促します。ＴＦＡが危機に陥ったために、コップのリーダーとしての成長が加速しました。ＴＦＡ設立後20年がたち、コップの弛まぬ努力と熱意のこもったリーダーシップが報われました。現在のＴＦＡプログラムでは、１万１０００人のメンバーが75万人の学生を教えています。

イアン・チャン　科学革命を創りだす

イアン・チャンもまた若きリーダーのひとりで、早い時期に人をリードしたいという熱い思いを抱きました。大学卒業が近づいていたころ自分が望んでいるのは、「毎朝ベッドから飛び起きて、仕事に行くのがワクワクするような機会」だと感じていました。投資銀行と個人資産運用会社で退屈な仕事を経験した後に、彼は弟とともに人ゲノム革命に熱中しました。

チャン兄弟が、ＵＳゲノミクス社を設立したのは、医学に革新をもたらして、広範囲な個人別のゲノム情報の伝達を可能にするためでした。著名な科学者たちを顧問に迎えました。その中には、人ゲノムのマップを初めて考案した科学者のクレイグ・ベンターや技術者のボブ・ランガーがいました。設立資金は10万ドルで、しかもクレジットカードのローンで用意したのです。やがて、さまざまなベンチャー投資家から5200万ドルの資金を集めました。チャン兄弟は持ち株の過半数を手放して、幾人かの投資家を取締役として受け入れました。

その後の5年間、USゲノミクス社の事業は科学界とベンチャー投資家から注目を集め、一躍この分野でのパイオニアになりました。2001年12月に創業者であるチャン兄弟がその年の類まれな業績を発表すると、取締役会は総立ちで称賛の拍手をしました。しかし、USゲノミクス社にさらに大きな可能性があることがわかると、ベンチャー投資家たちはチャン兄弟よりも一段と経験豊かな経営者が必要だと考えました。4カ月後、チャンは新しいCEOが自分と交代すると告げられて、ショックを受けました。「今に至っても、なぜこうなったのか皆目見当がつきません。事業は大変順調に行っていたのです」

私は何年もの間、全身全霊で仕事に取り組んできました。それが突然、みな消え去ったのです。あまりにも衝撃的でした。自分がこれまで創り上げ、信じてきたものが取り上げられたのです。まだいくばくかの株式は所有していましたが、私は自分が信じてきた使命を持つ会社の一員ではなくなったのです。戦い続けたかったのですが、どうすることもできないと感じました。

今になってわかるのですが、それは私が次の旅へ向かうのに役立つとても重要な経験でした。当時は死にもの狂いで働いていたので、とても疲れ切っていました。私生活もない状態で、もっとバランスのとれた生活が必要でした。自分を立て直すために、2年間をかけてMBA

を取得しました。そのおかげで、自分を見直す余裕ができ、世界のトップ・リーダーの何人かと交流を持てる機会に恵まれました。

私は気づいたのです。自分はまだ幸運にも、健康で、家族がいて、自由主義の国に住んでいます。このことを決して当たり前だと思ってはいけません。私の心は、なお起業とバイオテクノロジーにあります。今でも治療の施せないたくさんの病気があり、貢献ができる機会が大きく広がっているのです。

チャンは自らの成功の犠牲者でした。それでも、すべての心痛や苦痛が代えがたい経験となり、それが彼をリーダーへと成長させる梃になっていたのです。彼は弟のユージーンと再び組んで2007年にアブプロ研究所を立ち上げ、生命科学分野で使用する種々のタンパク質の生産に集中しました。元手資金として150万ドルを集めましたが、50％超の所有権を確保し、USゲノミクス社での経験を繰り返さないようにしました。チャンはこれまでの経験から得たレッスンとして、「情熱を注ぎこんで科学的なブレークスルーを実現することの重要さ」の他に、「外部の人たちに支配権を譲ってはいけない」をあげています。

残念ながら、若いリーダーの多くは失敗を恐れて、コップやチャンがしたように目の前にある機会に飛び込んでいかないようです。アン・ファッジが貴重な意見を述べてくれました。「葛藤や厳しい経験が、結局のところ、あなたを成長させるのです」

心配しないでチャレンジすればいい。しっかりと取り組みなさい。たとえ結果的に傷つくことになってもやり遂げなさい。自分に言い聞かせるのです。この経験から得るものがきっとあるのだと。今は完全には理解できなくとも、後になってきっとわかってきます。すべてが人生の一部なのです。人生は学びの連続です。どんなチャレンジでも自分の核となる内なる強みを育ててくれます。その強みが人生の嵐を乗り切る力になります。人生でやりがいのあることに、安易なものはありません。

フェーズⅡ　リーダーを務める

リーダーへの旅の2番目のフェーズが始まるのは、リーダーシップの経験がスピーディに積みあがっているときです。責任の度合いが増すにつれて、個人的にも職業上でも、つまずきを経験する可能性が高まります。それは、自分の本質を問われるような難問です。このフェーズでの経験を積むことでリーダーシップへの理解が大きく変わり、リーダーとしての成長が劇的に加速します。つまり、リーダーシップが求められる仕事が続く途上で、最も高度なリーダーシップの経験を積むことになるのです。

フェーズⅡの段階で、多くのリーダーたちは、自己認識、価値観、そして今後のキャリアへの思いなどを決定的に洗いなおす経験に直面します。私は、このことを「壁にぶつかる」と呼んでいます。高速で走るレースカーがトラックの壁にぶつかるのに似ているからです。ほとんどのリーダーが、少なくとも一度は経験します。

ジェフ・イメルト　壁にぶつかる

ゼネラル・エレクトリック社（GE）のCEOジェフ・イメルトは、30代のときにはすでに将来を嘱望されたスターでしたが、そのとき、これまでにない厳しい課題に直面していました。GEのプラスチック事業部に戻り、全世界のセールスとマーケティングの責任者になるように要請されたのです。昇進をともなった異動ではなかったため、その要請に難色を示しました。当時のCEOジャック・ウェルチは、彼にこう言いました。

「君がやりたくないのはわかっている。しかし、今は君が会社に奉仕するときじゃないのかね」

厳しい競争の中で、プラスチック事業部は主要得意先と長期的な固定価格での契約を交わしました。得意先リストには、アメリカの自動車メーカーが含まれていました。急激なインフレに見舞われて、事業部のコストが急上昇しました。イメルトの事業部は利益目標に3000万ドルほど不足していました。予算を30％下回ったのです。ウェルチは当然のことながら、イメルトに電話をかけ、質問を浴びせかけました。イメルトは価格を上げようと努力したのですが、なかなか思うように進展せず、かえってそのために、GEとゼネラル・モーターズ（GM）の関係が悪化してしまいました。そのためイメルトに結果を出すようにとプレッシャーがかかりましたが、ウェルチ自らが乗り出し、GMのCEOロジャー・スミスと直接に問題を解決したのです。

イメルトにとって、この年は大変厳しいものでした。このときの経験を振り返って、「落ち込んでいる人のまわりには、誰も集まってはきません。そんなときには自分自身の内側から何かを引き出すしかない。リーダーシップというのは、自らの魂を覗き込むすばらしい旅のひとつなのです」と述べています。イメルトは、プラスチック事業部での仕事では業績優秀といった外面的な好評価を受けることはできませんでしたが、彼の内的な資質、つまり、困難なときを乗り越えるのに必要な粘り強さと打たれ強さを発揮しました。

これらの資質が、ウェルチの後継者という途方もない挑戦課題に立ち向かうには必要でした。2001年9月11日、イメルトがCEOに就任した最初の週に、同時多発テロがアメリカを襲いました。GEのいくつかの部門の業績が悪化しました。ジェット・エンジン、保険、金融の部門です。さらに2008年の金融メルトダウンのときには、GEの財務内容は非常に不安定な状態に陥り、イメルトは当時のブッシュ大統領に直接、電話をかけて、財政的な援助を要請しました。

その10年後、イメルトはGEの事業を医療、エネルギー、輸送部門での製品革新に明確に特化する構造改革に取り組みました。これらの部門では、GEの伝統的な強みである製造と顧客サービスのうえに、ビッグデータと最新の分析力を使ったソリューションを追加しました。彼は、さらに一歩進んでGEの再構築にも取り組んでいます。主要部門であるNBCユニバーサルやGEキャピタルの一部など、自分の戦略に沿わない部門の売却を進めています。

ハンク・ポールソン　あらゆる場所で奉仕する人生

ハンク・ポールソンは、私的、公的、そして慈善的な多くの事業に、熱心にそして腰をすえて貢献をしてきました。私は、彼が国防次官補（会計検査官）のころからの知り合いで、私自身もその2年前には同じポジションで働いていました。2年後には、彼はニクソン大統領のホワイト・ハウスのスタッフに加わって、ジョン・アーリックマンの補佐官を務めました。1974年に、ゴールドマン・サックスに入社してシカゴ事業所で勤務しはじめ、やがて投資銀行事業を担当し、1994年にCOO（最高執行責任者）に就任しました。1998年、CEO（最高経営責任者）となり、翌年には初めての株式公開を果たしています。

ポールソンは、ゴールドマン・サックス社で大いに成功を収めている真最中に、ジョージ・W・ブッシュ大統領から財務長官への就任要請を受けました。最初はその要請を断り、ゴールドマンの経営を続けようと思ったのですが、ブッシュの首席補佐官であるジョシュ・ボルトンが熱心に彼を口説きました。

2つの選択肢のどちらかに決めかねたポールソンは、ゴールドマンの元共同CEOであるスティーブ・フリードマンにアドバイスを求めました。フリードマンはひと言、「ハンク、自分の国に奉仕するこの機会を逃したら、後悔するのではないかな?」と、問いかけました。ポールソンはそのとき、世の中のために尽くすことを使命だと信じてきた自分に気づき、財務長官への就任を引き受けたのです。

ポールソンの就任はアメリカに非常に良い結果をもたらしました。金融危機にみまわれたとき、ポールソンは積極果敢に責務を果たしました。リーマン・ブラザース社の倒産の処理、ファニー・メイ（連邦国民抵当協会）、フレディ・マック（連邦住宅金融抵当公社）そしてアメリカン・インターナショナル・グループ（AIG）の国有化、シティバンクへの財政援助、メリル・リンチ、ベア・スターンズ、ワコビア、ワシントン・ミューチュアル、そしてカントリーワイド・フィナンシャルの売却相手を探しました。この危機の間、ポールソンは連邦準備制度理事会議長のベン・バーナンキとともに、金融市場を再開し、体力がある銀行の資本強化に賛否が割れていた不良資産救済プログラム（TARP）を活用しました。

ポールソンにとっては、大変なストレスを感じた時期でした。非常に責任感の強いリーダーである彼は、1929年のような金融崩壊リスクを予見して、それを避けるのに必要なことは何でもすると腹を決めていたのです。クリスチャン・サイエンス派の熱心な信者であり、お酒もたばこもたしなみません。また、イーグルスカウト[5]でもあります。ダートマス大学時代はファイ・ベータ・カッパ・クラブ[6]のメンバーとなり、フットボール・チームでは、攻撃ラインマンとしてプレーしました。アイビー代表と東部地区代表になり、そしてオールイースト代表に選ばれ、オールアメリカンでは表彰をうける栄誉を得ています。大学時代のニックネームは「ハンマー」。個人としては、押しが強くぶっきらぼうで、いかつい体格の持ち主です。それでも、スピーチや重要な会議のような「土壇場」では何度もトイレに駆け込まなければならなかったようです。吐き気を催すほどのストレスを受けていた、と語ってくれました。

金融危機の最中、ポールソンは何百本もの電話をかけまくりました。現状を理解し、民間企業の

5 イーグル・スカウト：21個以上の技能賞（merit badge）を得たボーイスカウト。アメリカ社会では評価が高く大学進学や就職にも有利に働く。
6 1776年に創立された成績優秀な大学生の友愛会。このメンバーになることは大学生にとっての最大の栄誉。

リーダーたちと解決方法を相談し、政治家には大統領選挙戦の期間中は平静を保つようにうながしたりしました。彼が私に語ってくれたのですが、ブッシュ大統領からは積極果敢なアクションを取るようにと全面的なサポートを得ていました。通常ならブッシュが絶対に反対したに違いないことに至るまでです。そして、当時の上院議員バラク・オバマとも定期的に電話で話し合っていました。

ポールソンは、7000億ドルのTARPの許可を通過させるよう下院を説得するのに必死でした。民主党と共和党の両方が〈金融安定化〉法の制定をめぐって政治的な駆け引きをしていたのです。2008年9月25日、ブッシュ大統領は、上院議員のオバマとジョン・マケイン、そして下院のリーダーたちを一堂に召集しました。大混乱の会合だったとポールソンは言っています。

それはひどいものでした。私はそれまで政治でもビジネスでも、また大学の友愛会でも見たことがないほどの大混乱状態でした。最後には大統領が、「もうこれ以上この会議を仕切れない、おしまいだ」と言ったくらいです。

度肝を抜かれ落胆した私は、ルーズベルト・ルームに集まっていた民主党員のところに行って「節度を保ってください」と、うながしました。でも彼らは、私に向かって出ていけと叫びました。これ以上、どうすればよいのかわかりませんでした。軽率だったかもしれませんが、ペロシ（ナンシー・ペロシ、下院議長）のところまで行って膝まづいて、「この案を台なしにしないでください」と、訴えました。

ついには、争点となっていたTARPを押し通すことに成功し、それが大恐慌の二の舞を避けるための鍵になりました。金融業界や自動車産業への救済に関しては手厳しい批判を受けたのですが、最終的にはこれらの企業は利子つきで返済を終え、国庫は投資利益を得ることができました。

政府の仕事を2009年初めに終えた時点で、引退することも可能でしたが、ポールソンの性格からするとありえないことでした。回想録を書き終えた後、ポールソン研究所を自己資金でシカゴ大学内に設立しました。そこでアメリカと中国の関係強化の研究に取り組んでいます。彼の近著*Dealing with China*には、米中関係についてユニークな洞察が書き込まれています。彼はまた熱心なバード・ウォッチャーで、長年自然保護協会のメンバーであり、その会が危機に瀕していた2004年には理事長も務めました。

ポールソンのような粘り強さや勇気を備え、厳しい批判を受けても大胆な措置をとれるリーダーはそうはいないと思います。彼がアメリカの金融制度を救ったことを歴史が称賛するでしょう。

フェーズⅢ　次世代を育成する

リーダーの旅の最後のフェーズは、一番のやりがいがある段階でしょう。近年では、多くのリーダーがそれまでのような形の引退をしないで、リーダーシップや知恵を種々の組織と共有してくれるようになりました。有償または無償で役員になるとか、若いリーダーたちの相談相手になるとか、リーダーたちを教育し、コーチになるとかです。彼らの多くが営利、非営利、行政の3つのセクターで活動をしています。

ウォレン・ベニスは著書『こうしてリーダーは作られる』（ダイヤモンド社、2003年）の中で、リーダーシップの第三フェーズの哲学を、あまり聞いたことがない用語ですが、「ネオテニー（幼体成熟）」という言葉を使って解説しています。ネオテニーとは、「若さを連想させるようなすばらしい資質を持っている状態、つまり、好奇心、遊び心、熱意、恐いものしらず、やさしさやエネルギーといった資質」です。

時や年齢に関係なく、ネオテニーを持ったシニアたちは、オープンで、リスクをとることを厭わず、勇気があり、知識に飢えており、1日1日を大切にしています。そして、未知に挑戦してそれをすばらしい現実に変える努力を傾けているのです。

過去の失敗や失望に拘ったりはしません。ネオテニーというのは、とても幸運なシニアたちが死ぬまで持ち続ける若々しさの資質の比喩だと言えます。

この哲学は生涯を通して、そして特に第三フェーズの段階で有用です。これからリーダーシップの旅で、リーダーたちがこの第三フェーズをどのように使っているのかを見ていくことにします。

アースキン・ボウルズ　公益事業から民間事業まで

アースキン・ボウルズほど、活躍の場を営利目的の企業から政界や学界へとスムーズに移行できたリーダーはまずいないでしょう。社会人になって間もなくボウルズは、中小企業向けに初期の投資銀行を設立し、その後3億ドルで売却しています。やがてクリントン大統領の首席補佐官を務め、40年ぶりに、連邦の収支均衡予算を成立させる交渉をリードしました。その後、16の大学を擁するノースカロライナ大学機構のトップに就任しました。

多様なキャリアを通して、ボウルズは本物のリーダーとしての資質とは何かを例示してくれます。彼は言います。

「私は夢想家ではない。私が大切にしているのは、組織、システム、集中、そしてスケジュールです」。自分の持つ強みを使って、働く人たちから高レベルの関与を引出し、高い期待値を設け、チームワークを実現し、目標に掲げた結果が出せるようにしています。

ここ5年間ボウルズは、オバマ大統領が設置した「財政再建のための超党派委員会」の共同委員長をアラン・シンプソン上院議員と共に務め、財政再建の代弁者として全米に名前を知られるようになりました。オバマ大統領をはじめとする民主党、そして共和党と密接に活動して、財政勧告内容の合意を目指しました。

その間には、フェイスブック、モルガン・スタンレー、ノーフォーク・サザン、ベルクといった主要企業の役員も務めました。そのおかげで、彼の社会的な発言力が強まりました。彼は「69歳になっても、経済の今に関わっていたいし、学び続けたい」のです。

マイケル・ブルームバーグ　わが道を行く

マイク・ブルームバーグは、常に我が道を行くリーダーです。私がビジネス・スクールで一緒だったころの彼は大変優秀で、ほかの学生たちとは違って、ケースを予習してくることはありませんでした。チラリともケースを読んでこずに、クラスで指名されたときの話をしてくれました。

準備していなかったことを教授に大声でどなられたので、提案しました。まず何人か他の学生の発表を聞いてから、私が要約して結論を出すというのはどうでしょうかと。これを聞いて教授はその講義をキャンセルし、準備をして翌日来るように言いました。翌日、私は指名されたので、急進的な解決法を提案したのですが、教授はじめクラスの全員から完全に反対されました。何年か後、その会社は、私が提案した通りの戦略を実践して、大成功を収めたのです。

卒業後、ブルームバーグはソロモン・ブラザーズに入社、出世階段を駆け登り、15年後には、当時ウォール街でもっとも活気のあった会社で株取引のトップになっていました。ところが、フィブロ社と合併した際に、会長のジョン・グットフロイントの部屋に呼び出されて、突然クビを言い渡されたのです。大変驚き、傷つきました。「39歳になって、それまでに人生でただひとつ正社員として働いた会社から、多忙な中でもこの仕事が大好きだったのに、首を言いわたされたのです。悲しかったかって？　もちろん。でも。そんな姿を人にみせるほどヤワではなかったよ」

彼が解雇から得た教訓は30年後に結実しました。今後は一切人に使われないと腹を固め、退職和解金1000万ドルの中から400万ドルを使って、自分の名前を冠した会社、ブルームバーグ社を設立しました。かくしてブルームバーグ・ターミナル社が生まれ、現在も金融業界で最もユビキタスな情報源として使われています。

大学院時代、彼がまさか政界に進むなどとは私にはまったく思いもよらないことでした。ところがそれはとんだ間違いで、2001年にブルームバーグはニューヨーク市の市長に選出されました。アメリカの大都市の市長として最も成功を収めたと言えるでしょう。率直で実践的、そして対立を恐れない姿勢で、数々の難題や教員組合とか米国ライフル協会といった強い影響力を持った団体への対応にも取り組みました。在職期間中、義務教育を改善し、肥満を減らし、銃を規制しました。所属政党を2度変わった後は無所属になりましたが、多くの人から次期大統領候補にとの期待が高まっています。しかし、「無所属では勝てないよ、身長が低すぎてね」と、冗談でかわしています。

3期目の市長任期満了後、ブルームバーグは慈善事業に集中し、380億ドルの全財産を投じた財団運営をするつもりでした。ところが、何カ月もたたないうちに、ブルームバーグ事業への情熱は冷めやらず、自分が創業した会社のCEOに復帰しました。ハワード・シュルツ同様に根っからの起業家であり、この会社の好業績をさらに拡大するのが自分に課せられた使命だと気づいたのです。

最近、私に語ってくれたのは、今後も公共部門における重要課題に取り組んでいきたいということでした。肥満、たばこ廃止、銃規制、起業家精神や環境問題といった課題です。彼は「今は、もう何も失うものはない」と言い続けて「財産は全部つぎ込んでもいいと思っている。最高の財務プランは葬儀屋への支払い小切手が不払いになることじゃないか」。ブルームバーグは第三フェーズで、慈善的な公共施策とビジネスへの情熱を掛け合わせて、これまでなかった大きな何かを世の中に残そうとしているのです。

フェーズⅡの後　リーダーシップを探索する

私が若いころ持っていた哲学は、「人生はたった一度きり、だからこれはいいと思ったことは全部ものしなければいけないのだよ」（シュリッツ・ビールの昔のコマーシャル）でした。私の目標は、重要な仕事を担っている大企業を後継の経営者に引き継ぎ、それから自分は新しい、そして以前と同様に有意義な機会へと進むことでした。

１９９１年にメドトロニックのＣＥＯに選出された際、10年以上はこの地位にとどまる意思がないことを取締役会で告げました。というのは、10年という期間があれば、十分に企業の目標を達成し、有能でふさわしい後継者を育てられると思ったのです。

アート・コリンズが私の後継者として育ってくれました。58歳でＣＥＯとしての在位期間を終え、実は次に何をしたいのかという明確なビジョンを描いてはいませんでした。その後６カ月間、幅広く機会を探しました。行政、教育、医療、国際関係の分野です。どの分野も興味は持てたのですが、これだというものはありませんでした。

その間、ビジネスの世界では現役の役員として、ゴールドマン・サックス、ノバルティス、ターゲット、そしてその後は、エクソンモービルとメイヨー・クリニックにも関与しました。これらの企業を取締役としての立場から観察することは、絶好の学びの機会でした。きわめて重要な産業である金融、医療、エネルギー、そして小売りの分野で、リーダーたちが直面する課題を深く知ることができました。

2002年、私は妻ペニーとスイスに移りました。「働きながらの一種の有給休暇」でしたが、スイスの優秀なふたつの大学でリーダーシップを教えることになっていました。新しい環境に適応するのは大変でした。なにせ、2万6000人を有する大企業のリーダーから、まったく個人で何もかもしなければならない立場になったのです。自身の科目を創り、シラバスを用意し、教え方を習いました。その他に、自分の学生にパワーポイントの図表の作り方を教えてもらいました。

講義の初日のことを今でも、はっきりと思い出します。35カ国からの90人のMBAの学生たちが受講するクラスでした。非常に優秀で手厳しい学生を前にして、ある種、ビクビクとした気分でした。メドトロニック社の話をするのは楽勝でした。しかし、インテル社のケースで90人の学生全員が参加する討議をリードするのは、大変なチャレンジでした。

学生に教え、彼らの相談に乗るのが、大好きなのだと知りました。スイスから戻ると、エール大学マネジメント・スクールで4カ月限定の教鞭をとったのちに、ハーバード・ビジネス・スクール（HBS）で、経営実践論の教授に就任しました。ハーバードで「リーダーシップと企業の責任」を教え、それから選択科目で「本物のリーダーシップ開発」を立ち上げました。それは、前著の『リーダーへの旅路』（前出）のアイデアをベースにしています。

大企業を運営する絶え間ないプレッシャーという甲冑を脱いだおかげで、私は次世代の本物のリーダーを育成する方法を、創造力を発揮して探索する機会に恵まれました。メドトロニック社ではたびたび、1日に15回ものミーティングがびっしりと組み込まれていました。フェーズⅢに移行した今は、深く考える時間を創り出すことができます。その成果が、最初の著書『ミッション・リーダーシップ』（前出）です。この本を書きながらわかったのは、書くという行為は、自分の考えを研ぎ澄まし、その考えを他の人と共有することなのです。その後、本書を含めて5冊、上梓しました。HBSでの12年間は、私の人生で最も創造的な年月であり、それまで得てきたものすべてを統合できる機会を与えてくれました。

多くの組織をリードしてきた者として、皮肉なことに、私はこの10年間はどのような組織のリーダーの役割も果たしていません。その代わりに、自分のリーダーシップの目標を見つけました。それは本物のリーダーを育成するということです。彼らは自らのトゥルー・ノースに沿って社会に好ましい影響を与えるために献身するリーダーです。直近の2年間は、グローバル・リーダーの育成に注力しています。このことは12章で詳しく述べることにします。

あなたは今、人生の旅路のどのあたりにいるのでしょうか？　やっと始まったばかりなのか、新しい課題を模索しているのか、それともすでに組織のトップにたどり着いているのでしょうか？どこにいるにしても、それぞれの段階で経験するリーダーシップが、成長の糧となり、本物のリーダーシップとは何かを知る梃になります。

アムジェン社のケビン・シェアラーが言ったように、「今のあなたは、自分の人生経験の寄せ集めの結果なのです」。人生の旅路の一区切りが終わると、また次の旅路の機会が生まれます。だから以前の経験から学んだことを新しい環境に適応させればいいのです。自らの人生経験を大切に受け入れてそこから教訓を引き出していけば、あなたのリーダーへの旅路は決して尽きることはありません。

演習

あなたの人生経験と本物のリーダーへの旅

第1章を読んだ後、あなたの人生経験とこれまでのリーダーシップの経験を検証しておくことが大切です。

1　これまでの人生経験を振り返ってみて、誰に、どのようなできごとに、どのような経験に、自分自身と自分の人生は最も影響を受けたと思いますか？

2　リーダーシップを育むうえで、これまでの人生経験から得た最大のインスピレーションと情熱は何でしたか？

3　過去に経験した失敗や失望のせいで今でも、何かしら手かせ足かせを感じていますか？　それともそれらを見つめなおして教訓を引き出していますか？

4　これまでの検証を通じて、自身の人格形成やリーダーシップの育成に、何らかの調整を加える必要があると思いますか？　あるとしたら、それは何でしょうか？

第2章
道を見失う
Losing Your Way

お金はとても魅力的です……
どんなにその罠には落ちないと思っても、
やっぱり罠に落ちてしまうのです。

マッキンゼー&カンパニー元世界代表　ラジャ・グプタ

私たちは誰でも、恐れ、不安、そして混乱という感情を抱えています。人間である以上、切り離せない感情です。人生経験を理解していく中で、こういった心の状態を素直に認め、受け入れ始めます。ハワード・シュルツは自分の人生経験を全面的に受け入れ、貧困の中で育った経験から、どんな人に対しても尊敬の念を忘れないことを学びました。

また彼は、父親に対する貧しい家の家長という否定的なイメージを、まともな機会を与えられることのなかった人だったのだ、と解釈しなおしました。このことが大きな動機となって、シュルツはスターバックスを自分の父親のような人たちが誇りをもって働ける会社にすると決意したのです。

残念なことに多くのリーダーたちは、自らの人生経験を生かしてはいません。その代わりに過去を隠し、新しい仮面を被ろうとします。また、世の中で尊敬されたいがために、お金や名声、そして権力を蓄えることに執着するようになり、本来の動機が置き去りにされてしまいます。それは彼らが傷つくことを恐れ、親しい友人に恵まれず、自らの経験を振り返ることができないでいるからだと思います。

自らの人生や試練そして恐れを否定し、抑制し続けてしまうと深刻な結果を招いてしまいます。次第に影の部分が広がっていき、明るみにできない行動を助長させていきます。多くのリーダーたちがすばらしい可能性を持っていながら、道を踏み外してしまいました。彼らは影の部分に向き合うことを避けたために、自らのトゥルー・ノースを見失ってしまったのです。

ラジャット・グプタの悲劇

ラジャット・グプタは、私の親しい仕事仲間のひとりでした。さまざまな場面で交流があり、3つの組織（ゴールドマン・サックス、世界経済フォーラムUSA、ハーバード・ビジネス・スクールの校長諮問会）では、同僚として働きました。また、グプタは、プロクター・アンド・ギャンブルとアメリカン航空の取締役会にも席をおいていました。

私自身、彼のことを世界で最も洗練されたリーダーのひとりであり、知的で博識があり、大いに自分の価値を発揮している人物であると思っていました。世界中の要人たちにも広いネットワークを持っており、国家元首や企業のCEO、そして億万長者といった人物たちが必ず彼の呼び出しには応じていました。

マッキンゼーでは、初のアメリカ出身ではないワールドワイドの代表者を務めました。彼が舵取りをした9年間で、マッキンゼーは世界規模の大手企業へと成長し、収益は280%増の34億ドルまで増大しました。グプタはまた、慈善事業においてもリーダーとして、エイズ、結核、マラリアの世界対策基金の議長を務めました。のちに、インド・ビジネス・スクールを設立し、多くの非営利組織の委員会の席にもつきました。インド人コミュニティの中では、彼はまさにアメリカン・ドリームを勝ち得たお手本で、インド系移民がアメリカでトップにたどり着くことができたシンボルのような存在でした。

ラジャット・グプタは現在、連邦刑務所で2年の懲役に服しています。2012年に、米ガリオン・ファンド創業者のラジ・ラジャトラムに対するインサイダー取引で4つの有罪判決が言い渡されました。グプタは2008年秋にゴールドマン・サックスの取締役会で得た非公開情報をラジャトラムに提供し、その情報がラジャトラムのインサイダー取引に使われたのです。グプタの米国最高裁への最終上告も却下され、2014年6月に投獄されました。

なぜ、彼ほどの類まれなリーダーがその成功の頂点から、これほど急速に深みへと転落したのでしょうか？　すべてを知ることはできないのですが、彼の人生経験を通して何か手がかりが発見できると思います。

グプタはインド・カルカッタで生まれました。父親はジャーナリストで自由の闘士でもあり、インド独立のために闘っていた際に英国により投獄されていました。若いグプタに試練が訪れました。それは10代のときに孤児となったのが始まりでした。16歳のときに父親がなくなり、そのわずか2年後に母親も他界したのです。お金も住むところもなく、2人の幼い弟妹たちを育てなければならない責任を負ったのです。国家入学試験で全国15位の成績を収め、デリーの有名なインド工科大学に入学しました。卒業後はビジネス・スクールに通うためにアメリカに移住し、その後1973年にマッキンゼーに入社しました。

なぜ、彼が一線を越えて、ラジャトラムにインサイダー情報を提供したのか私たちには知る由もありません。裁判を通して、グプタは無罪であり、ラジャトラムの犠牲者だったと主張しました。

当時、ラジャトラムはすでに複数のインサイダー取引事件で有罪となり11年の懲役を宣告されていました。単純に金銭に貪欲で、彼の仲間たちがウォール街やシリコン・バレーで、巨額の富を得ているのを妬んでのことだと憶測する人もいます。

2億1000万ドルの資産を蓄えていたにもかかわらず、もっと欲しいという渇きはおさまらなかったのでしょう。2013年にニューヨークタイムズ・マガジンに掲載された記事に、「ラジャトラムとチームを組んで、彼の職業人生のフィナーレを飾る予定だったのだろう。マッキンゼーを退いた後も精力的に活動するだけでなく、億万長者グループの中のエリートとして自分を確固たるものにしたかったのでだろう」という推察が書かれました。2005年のコロンビア大学でのスピーチで、グプタ自身が自らの弱さを認めていました。「自分を振り返ってみると、う～ん、お金には左右されるところがあると思う」。さらに、以下のように続けています。

> 現在、この社会では人々は、かなり唯物的になってしまっています。残念です。でも私自身が以前に比べるともっと唯物的になっているのかもしれません。お金はとても魅力的です。気をつけなければなりません。手に入れれば入っただけ、その心地よさや大きな家、別荘、そしてやりたいことがなんでもできるということに慣れてしまいます。自分はお金の罠には引っかからないと思っていても、引っかかってしまうのです。

表面的には、彼はあらゆるものを持っていました。才能があり、世界で最も尊敬されるコンサルティング会社のＣＥＯにまで登り詰めました。富と権力もありました。世界的な大企業の取締役メンバーでもありました。尊敬も受けていました。人々は彼にあこがれ、称賛しました。それでも、どれもが彼には十分ではなかったのです。

何年もの間、グプタと私は折に触れて話す機会がありました。取締役会では隣同士に座り、話し合ったものです。彼の姿に心中穏やかでないそぶりはありませんでした。でも間違いなく、悪魔が彼のトゥルー・ノースを取り外そうとしていたのだと思います。今、彼は自らがとった行動に対して巨大な代償を払っています。単純に貪欲だったではすまされないケースです。私の推測ですが、グプタは10代のころの試練や貧しさに深く傷ついたのが原因で、金銭的な安定を強く望む彼の気持ちは満たされることがなかったのかもしれません。

なぜリーダーたちは道を見失うのか

私たちは、自分自身に問いかけてみなければなりません。それは自分にも起こるのでしょうか？お金や名声、そして権力の誘惑に弱くありませんか？　どんな性格の弱さが原因となって、トゥルー・ノースを見失うのでしょうか？　どんな状況下で罠に引っかかってしまうのでしょうか？

何が原因で、きわめてすぐれた潜在能力を備えたリーダーたちが進むべき道を見失ってしまうのかを探ってみましょう。なぜ、彼らがリーダーシップのピークを迎えようとしているときに脱線してしまうのでしょうか？　そして、彼らは失敗から立ち直り、再び本物のリーダーになることができるのでしょうか？

これらの問いは、リーダーを目指す人たちを悩ますでしょう。道を見失ってしまう人たちが悪人だとは限りません。良いリーダーになれる可能性を持っており、中には極めて優れたリーダーとなる人もいるでしょう。しかし彼らは、たどる道のどこかで引きずり降ろされます。少しずつ、徐々に自らの成功に惑わされはじめます。周囲からの評価が高まり、成功の褒賞を受けるようになると、トゥルー・ノースから外れてしまうリスクも大きくなるのです。

他人への権力、富の最大化、名声の獲得を目標にしているリーダーは、自分が獲得した地位に対する周囲の人間からの憧れの眼差しや称賛の声を待っているものです。そして公私を問わず、極端なナルシシズムに浸りがちです。組織のリーダーであれば、自分なしではその組織は存続できない。つまり、自分こそが組織そのものだと信じているのです。

リーダーシップの役割を引き受ける前に、自分に問いかけてください。

「この組織を率いたいと思う動機は何ですか？」

正直な答えが、単に権力や名声、お金であれば、あなたは自らの満足感の源泉を外部からの称賛に求めてしまうという罠に陥りやすいリスクを抱えていると言えます。

もちろん、その満足感を象徴するものを外部に求めるのが間違っているわけではありません。ただし、それが許されるのは、自らのことよりも、もっと偉大なものに献身したいという内なる願望とバランスがとれている場合に限ります。外部からの報酬は、トゥルー・ノースを見失わせてしまう力を持っています。だから、内に秘めた目的やリーダーになりたいという情熱とバランスをとらなければならないのです。

リーダーたちが道を踏み外してしまう根本的な理由について、さらに考察していきましょう。

◆現実からかけ離れてしまう

外部からの称賛ばかりに気をとられ、内なる満足をおろそかにすると、地に足がつかなくなってしまいます。現実と向き合うべきだと、厳しい批判や本当のことを語ってくれる人たちを受け入れなくなります。逆にそういうリーダーが自分の周りにおきたいのは、おべっかを使うような人たち、つまり、耳障りのいいことだけを言ってくれるような支持者ばかりになっていきます。

時が経つにつれて、バランスのとれた見方や真っ当に対話する能力をなくしていき、周りのほうから離れていってしまいます。CBSのビル・ペイリー[7]は、キャリアの終わりのころには、悪い知らせをもってくる配達人を殺しかねない人物だと恐れられていました。無理もありません。彼が知らされていたのは部下たちのフィルターにかけられた情報だけだったのです。

◆失敗を恐れつつも……

上で述べたようなケースの原因は、失敗に対する恐れなのかもしれません。多くのリーダーたちは、自分の意志を押しつけることで昇進を続けます。それでも、トップに登り詰めるころには、誰かが翼を広げて自分をその座からはねのけてしまうのではないかと疑心暗鬼になっているかもしれ

7 ウィリアム・サミュエル・ペイリー（1901～1990）。大手たばこ会社の御曹司だったが、ラジオ宣伝に成功したことをきっかけに放送業界に入る。小さなラジオ局だったCBSを急成長させた。

ません。リーダーたちが空威張りする背景には怖れが潜んでいます。本当は彼ら自身がそのような強いリーダーシップの役割には値しないと、いつか誰かが暴いてしまう日が来るのではないかと恐れているのです。

こういった怖れに打ち勝つために、一部のリーダーたちは、結果を出すことに大変な努力をするのですが、現実を見失ってしまい、失敗や弱さを認められなくなってしまいます。失敗に直面すると、その失敗を隠そうとしたり、正当化できるようないいわけを作って、周りにはさも自分の失敗ではなかったと説得したりするのです。

責任転嫁ができるスケープゴートを、組織の内外で見つけようとします。権力やカリスマ性、さらには彼ら自身の持つ人間的な魅力を総動員させて、歪めてしまった事実を周りの人たちに説得します。その結果、組織は現実を見失い、最終的には、組織全体が大打撃を被ってしまうのです。

⋯成功を渇望する

失敗への恐れの対極にあるのが、成功への飽くことのない渇望です。ほとんどのリーダーたちは、組織のためによい仕事をし、それが認められ、業績に見合った報酬を手に入れたいと考えます。そして成功したあかつきには、権力は大きくなり、それにともなう名声を得るようになります。

一部のリーダーは、権力の高みに達すると、成功そのものを続行させたいという強い願望が生まれ、次第にものごとへの抑制が効かなくなります。つまり、自分たちはその制限を超えることができるのだと思ってしまうのです。

ノバルティスのCEO、ダニエル・バセラは、こういった事態に陥ることを『フォーチュン誌』のインタビューで、次のように述べています。

四半期ごとの業績を上げることにとらわれてしまうと、自分では気づかないうちに、企業の長期的な発展に欠かせない重要事項を犠牲にしはじめます。このサイクルを生む犯人は、失敗の怖れというよりは、むしろ成功への渇望でしょう。

私たちの多くは、成功することに酔ってしまうのです。典型的なパターンですが、称賛されると自分への確信が生まれ、やがて、思いあがりに変わっていきます。良い結果を出せば、称賛されます。そして乾杯のシャンパングラスが傾けられる中心に自分がいるのだと思うようになるのです。外部から偶像化され、そして記事にそう書かれた内容が真実だと思ってしまっても不思議ではありません。

心の奥の孤独感

トップは孤独です。リーダーは自分に企業の最終的な責任があること、そして多くの人たちの幸せが自分に委ねられているとわかっています。もし失敗すれば、多くの人たちを困らせることになります。かかる重圧を避けるために、一部のリーダーたちはスピードを上げて走り抜けようとします。

誰とこのような悩みを共有できるのでしょうか？　部下や他の取締役会メンバーに、自分が抱えている困難や心の奥にある怖れをたやすくは話せません。組織の外部にいる友人には、自分が抱えている難問をわかってもらえないかもしれません。自分の心配事をあけっぴろげに話せば、噂になりかねません。そしてときには、配偶者や恩師にすら悩みを打ち明けられないのです。

このような孤独感から逃れるために多くのリーダーたちは、怖れそのものを否定しようとします。自分の内なる声を遮断してしまうのです。内なる声に耳を傾けることが辛いからです。その代わりに、外部から圧力をかける声に耳を傾けます。つまり、外部を満足させれば、すべてがうまくいくのだと考えはじめるからです。外部からのアドバイスの多くは、自らの思いとは相反するものだったり、耳に痛かったりします。

だから、一部のリーダーたちは、自分の意見を支えてくれる人たちの声だけしか聞かなくなるのです。アップル創設者のスティーブ・ジョブズは、「外部の声で、自分の内なる声をかき消してはいけない」という助言を残しています。

そうしているうちに、仕事生活と個人生活のバランスが大きく崩れていきます。

失敗を怖れながらも、仕事を愛しており、「仕事こそが私の生きがい」と言わんばかりです。徐々に配偶者、子どもたち、そして親友など自分に近い人たちとも距離ができはじめます。時にはこういった親しい人たちに自分の意見を押し通すようにもなります。時が経つにつれて、小さな問題が大きな問題に変わっていき、どんなに努力しても、もう解決することが困難になっていきます。この事態におよんでも助言を求めることをせずに、深みへとはまっていきます。そして崩壊がはじまるときには、なすすべが、まったく残されていないのです。

こういったリーダーたちはどのような人物なのでしょうか？　すでに告訴されている経営者かもしれません。あるいは個人的な理由で辞任させられたＣＥＯかもしれません。しかし、あなた自身にも起こり得ることなのです。私たちはこういったリーダーたちのような苦境に陥ることがなくても、誰もが道を踏み外す可能性を持っているのです。

脱線する　トゥルー・ノースを見失う

道を踏み外したリーダーたちを観察した結果、トゥルー・ノースを見失う人たちを５つのタイプに分類できました。彼らの欠点が進化を阻む失敗に直結していることが見えてきます。以下がその５つのタイプです。

①「策士型」——自己認識に欠け、自尊心にも欠ける。
②「理論武装型」——自分の価値観から逸脱している。
③「栄光追求型」——周りからの称賛を熱心に求めている。
④「孤立型」——個人的な支援を得られないか、支援システムを作り出せない。
⑤「流れ星型」——人生に対する一貫した基盤を持たない。

あなた自身は、どのタイプに分類されるでしょうか？　もし、どれかのタイプに該当したら、道を踏み外す要因となってしまうのでしょうか？

策士型

策士型の人は、狡猾さと攻撃性の両方を駆使して出世の道を開いていきます。彼は組織内の政治で何が得策なのかを理解していて、誰からも自分の進路を邪魔させません。彼はまぎれもないマキャベリーの信奉者で、あらゆる角度から検討を重ね、ゲームプランを進め、昇進を続けていきます。究極の政治家的人物で、誰が競争相手なのかを見抜き、一人ひとりをうまく排除していきます。自らを省みるとか、自己認識を高めるとかには一切、興味を示しません。

エイブラハム・リンカーンが、かつてこう述べています。

「人間の性格判断をしたいと思ったら、その人に絶対的な権力を与えてみるとよい」と。この策士型人間は権力を持ったとしても、それをどう使ったらよいのか自信が持てないのだと思います。彼はリーダーシップにともなうさまざまな責任に対して疑問を感じ、それに悩まされています。というのも、彼の最大の強みは、内部の競争者を出し抜くことであって、逆に部下から出し抜かれることに、常に猜疑的になってしまっているからです。

リチャード・グラッソ　栄光からの転落

策士型の悲劇的な一例として、ニューヨーク証券取引所（NYSE）のCEOだったリチャード・グラッソがあげられます。グラッソは大学へは行かず、週給80ドルの事務員として取引所で仕事をはじめました。その後、彼は証券取引の世界で強力なネットワークを築きながら、世界最強の証券取引所のトップまで登り詰めます。彼を邪魔する者は誰もいませんでした。というのも、彼は復讐をする方法を心得ていたのです。グラッソが大変苦々しく思ったのは、投資銀行出身のビル・ドナルドソンに軍配があがり、CEO候補から外されたときでした。そのときに、「今は何も言わないでおく。でもそのときがきたら、絶対にやつの仕事を奪ってやる」と、友人に打ち明けています。

ドナルドソンが1995年に引退した際、グラッソは明らかに次のCEO候補でした。それでも表面では優雅な振舞いをしながら、心の中では、十分に満足してはいなかったようでした。長年不当に扱われてきたという恨みのような感情を引きずっていました。そして取締役会に席を置く投資銀行家、しかもほとんどがアイビーリーグ出身である取締役たちに警戒心を抱いていたようです。NYSEが成功を重ねるにつれて、他の取締役たちと同じくらい稼ぐ権利があるのだと思うようになりました。しかも、彼がそうしたからといって、取締役たちの企業には何のリスクにもならないと考えました。

2機の飛行機が2001年9月11日にワールド・トレードセンターのツインタワーに飛び込んだとき、グラッソは誰よりも素早く行動を開始しました。9月17日までにNYSEのオンラインを復活させたのは、誰も想像できないほどの早業でした。すぐさま、彼は「悲劇に直面したアメリカの勇気」のシンボル的な存在となりました。彼のとった行動は取締役の監査委員から評価され、多額の報酬を得るようになりました。その額は、他の取締役や政府官僚の報酬よりもはるかに大きかったのです。

2年後にグラッソは、賛成13票対反対7票の評決で、CEOを解任されました。何が起きたのでしょうか？　推測ですが、彼は自分の権力や名声に囚われてしまい、1億4000万ドルの報酬を受けている自分に対する世間の否定的な反応に気づかなかったのです。もっとも彼は、理事会が承認した報酬を受け取っただけであると、当然な反論をしました。しかし残念なことに、アメリカは偉大なリーダーを最も必要としているときに、グラッソのような有能な政府官僚をこんなまずいやり方で失う結果になったのです。

◆理論武装型

組織の外部にいる人たちにとって、この理論武装型リーダーは、問題をいつもうまく解決しているように見えます。ところが彼らの思うようにことが進まないときには、外部の圧力や部下のせいにしてしまいます。さらに昇進し、より大きなチャレンジに直面するようになると、そのプレッシャーを部下に転嫁してしまい、自らが立ち向かう努力はしません。

部下に圧力をかけても思うような数字が結果として出ないと、リサーチや成長戦略、組織開発のための予算を削って、直近の数値目標を満たそうとします。そして次第に短期目標志向に追い詰められるようになります。そうなると、次期の数字を前倒しして当期の数値のつじつま合わせをするようになり、会計原則を拡大解釈して、損失は次の期に埋め合わせするから大丈夫だ、といった操作を正当化するようになるのです。

残念ながら、彼らがとる対処は将来をさらに悪くしているにすぎません。そのため彼らは強引な事業計画に転じるようになります。たとえば、次期の収入を当期の売り上げに計上するとか、顧客の倉庫に在庫を積み上げたりします。こういった短期処理がうまくいかなくなると、さらに過激な策に逃げ込んでいきます。最終的には自らが理論でごまかした不正の犠牲者となり、同時に組織も疲弊させてしまう結果になってしまうのです。

理論でごまかす不正行為が、このところ多くみられるようになりました。株主からの圧力のせいで、経営陣は株式市場で繰り広げられるゲームに惑わされて、企業の長期的な価値を犠牲にしてしまっています。年月が経っても、彼らは理論で正当化することにしがみつき、起こした問題に責任をとろうとはしません。ウォーレン・ベニスがまさに述べたように、「否定と推定は、現実の敵」なのです。

マイク・ベーカーの失墜

マイク・ベーカーは1989年、まさに私と同じ年に米大手医療機器メーカーのメドトロニックに入社しました。ウェスト・ポイント（アメリカ合衆国陸軍士官学校）の卒業生で、軍隊で5年間務めたのちに銀行業務に携わりました。また、シカゴ大学でMBAを取得しています。メドトロニック社に勤務した8年間で、スタッフからラインのポジションまで大変、速い昇進を遂げました。同僚や私の目には、彼はいつか社長になる可能性を持った優秀な人物として映っていました。大変優秀で勤勉であり、また、堅実な価値観を持った人物でもありました。ところが1997年に手がけていた事業がはじめて失敗し、異動を余儀なくされました。驚いたことに、これがメドトロニック社を辞めるきっかけとなったのです。

1999年、当時まだ駆け出しの整形用機器を扱うアースロケア社の最高責任者となりました。ベーカーのリーダーシップのもと、アースロケアは9年間で飛躍的な成功を収め、売上、利益ともに急増し、その株価は天井知らずの勢いで急上昇しました。ベーカーは医療機器業界では「輝ける星」と評価されるまでになっていました。ところが、2008年7月21日、すべてが吹き飛んでしまったのです。

アースロケアの監査役により、収益と利益の修正報告が発表されました。その期間は2006年までさかのぼる四半期の7期分におよび、同社が売上を不当に報告していたことを認めたという内容でした。この事態は、会計の技術的な調整をはるかに超えるものでした。アースロケアの株価は40%下がり、株主に対して実に7億5800万ドルの損失を与える結果となりました。

裁判で、ベーカーと最高財務責任者（CFO）のマイケル・グラックは2005～2009年の四半期末の営業利益を不当に改ざんした容疑で告発されました。2014年6月、裁判官は、ふたりを詐欺と証券取引委員会（SEC）に対する偽証罪で有罪の判決を下しました。2カ月後、ベーカーは懲役20年の刑を言い渡されています。またベーカーとグラック両名には、報酬として受け取った2200万ドルの返済も執行されました。

ベーカーのケースに、私はいまだに苦い思いをぬぐい切れていません。彼は手腕家であり、深い価値観とすばらしい家庭の持ち主であったにもかかわらず、残りの人生のほとんどを刑務所で過ごすことになるのです。なぜこのような事態になってしまったのでしょうか？

2006年に出版した『リーダーへの旅路』(前出)の際に行ったインタビューの中で、皮肉なことに彼は失敗から学ぶ大切さについて次のように述べていました。「一度も失敗したことがないという人は信用できませんね。失敗したとき、彼らはどんなふうに対処するのかわからないのですから。人間は誰でも失敗するのは当たり前。挫折もするでしょう。何が大切かというのは、何度挫折したかではなく、そこから立ちあがれるのか、どういうふうに立ち直るのか、何を学び取るのかです」

私はマイク・ベーカーが自分の成功にとらわれすぎたのだと思います。おそらく自分自身を人としての価値ではなく、いくらの資産価値があるかということで判断しはじめたのでしょう。そしてこの歪みが原因で、彼は不正な会計処理を行い、実際には売上成長を果たしていないことを公には知らせない処置をとったのだと私は思っています。

売上成長がないことがわかれば、当然アースロケア社の株価もベーカー自身の報酬も下がったに違いありません。だから2009年にすべてが明るみになるまで止められなかったのです。彼は今、自ら作ったごまかしのために大きな代償を払い続けています。一生取り返しのつかない代償です。

私が知るベーカーは、貪欲でも凶悪でもありません。単に道を見失ってしまったリーダーなのです。彼のことを気の毒だと思いますが、私たちは法の下で責任ある行動をとらなければなりません。こういった事態は誰にも起こり得ます。だから、自分の失敗を正当化させようとするのではなく、包み隠さずに失敗を認め、結果に責任を持たなければならないのです。

栄光追及型

栄光追及型は、外の世界から受ける称賛を基準に自分の存在価値を確かめようとします。お金や名声、権力が彼らの目標となっているのです。彼らにとって重要なのは、偉大なリーダーとして名を上げることであり、組織や企業の長期的な成長は二の次です。

栄光追求型の名誉に対する渇望は、とどまることを知りません。何を成しても十分だとは思えないのです。世の中には、もっとお金があり、より高い地位を得、一段と強い権力を持っている人たちがいます。そのため栄光追及型のリーダーたちは、空虚感にさいなまれ続けるのです。しかし、外部の人には、すべてを勝ち得てもなお彼らが空虚感を抱くことなど、とうてい理解できないことなのかもしれません。

ランス・アームストロング　飽くことのない栄光の追求

ランス・アームストロングは、かつて自転車ロードレースで世界を魅了しました。ガンから再起し、ツール・ド・フランスで7連覇を果たした経験を彼自身が「奇跡」だと呼んでいます。米国オリンピック委員会から4回も年間最優秀スポーツマンとして表彰されました。

アームストロングの名声はスポーツの世界を越え、ベストセラー作家、そして人々の意欲をかきたてる講演家としても広がりました。さらにはリブストロング財団を立ち上げ、成功させています。

ところが、2013年1月、オプラ・ウィンフリーに過去20年間、不正行為を続けていたことを告白しました。彼は「私の人生物語は長い間、完璧でした。神話のような完璧な話ですよね。でも事実は違ったのです」と、告白したのです。
アームストロングは運動能力を向上させるために禁止された薬物を使用したことを認めました。彼は人生における成果のすべてをコントロールしようとしていたとウィンフリーに語ったのです。

私はいつも闘っていました。診断されて治療を受けていたときに、「生き残るためには何だってしまいます」と、言っていました。それはそれでよかったのです。そのときと同じ気持ち、つまり冷酷だろうが手厳しかろうが、勝つためにはどんな代償だって厭わないという姿勢で自転車競技に臨んだのです。でも、それは間違いなのです。

今では周知の事実となりましたが、アームストロングは組織的なドーピング・プログラムを先導していたにも関わらず、繰り返し世間を欺いていました。そして、ツール・ド・フランスの勝者グレッグ・ルモンドのように、自分のパフォーマンスに疑問を持つ人々に対しては徹底的に反撃していました。

彼が失墜する前、私は自転車で一緒に遠出をすることもありました。思い出されます。彼は前向きで、影響力のある人道的な貢献をしていた人物です。しかし、彼が望んだのは世界で認められること、つまりお金や成功であり、それが彼自身の道徳心と倫理観を上回ってしまったのです。勝利への極端なまでのこだわりが彼を勝利へと導きましたが、そのことが次第に彼の性格をむしばむ結果を生みました。言葉では、彼は自分のことを「無敵だと本当に信じていた」と言ったのですが、現実はそうではなかったのです。私たちの誰もが無敵であるはずはないのです。

孤立型

孤立型は、他の人たちと密接な関係を築いたり、誰かに助言を求めたり、サポートしてくれるネットワークを築くことを意図的に避けようとします。自分の力で達成でき、また達成しなければならないと考えているのです。内向的な人物と違って、孤立型は表面的には大勢の友人や取り巻きがいるのですが、実際には彼らに耳を傾けることはありません。

相談や助言もない状況で、彼は大きな失敗を犯しがちになります。そして成果があがらず自分のリーダーシップに対して批判が募ってくると、まわりに柵を築くようになります。目標を追うことにこだわり続けるため、自分の行動こそが目標達成をむずかしくしていることに気づきません。一方、組織はとっくの昔にそれに気づいています。

リチャード・ファルド　リーマンを破産に陥れた

これから述べるのは、リーマン・ブラザーズ社のCEOリチャード・ファルド・Jrに実際に起こった話です。2008年の3~9月にかけて、会社の内外を問わず、親しい仲間たちはファルドに対して注意を促していました。というのも、リーマン・ブラザーズ社が過度に借入資本に頼りすぎるようになっていたため、資金の流動性が弱まり、資金調達に支障が出はじめ、市場を不安定にする原因となっていたのです。

その期間、財務長官ハンク・ポールソンはファルドと実に50回にもおよぶ討議を持ち、リーマンは「その損失を認め、資産力を高め、流動性を高めるべき」だと警告を続けました。後にポールソンは、彼の著書にこう記しています。「ディックとの会話がとてもいらだたしいものになっていた。彼に現実を認めて、もっと緊張感をもって行動するように迫ったのだが、私の遠慮のない物言いでも彼には通じていなかったのだと思いはじめていた」

リーマンが破産の危機に瀕したため、２００８年9月12日にポールソンは、すべての大手投資銀行の頭取を招集し、差し迫っているリーマンの破産が内包する意味を警告しました。ファルドは出席せずに自分のオフィスで待機し、政府から資金が援助されることを願うばかりでした。日曜日の午後8時に、ＳＥＣ委員のクリス・コックスが再度、政府からの資金援助がないと告げるまで、ファルドは待ち続けていました。9月15日の早い時間にリーマンは破産を申請し、ファルドをはじめ、ほとんどの社員が職を失い、リーマンの株はまったく価値のないものになりました。そして、これが大恐慌以来の金融危機の引き金となったのです。

流れ星型

流れ星型のリーダーは、完全に自分の仕事を中心においた生活を送っています。周りから見ると、中断することのない機械のようで、絶え間なく動き続け、不断の決意で前進し続けています。家族、友人、コミュニティ、さらに自分自身に対しても時間を作ることをしません。十分に睡眠も取らず、運動に時間を割くこともありません。そして走るスピードを上げれば上げるほど、ストレスが増していくのです。

あまりにも速いスピードでキャリアを駆け登ってきたため、自らの過ちから何かを学ぶ時間を持つことすらできていません。1〜2年ごとに職場を変えるため、自分の意思決定の結果がどうであったかを吟味することもないのです。

自分が起こした問題が自分に迫ってくると不安が増し、別の職場に移りたいという気持ちが押し迫ってきます。また、雇用主が昇進させない場合も、すぐに他の組織へと移ってしまいます。彼がいつの日かトップになれば、手におえない問題が束になってかかってきます。そして、とんでもない意思決定をしてしまうのです。

ふたりの技術系起業家の話

シリコン・バレーでは、勢いよく見えることがベンチャー企業への投資家に通じる通過手形のようなもので、起業家たちはビジネスそのものより、やっきになって印象を良くしようとしています。

過去十年間、ユーセンドイット社（シリコン・バレーに拠点を置くソフトウェア会社）は、ドロップボックス社やボックスドットコム社といった他のファイル・シェアの会社とともに、ベンチャー・キャピタルの旋風を巻き起こしました。CEOのブラッド・ガーリングハウスはメディアの寵児となり、文化を築きたいという彼のアイデアを披露し、クラウド化が経済におよぼす影響についても詳細に語りました。

会社のリ・ブランディングにともなって社名もハイテイル社に変更し、その理由を『フォーチュン誌』にこう説明しています。「どんな名前を選びたかったかというと、もっと広いビジョンで、これから世界の動向を把握できるようなものにしたかったのです」

ハイテイル社は常にクイック・ウィンで素早い成果を求め、社会へのイメージ向上（ＰＲ活動）を図り、そして何事にも早期ソリューションを目指しました。ところが、それも現金が底をついてしまうまでのことでした。ガーリングハウスは２０１４年にハイテイル社を去り、その後就任したＣＥＯによって、利益性を元に戻すために、すぐさま従業員の半数が解雇されました。

ハイタイル社とシェアファイル社を較べてみましょう。シェアファイル社は、ローリー市（ノースカロライナ州）在住の起業家のジェス・リプソンによって、ハイテイルに2年遅れて設立され、持続可能な成長をその企業理念として掲げました。ベンチャー・キャピタルからの資金に頼らず、85人の従業員とともに収益性のある会社に発展させ、９３００万ドルでシトリックス社に売却しました。この買収の後、リプソンはシェアファイル社を６００人の従業員を率いる会社に育て上げました。

一方のハイテイル社はベンチャー・キャピタルから８３００万ドルの資金を集め、一時はマーケット・リーダーの地位を得たのですが、現在はシェアファイル社にその座を奪われる結果となっています。リプソンは、「メディア報道や投資家、アナリストたちの言うことに重きを置くことはしませんでした。私が一番耳を傾けたかったのは、消費者が何を必要としているかでした」と、述べています。

リプソンの妻もまた起業家で、ふたりは地元の起業家組織の長を務めました。また、彼らは、

1500平米にもおよぶインキュベーションセンター・HQローリーを設立し、次世代の起業家たちが計画を事業に移す場所を提供しています。起業家から企業の役員まで登り詰めた彼がお金のために働く必要はすでになく、これまでにも増して会社の理念を大切にして貢献し続けることに専心しています。

自分がヒーローになりたいリーダー

ここで紹介した5つの典型的なタイプ（策士型、理論武装型、栄光追及型、孤立型、流れ星型）のリーダーたちは自らの人生経験を、すべてを征服するヒーロー型の枠に当てはめています。このアプローチは、単身のパフォーマーとして活躍している音楽家、役者、スポーツ選手には、うまく該当するでしょう。ところがこのアプローチがまったく該当しないのは、チームをリードする場合です。というのは、ヒーローになることと、チームメートや部下を勇気づけて仕事を任せることは、決して同じではないからです。

リーダーの役割は他の人たちを自分に従わせるのではなく、他の人たちが力をつけてリーダーになれるように手助けすることです。最高のパフォーマンスをチームから引き出すには、リーダーが自分自身のためのゲームを進めていてはいけません。

つまり、下手なリーダーの自己中心主義が続く限り、彼の周りからリーダーは育ちません。リーダーの行為が自らの栄光のためだけで、チームの成功のためではないのなら、他の人たちがその気になるはずはないからです。

第3章に進む前に、しっかりと考えてみてください。道を見失って脱線するリーダーを分類した5つのタイプのいずれかに自分が該当するかどうか、次の演習問題を使って考えてみてください。

演習

なぜリーダーは道を見失うのか

1 リーダーが道を見失った例を知っていますか？　あるいは分類したタイプのいずれかに該当する人と一緒に仕事をした経験がありますか？

2 将来、あなた自身が道を見失う状況を想像できますか？

3 失敗を恐れていますか？　ほかの人たちがあなたの失敗をどう思うか心配ですか？　失敗のリスクがある状況を避けていますか？　失敗の経験を最終的な目標の達成に向けて、どうすれば役立てられると思いますか？

4 どのような方法で、成功を望んでいますか？　その方法がリーダーシップやキャリアに関するあなたの意思決定にどのような影響を与えていますか？　あなたは成功をもたらす可能性の高い状況だけを選びますか？

5 あなたが目指すキャリアから逸脱することを避けるために、どのようなステップを踏むことがよいと考えていますか？

第3章 試練

Crucibles

試練を受けるのは、
リーダーになるための不可欠な
要素の一つだ。

―ウォーレン・ベニス『リーダーになる』
（海と月社、2008年）

私たちがインタビューした多くのリーダーは、それぞれの辛い人生経験に育てられました。それをここでは「試練」と呼ぶことにします。心理学者アブラハム・マズローは、悲劇やトラウマは人間にとって最も重要な学習経験であり、それが自己実現につながると述べています。

試練は私たちに、人生は不確実で、それをコントロールするには限界があると教えてくれます。この新しい事実は、私たち一人ひとりを力づけてくれます。試練に直面したときに古い考え方にとらわれず、自分自身の世界で個人の力を存分に発揮しなければなりません。

試練は、しばしばリーダーを絶望と危機、そして疑念といった感情に追い込みます。試練にさいなまれて、苦痛や苦悩に押しつぶされるかもしれません。それでも、強い回復力で、絶望の淵から這いあがり、自らの心を深く覗き込むようになります。それが触媒になって、リーダーとして、さらに進化する大きな突破口が得られるのです。

ダニエル・バセラの長い旅路

ノバルティス社会長兼CEOのダニエル・バセラがたどったリーダーへの道は、私たちのインタビューの中で、どれよりも困難で数奇なケースでした。バセラは、若いころの過酷な試練から立ちあがって、世界の製薬業界の頂点に登り詰めました。そこには、多くのリーダーたちが経験する、さなぎから蝶が生まれるような羽化の道のりがはっきりと描かれています。

バセラは1953年にスイス・フライバーグの慎ましい家庭で生まれました。幼いころは大変病弱で、そのせいで医者になりたいという彼の強い意志が育まれました。5歳のときに喘息を患ったためスイス東部の山岳地方にひとり送られ、そこで二夏を過ごしました。3人の兄弟とその姪が農家で一緒に暮らしました。

結核に続いて髄膜炎を患い、8歳のときにはサナトリウムで1年間をフルに過ごしました。病気だけでなく孤独にも苦しみました。というのも、両親は一度もサナトリウムを訪ねて来ず、ふたりの姉が一度見舞いに来てくれただけだったからです。幼いバセラは孤独でホームシックになっていました。腰椎穿刺の怖さと痛みを今でも覚えていると言います。看護師たちに「動物を扱うように」押さえつけられて、身動きできませんでした。

ある日のこと、新しい医師が着任し、8歳のバセラに時間をかけて治療のステップを一つひとつ説明してくれました。押さえつけられることもなかったので、彼は医師に尋ねました。看護師の手を握っていてもいいですかと。「今日の治療は全然痛くなかった。だから背伸びして先生に抱きつきました」。さらに、「このような寛容、親切、情愛といった人間的な振る舞いのおかげで、自分が将来こうありたいと思う人間像を深く思い描くことができました」と、彼は述べています。

病気から回復した後も、バセラの生活は平穏ではありませんでした。10歳のとき、姉が癌で亡くなりました。その翌年、もうひとりの姉が自動車事故で亡くなりました。その2年後には、父親が手術中に死亡しました。母親は残された家族を養うために、遠くの町に出て働き、家に戻れるのは3週間に一度でした。ひとり残された14歳のバセラは反抗期でもあり、バイク仲間に加わってよく酒を飲み、たびたび喧嘩もしました。このような状態が数年続いた後、最初のガールフレンドに出会い、それまでの生活態度を改めました。

20歳でバセラは、フライバーグ大学の医学部に入学しました。「私は医者になろうと決心しました。そうすれば、健康についての理解が深まり、家族をひどく苦しめてきた病気を乗り越えて自分の人生をコントロールする力を身に着けられる。サナトリウムで出会った深い思いやりを持った医師が、私がなりたいと思う医師のお手本でした」と、彼は回想しています。

医学部で彼は精神分析を研究しました。自分の幼少年時代の経験を理解できるようになると考えたのです。「自分自身をよく理解したかったし、また自分が犠牲者だと思いたくなかった。そのうちに、いつも自分を抑えていなくてもよいのだとわかるようになりました」。成績優秀賞をもらって卒業した後、ベルン大学とチューリッヒ大学で研修医となり、その後、医局長となりました。

その頃です。バセラはもっと多くの人の命に関わりたいと思うようになりました。そのためには、人々の健康を回復させる組織を運営する必要があると考えました。研修期間を終えると、チューリッヒ大学病院の医長の職に応募しましたが、審査委員会は若すぎるという理由で、彼を受け入れませんでした。がっかりしました。そのため、妻の叔父であるマーク・モレットに会いに行きました。モレットは当時、スイスの大手化学・製薬企業であるサンド社のCEOでした。バセラは、ビジネスの世界で働いてみたいという話をしました。

モレットは次のように助言しました。

「いいかね、企業を率いるのは決して楽しくはないよ。ビジネスの世界に入りたいと思わない方がいい」

モレットの否定的な助言が、かえってバセラの興味を掻き立てました。しばらくして彼は、アメリカ・サンド社から、セールス担当を経験した後にプロダクト・マネジャーにする、という採用通知を受けました。躊躇しましたが、妻のアン・ローレンスの言葉に後押しされました。

「ダニエル、行きなさい。でないと、50歳になって後悔して、不幸になるわよ」

アメリカでの5年間で彼の才能は花開き、サンド社のマーケティング部門でスピーディな昇進を続けました。

サンドの製薬ビジネスのCOO補佐としてスイスに戻りましたが、バセラは降格を余儀なくされました。挫折感を味わい、何の責任も持たされず、上司の部屋の外に仕切られたスペースで無気力になっていました。サンドは「収入は40％カットされ、会議の議事録を作るとか、ボスの代わりに手紙を書くのが仕事でした」と、言っていました。

その後すぐに、研究開発手順を再構築するチームのリーダーに任命され、新薬の発見と開発について詳細な知識を習得しました。そして、マーケティング部門の長となり、次いで薬品開発部門のグローバル責任者になりました。そして、ふたりの上司が政争に巻き込まれて退任すると、製薬ビジネスのCEOに任命されました。彼はこの昇進を非常に喜びました。製薬ビジネスを前進させる全責任を任されたのです。

2年も経たないうちに、サンド社と隣町のバーゼルにあるライバル企業のチバ・ガイギー社との合併交渉に関わりました。この合併は相性が良く待ち望まれていました。というのも、両社のいずれにもCEOという大きな権限を引き継ぐ有力な候補者がいなかったのです。バセラの若さを心配する意見を押しやって、モレットは合併後の会社（ノバルティス社）のCEOに彼を指名しました。チバ・ガイギーの経営陣もこれに賛同し、バセラはノバルティス社の取締役会の議長に就任しました。

CEOに就任すると、バセラはリーダーとして大きく開花しました。彼はノバルティス社を、人命を救う新薬の開発を通して人々に貢献できる、ヘルスケア分野の偉大なグローバル企業に育てたいと構想しました。自分が若かった頃に模範とした医師から学んだ経験を基にして、まったく新しいノバルティス社の文化を創造しました。

それは、思いやり、能力、競争の原則です。ふたつの企業の統合を機に、彼は、新しい会社組織の隅ずみに至るまでリーダーの役割を強化しました。

「グリーベック」という医薬品が、合併後のノバルティス社にひとつの成功をもたらしました。ノバルティス社の研究所に長い間放置されていたのをバセラ自身が見つけ出したのです。慢性骨髄白血病患者を対象にした初期の臨床試験で、ポジティブな結果が得られてとても喜んだのも束の間、市場の成長が遅いという予測のせいで優先順位が下げられたと知って衝撃を受けました。彼は、2年以内でこの薬を市場導入するように担当チームを説得しました。2年以内というのは、アメリカ食品医薬品局の認可取得のあらゆる記録を塗り替えるものでした。患者を助けたいという強い思いがあり、彼は、「グリーベック」の投与患者の多くと個人的にコンタクトを取りました。

「グリーベック」は、ノバルティス社の研究所から継続して開発される救命医薬品のひとつにすぎません。患者の人生を改善したいという固い信念に動かされて、バセラは、研究予算を拡大し、研究本部をマサチューセッツ州に移しました。こういった判断を積み重ねて、ノバルティス社は医療業界の世界的な巨人企業の地位を確保し、バセラ自身もこの業界で人道的なリーダーであるとの評価を固めたのです。

現在、ノバルティス社の研究開発部門では、すべての開発段階に新しい救命医薬品の候補が続々と登場しています。

バセラは、「最も満足感を感じるのは、会社がその使命を達成しているときだ」と述べています。

子どものときの大病、父と姉たちの死、また患者の死に直面した経験のすべてが、私の生き方にきわめて大きな影響を与えました。CEOとして私は、たくさんの人々の命に影響をおよぼす力が与えられています。

内なる羅針盤に従って、正しいと信じる行動をとっています。つまるところ、唯一大事なのは、人々のために何ができるのか、です。

リーダーシップの試練

アーサー・ミラーは、1953年に上演された戯曲『るつぼ（原題、The Crucible）』の中で「クルーシブル（試練）」という言葉を広めました。その芝居はセイラム魔女裁判[8]を取り上げていて、主人公のジョン・プロクターが自分の信条にどれだけ忠実かが試されていました。ジョンが魔術を使ったとして彼の絞首刑の是非が問われていたのです。

試練によって私たちの限界が試されます。それはちょうど命を脅かす病気がバセラを苦しめたのと同じです。私たち全員が試練を経験しています。それは、バセラのような苦痛をともなうものか、高校時代の仲間外れのような初歩的なものかを問いません。すべての経験が私たちの人生と自己認識に影響するのです。ウォーレン・ベニスは『リーダーになる』（前出）の中で、「試練」についてこう述べています。「試練を受けるのは、リーダーになるための不可欠な要素のひとつだ」

リーダーが試練を受けている最中に何か不思議なことが起きます。それは、マンデラが長年投獄されていたときのすべてが一変してしまったような経験とか、アドバイスを受ければ

8 セイラム魔女裁判とは、現在のアメリカ合衆国ニューイングランド地方のマサチューセッツ州セイラム村（現在のダンバース）で1692年3月1日にはじまる一連の裁判をいう。

すむような、比較的軽い痛みの経験とかは問いません。
何事が身に降りかかってこようとも、リーダーは試練から這いあがって、一段と強くなるのです。

ときによって試練は、人生のわりと早い時期に訪れたりもします。愛する人の死、病気、両親の離婚、貧困、差別、仲間外れ、失敗などです。そのとき何の手立てもしないでいると、自分は犠牲者だと考えるようになったり、さらには立ち直れなくなってしまうことさえあるのです。解消できない怒り、悲しみ、屈辱が原因で、自分の経験を受け入れることもなく、心の奥に感情を閉じ込め、困難に立ち向かう痛みを避け、親しい人との関係を苦痛だと思うようになったりもします。

成人してからは、職場の困難な状況、厳しい批判、失業といった事態が試練の引き金になります。あるいは、離婚、病気、愛する人の死などの個人的な経験も試練の引き金になります。試練は、ほとんど予期せぬときに起きるのが常です。私の妻のペニーが1996年に乳癌と診断されたときの言葉です。「人生には、期待していないことが起こるのね」

試練の真っただ中にいるときが、一番辛いはずです。そのようなとき、この経験から何を学べるのか見当がつきません。試練を乗り切るには、自分自身と人生の目的を信じて、心の底から強さと勇気を引き出して耐えなければなりません。そして、辛いときにこそ、親しい人たちの支持と支援が必要なのです。

難題を経験せずに人生をまっとうする人はひとりもいません。難題の中には、人生を劇的に変えるものがある一方で、そのときはたいした意味はないと思ったのに、後になって大きな影響を受けたと気づくものもあります。

試練にどう対処するかで自分の本当の性格に気づかされます。自分を創り変える経験として試練を受け入れ、その経験が人生の意味を再定義する力になります。やがて、経験を振り返り、そこから強さを引き出すようになるのです。

◆オプラ・ウィンフリー　36歳で人生経験を棚卸しする

36歳のとき、オプラ・ウィンフリー[9]は作家のトゥルディー・チェイスにインタビューしました。チェイスは、幼女時代に性的虐待を受けていました。彼女の話を聞いているうちに、ウィンフリーは感情を抑えられなくなってしまいました。

「放送中だったのに気がおかしくなりそうでした。そして、叫びました。『止めて、止めて、カメラを止めて』と」。それでもカメラは回り続け、彼女のかき乱れた感情も治まりませんでした。チェイスの話が引き金になって、ウィンフリーの幼いころに深く傷ついた記憶が呼び起こされました。「その日初めて、私は自分だけが責めを負う必要はないと気づいたのです」。取りついていた悪魔が、その日まで理由もなく彼女を悩ませ続けていたのです。

私は十代のころ、性的にかなり奔放な生活を送っていたので、多くの面倒に巻き込まれていました。そしてそれは自分のせいだと思っていました。36歳になってやっと、本当のこと

9　俳優、テレビ番組の司会者兼プロデューサー

がわかったのです。「そうよ、だから私はあんなふうになったのだ」と。それまではずっと自分だけを責め続けていました。

未婚の母の子として生まれたウィンフリーは、ミシシッピー州の農村での貧しい暮らしの中で成長しました。まだ彼女が幼いときに、母親は北部に仕事を求めて移り住みました。「祖母と暮らすようになりました。今の私があるのは、多分そのおかげだと思います」。まだ幼かったのに、自分は何かを成し遂げる人間になると考えていました。4歳のころ、家のポーチに立って祖母が大きな鍋で洗濯物を煮沸する姿をずっと見ていたことを想い出すと言います。

「『私の人生はこんなふうにはならないわ。もっといいはずよ』と思ったのを覚えています。それは自惚れからではなくて、私には何かもっと違う人生が待っているのだと、思える場面だったのです」

ウィンフリーは、祖母が読み書きを教えてくれたおかげで本を読めるようになりました。「読書は私にあらゆる可能性への扉を開いてくれました。本を読むのが大好きな子どもでした。本は外の世界へ続く出口だったのです」。また彼女は、3歳のころから教会で聖書の詩句を暗唱していて、それが彼女の自信を大きくしてくれました。

一番前の列に座っていたシスターたちが喜んで、祖母の方を振り向いて、「ハティ・メイ、この子には才能があるね」と言ってくれました。何度もそれを聞かされたので、私もそうなのかなと思いはじめていました。でも、そのころは「才能がある」という意味もわかっていなくて、自分は何か特別なのだと、思っただけでした。

ウィンフリーは、強姦されたトラウマを思い起こしました。9歳のときにミルウォーキーに移り母親と一緒に暮らしました。そこで従兄弟に強姦されたのです。母親と一緒に過ごした5年の間に、家族やその友達にも何度も乱暴されました。「そういうことがずっと続いていたので、『こうなるのが私の人生だ』と思いはじめていました」。そして14歳で未熟児を出産しました。その子の一生はわずか2週間でした。

彼女は家を出て、世の中に役に立つ人間になる努力をはじめました。大学に入り、初めて放送の仕事に携わる機会を得ました。「最初はしっくりときませんでした。どこも似てないのに、バーバラ・ウォルターズをまねていたのです」。大学の同級生からは批判され、「まがいもの」よばわりされました。「そんなときはよく、『そうね、でも、まがいものでもかせげるわ』と、言いかえしました」

今でこそ、ウィンフリーは世界で最も尊敬されるメディア王国のひとつを築き上げています。しかし、こうなるにはきっかけがありました。それがトゥルディー・チェイスとのインタビューです。そのときに初めて自分に課せられた大きな使命に気づいたのです。少女時代のトラウマを経験して以来ずっと彼女は、他人を喜ばせるために決して「ノー」とは言えなくなっていました。インタビューの当日、それがなぜだったのかやっとわかったのです。

それ以降彼女の使命は、単に個人的な成功をおさめるためではなく、世界中の人々を、特に若い女性を力づけることへと大きく広がりました。

私は、いつも愛とか優しさとかを求めていました。誰かに言ってほしかった……私のことをきちんと見て、「君が必要だ」と。この世で一番大きな教訓は、自分の人生に責任を持つのは自分だけ、他の人たちを喜ばせるためではなくて、自分の心が命ずることを実行する人生を生きたい、ということです。

番組のテーマについて尋ねられると、「メッセージはいつも同じで、自分の人生の責任は自分にあるということです。私の番組や話が、若い人たちに、私のときよりもいち早く気づきを与えられたらいいなと思っています」と、ウィンフリーは答えました。

多くの人たちと同様に、私自身も彼女を単なる有名人のひとりだと見なしていて、彼女が持っているすばらしい使命に気づいていませんでした。彼女とは3時間くらい、ノルウェーのオスロで開かれたノーベル平和賞の受賞ディナーの席で話す機会がありました。

そのときに気づいたのですが、彼女のリーダーシップが持つ影響力やそれが視聴者の生活におよぼす効果はとても大きなものでした。どれほど熱心に、何百万もの人たちの心をうごかし、その人たちが自分の人生に責任を持つように勇気づけようとしているのか、彼女の話から伝わってきました。

ウィンフリーは、飛行機に本と器材を積みこんで、オスロからアフリカに飛びました。若い女性たちを勇気づけ、支援する新しい学校を設立するためでした。その活動に、彼女は私財3000万ドルを投じています。

おそらくウィンフリーやバセラほどには劇的ではないにしても、私たちは誰でも人生の中で試練に遭遇します。困難なく人生を送れるとか、困難をうまくすり抜けながら生きていけると思うのは、世間知らずにすぎません。人生は必ずしもフェアではありません。重要なのは、自分の試練をどんなフレームに収め、そこから何を学びとるのか、なのです。

ウィンフリーにとって、人生の初期に受けた虐待や貧困の経験からすれば、自分を犠牲者だと考えても不思議ではありませんでした。それでも彼女は、それらを肯定的な経験だと解釈しなおして、困難を乗り越えました。まずは自分の人生の責任を自分がとることです。そして次に、周りの人たちがそれぞれの人生に責任をもてるように力を貸してあげるのが自分の使命だと悟ったのです。

転換期を迎えたのは、30代の半ばになってからでした。よくあることですが、自分の思いが熟成するまでにはかなりの時間がかかります。それは、実体験を積み重ねた上に、世の中で自分の居場所を見つけ、そして、試練の苦しみの中から使命を取りだすまでの時間です。ペドロ・アルゴルタの人生経験がまさにそうでした。

ペドロ・アルゴルタ　受けた傷を真珠に変える

2007年に『リーダーへの旅路』(前出)を出版して間もなく、私は一通のすばらしい手紙を受け取りました。

親愛なるビルへ

35年前、私は極限状況で生きる経験をしました。45人の友人と一緒に乗っていた飛行機がアンデス山脈に墜落しました。16人がようやく72日後に救出されるまで、海抜4200メートルの山中で、食べ物、着るもの、身の回り品もなく、しかも、共食いまでして生きのびました。

この苦しい体験の間、私にははっきりとしたトゥルー・ノースがありました。それは、あと一日と思いながらその日その日を生き延びる道でした。私たちは決して特異な人間ではありません。決してヒーローでもなかった。生き残った私たちが、亡くなった友人たちよりも優れていたなんて、まったくありえません。私たちと同じ場所で似たような状況であったなら、誰であろうと、同じように行動しただろうと思います。

35年の間、私はこのことを封印してきました。スタンフォード大学のMBA過程で学んでいるときも、ひと言も話しませんでした。今になって、この経験を振り返り、私のこれまでのキャリアとの関連を考えはじめています。現在、『リーダーへの旅路』(前出)を読んでいるのですが、ぜひ、私の体験を先生と共有したいと思っています。そうすれば、私はこれまで以上の学びが得られ、そして、それが他の人たちのキャリアに役立つのではないかと思います。

心を込めて

ペドロ・アルゴルタ

アルゴルタの手紙を受け取った後、その体験を私のＭＢＡのクラスで共有してもらいたいと思い、彼を招待しました。彼の話と見せてくれた写真に、学生たちは釘づけになりました。２０１３年にもう一度講義にきてもらいました。前回から5年をかけて彼自身がその試練を咀嚼していました。そして、試練に対処する３つの方法を説明してくれました。

・そのできごとに焦点をあてて、自分の人生をさかのぼってみてください。往々にして、他人を責めて怒りを感じる人生だったことでしょう。
・記憶や痛みが心の奥深くに残っている間は、何ごとも起こらなかったかのように、人生を生きてください。
・そのできごとから学んで、あなたの心の傷を真珠に変えてください。

アルゴルタは真珠の比喩を使いました。牡蠣は砂にこすられると、本能的にその刺激から身を守るために真珠層（真珠母）と呼ばれる物質を出して異物に膜をかぶせます。それがやがて真珠になります。

あなたは、自分の傷を真珠に変えていますか？　変えるためには試練を咀嚼し、その意味を取り出し、新しいフレームにはめ込んで、自分の成長の機会にしなければなりません。

◆テイラー・キャロル　末期癌からの生還

テイラーに会えばきっと、典型的なアメリカの大学の学生だと思うでしょう。素直で勤勉、スポーツにいそしみ、人気者、そんな学生です。その彼が、11歳で末期癌だと宣告された話をしてくれました。

テイラーは当時、どこにでもいそうな11歳の少年でした。野球の試合中に投球があたりケガをしたのですが、そのケガがなかなか治らず、しかも脱力感を感じるようになりました。彼の状態を心配した両親が、カリフォルニア州のオレンジ・カウンティの住いの近くにある病院に連れていき、血液検査を受けさせました。

白血球の数が測定できないほど減っていたため、すぐさまオレンジ・カウンティ小児病院へ連れて行きました。検査に数日を要し、出てきた結果は大変深刻なものでした。テイラーは、稀な型の白血病に罹っていて通常の治療ではどうにもできない、しかも余命2週間であると宣告されたのでした。

両親はその診断を受け入れられず、シアトルへ移り住み、シアトル小児病院で治療を受けさせることにしました。その病院でテイラーは、ブライアン・ドラッカー博士（ノバルティス社の医薬品「グリベッグ」の発明者）とポール・カーペンター博士の治療を受けました。カーペンター博士は、移植片対宿主病（GVHD）治療の専門家で、フレッド・ハチンソン癌センターに在籍していました。

それから2年間、テイラーの病院生活の苦しさは想像を絶するものでした。27歳のドイツ人ドナーの骨髄を移植し、移植片対宿主病と格闘し、何週間も完全隔離され、長期間食べることも話すことも歩くこともできず、激痛には極めて強力な鎮痛剤が使われました。

彼が最も辛かったのは、一番の親友だったクリスチャンが2年後に亡くなったことでした。そのときの気持ちをこのように語っています。

「クリスチャンの死で心がボロボロになりました。なぜ、彼が死んで自分は生きているのか？　彼を死なせた神にむちゃくちゃ腹を立てました。自分を見失いました」

しかし、彼は気づきました。歌うことで自分を取り戻せると。マシュー・メッシーナと一緒に「True Courage」という歌を創り、シアトル小児病院設立100周年の式典で歌いました。

ときが経ち、テイラーは回復し、体も元の健康体に戻ったのですが、それまでの4年間は学校を休んでいました。カウンセラーから、高校をスキップし高校卒業資格認定を取るように勧められます。しかし彼は、むしろハーバード大学へ進みたいと思いましたが、それがどんな大学なのか、名前以外は何もわかってはいませんでした。ハーバードへの進学を目標に定め、失われた時間を取り戻し、見事合格を果たし、今は前途有望で優秀な学生です。現在は白血病リンパ腫協会の全米スポークスマンとして、がん研究用の資金集めのために、歌と講演をしながら国内を周っています。

末期癌の闘病は、彼の人生にどのような影響をあたえたのでしょうか？　テイラーは次のように述べています。

癌にうち勝った後、僕は決心しました。歌い語りかけ、そして、ありったけの生きる力（エランビタール）を使い、神の加護を得て、この恐ろしい病気を克服する手伝いをしようと。こうして、幸運にも過去7年間で1000万ドルを超える資金を集める手助けができました。でも、まだはじまったばかりです。自分の言葉や声を使って、世界を変えたいと強く思っています。そのために、シンガーソングライターの仕事を続けていきます。

テイラーは過酷な試練に対処しました。自分の傷を真珠に変え、それを心的外傷後の成長（ＰＴＧ：posttraumatic growth）の機会にしたのです。

心的外傷後の成長

アルゴルタが説明した2つのアプローチ、つまり、試練に対して怒りぶつけるか、あるいは試練そのものを葬り去るか、の何れかひとつを選んでしまうと、心的外傷後ストレス障害（ＰＴＳＤ／Post Traumatic Stress Disorder）に罹りやすくなります。ＰＴＳＤになると、トラウマの原因になったできごとが甦ってくるのが一般的です。記憶が次々に湧きあがり、悪夢やフラッシュバックを経験します。

試練に言及しないとか、試練を試練と認めない人が多くいます。「もう過去のことなど、今さら掘り起こしたくないね」と言います。問題なのは、試練を闇に葬れないことです。記憶はずっとついてまわるのです。アルゴルタのように、そのできごとについて考えたり話をするのを一切避けてしまうと、後になって試練が違う形で甦るとか、あるいは、自分では対処できないほどストレスが多い状況を避けるようになります。

新しい研究によると、心的外傷体験から、心的外傷後成長と心的外傷後ストレス障害が同じ頻度で発生することも判明しました。アルゴルタの牡蠣と真珠の比喩に似ているのですが、心的外傷後成長がはじまるのは、人生の不確実性に気づき、それを人間が存在するうえでの基本的な原則だと受け入れたときです。また、自己を客観視し、自分を変えたいと思う必要があります。最終的には、人生における選択のすべてに自分が責任を持たなければなりません。

ニック・クレイグは、オーセンティック・リーダーシップ・インスティテュート（Authentic Leadership Institute）の創設者で、大学での試練に関する講義でＰＴＧへの道を取り上げています。学生たちに活を入れるのです。自分を犠牲者ではなく生き残り組だと考えるように、そして、そこから学んで自分を勝ち組に高めるようにと。

外傷後成長を果たしたリーダーの例をいくつか見てみましょう。

フィリップ・マクレア　失敗から学ぶ

35歳までのフィリップ・マクレアは、魅力的で誰からも好かれていて、言うことのない人生を過ごしました。すばらしい家族とたくさんの友人に囲まれて、学業、スポーツ、ビジネスでも成功を収めました。高校では「ミスター完璧」と呼ばれ、いつでも自分の思いのままに進めていく奴だとからかわれるほどでした。30代前半に、それまで勤務していた会社C3Iからスピンオフしてヴィテッセ・ラーニング社を設立しました。製薬会社の教育用自動化ソフトを専門に扱う会社です。売上は1000万ドルを超えたのですが、利益はないに等しいものでした。

多くのリーダーたちは失敗を強く怖れていますが、皮肉なことに多くを失敗から学びます。2004年、マクレアに失敗したことがあるのかとたずねたところ、「たしかに、大失敗に直面した経験はありません。会社がダメになるとか、業績不振で消えてなくなるとかの経験もありません」と、答えています。さらに、次のように話してくれました。

それでも、「このうえない楽天家」から脱皮して、もっと現実的になって、バラ色の絵を描くばかりでなくて、それぞれの判断のバランスをよく見なければならないと思っています。達成目標の決め方が強気すぎて、課題を鵜呑みにしてしまいがちで、どんなことでも自分でやり遂げられると信じていているんですね。

実際には、自分だけでは答えを出せないのだから、手助けしてくれる人たちと議論をしながら目標を達成する必要があるのです。

マクレア家と友人たちだけでヴィテッセ社を設立したため、たびたび資金不足をきたしました。ソフトウェアの開発費用がかさむと、とくにそうでした。2005年秋、資金が底をついたため、カナダの会社と合併しました。その会社は、ソフトウエアの開発費用をこれまでよりも35%安くできると約束したのです。マクレアは合併会社の30%の所有権を持ちました。

合併会社は、うまくいきませんでした。コストは下がるどころか上がってしまい、顧客との関係は悪化しました。カナダ側の所有者が彼を嫌ったため、マクレアは問題の解決ができないと思い、2006年に辞職しました。6カ月後、その会社は倒産し、マクレアの資産はゼロになりました。

以下は彼の説明です。

これが、私が初めて経験した大きくて個人的な失敗でした。でも、私を最大限成長させてくれました。鏡に映る自分を見つめ、しでかした失敗を受け入れなければなりませんでした。それでも周りの人たちは私を愛してくれているし、たくさんの事業チャンスや夢を実現できるのだと感じました。

マクレアはまた、仕事上の問題が結婚生活にも影響した話をしてくれました。

その間、私は我慢が続かない状況にいました。認めたくはないのですが、鬱の状態でした。すぐに腹をたて、周りの人たち、特に、妻にはひどいことばかり言っていました。

彼女は私を支えるために傍にいてくれたのに、彼女を避雷針のように使って自分の怒りを放出したのです。幸いにも、私たちの関係が永遠に損なわれるには至りませんでした。

辞職した後マクレアは、半年間の休暇をとり、自らの経験を省み、次に何をすべきか心を固めました。自分は心底から起業家だと自覚していたので、彼は、クリアポイント社で働きはじめました。それは、医療関係のトレーニング・システムを扱う前職の競合会社でした。ほどなくしてCEOになりました。

その後マクレアは、自分の失敗の教訓を生かした新しい組織を作り上げました。現場に強い実務者とチームを組んで、無茶をしない経営を続けたのです。「ヴィテッセ社での経験の一つひとつを反面教師にして、今は以前よりも一段とバランスのとれた人間で、もっと深みがある経営者になれたと思います」と、当時を振りかえってくれました。

マイク・スウィーニー　自らの病にうち勝つ

ステインウェイ社（ピアノ・メーカー）のCEO、マイク・スウィーニーが睾丸ガンを患っていると知ったのは、わずか28歳のときでした。「そのとき初めて、自分は不死身でないと思い知らされたのです。ある意味、この経験は誰にでも勧められると思います。ガンになるなら、膀胱ガンでしょう。このガンはよほどのことがない限り治癒します。私はガンにかかったおかげで、人生を違った角度から考えられるようになりました」と述べています。

スウィーニーはすべての治療を終えた後、自分の経験を次のように語ってくれました。

ある朝目覚めたとき、文字通りベッドから起きあがれませんでした。鬱の状態で、これまでに経験したことがないものでした。自分の意志ではどうしようもなく、ただ起きあがれなかった。ガンと闘っている間は、治癒するのに専念していましたが、それどころではなくなったのです。病室が静まりかえり、そして突然気づきました。やばい、自分も死ぬのだと。その年で死ぬとは誰も思いもよらないでしょう。

この経験に後押しされて、スウィーニーは考え方を変え、自分自身への理解を深め、人生とキャリアを考え直すようになったのです。

ベッドから起きあがれないショックに、おののきました。何をしたいのか、何が意味のある人生だと言えるのか、それを誰と一緒にやるのか、時間をかけて考えました。精神科医にも会い、ガンの肉体的な影響ではなく、精神的な影響について話し合いをしました。ガンのせいで、こういったことがはっきりわかるようになったのです。

彼の父親は、ガンの問題が解決したのだから、もうそれは忘れて仕事に戻るようにと言いました。スウィーニーの話です。

「私は仕事以外に、大切なことがあると思いました。仕事や人生において何が大切なのかを考えはじめました。仕事への意欲が薄れたのではなく、ただこれまでとは何か違う人生を求めていました。

私がやりたかったビジネスは、それに参加した人は誰でも、私と同様にこれまでとは違う人生を求めていける、そんな場をつくることでした」。アルゴルタがそうだったように、彼も試練に学んで人生を組み立て直したのです。

スウィーニーが50歳になったとき、二度目の気づきが訪れました。10年間、中規模の未公開投資会社の共同経営者として成功を収めた後でした。彼にとって、「50歳が人生の本当に大切な元年」でした。

私が働きたいと思ったのは、今までにない製品やサービスを提供する会社だけでした。未公開投資会社で私たちは、常に一歩外れたところで仕事をしていたのですが、私はむしろ、現場の最前線で働きたかったのです。スター・トリビューン紙（ミネソタ州ミネアポリスで発行されている新聞）の会長職に就いたのは、ニュースや情報の配信が地域社会の生活に欠かせないと信じているからです。

利益が出せる新聞に立て直すには、新しいビジネス・モデルを取りいれコンテンツを新しくして、有料の購読者を取り戻さねばなりませんでした。そして、地域社会を守ることに熱心な新しいオーナーを見つけました。ミネソタ・ティンバーウルブズ（ミネアポリスに本拠を置く全米プロバスケットボール協会のチーム）のオーナーであるグレン・テイラーでした。振り返ってみれば、才能ある人たちと一緒に情熱を傾けて使命に向かって働く、これが私のキャリアの中で最善の経験でした。

スター・トリビューン紙を引退した後、スウィーニーはスタインウェイ社のCEOになりました。彼の見立てはこうでした。「宝石のような会社でした。その宝石を金儲けだけのために利用する経営がなされていて、会社が築き上げた名声の本質を失うリスクに晒されていました」。彼はスタインウェイの立て直しをする前に、機能不全に陥っている取締役会を再編成しなければなりませんでした。取締役たちが持つ目標はバラバラでした。そこで、会社をヘッジ・ファンド投資家のジョン・ポールソンに売却する同意を取りつけて、再建を図りました。

ポールソンは、スタインウェイ社が重要な金融資産であると同時に、文化的なコミュニティに不可欠な会社だと理解してくれました。それで、私はCEOとして残ることにしました。今は、スタンウェイをグローバル企業として育てているところです。そのため、最高品質のピアノ作りに献身してくれる優秀な職人たちを大切にしています。この仕事は、私が世の中に貢献できる、これまでにない機会になりました。

スウィーニーは自分の死に向き合ったとき、自分のトゥルー・ノースをはっきりと理解しました。その道から外れないように、知恵を働かせて転職をしました。トゥルー・ノースに沿って、彼はキャリアを続けています。

マリリン・カールソン・ネルソン　愛する人を失う

ホスピタリティー業界の大手、カールソン社[10]のマリリン・カールソン・ネルソンに会った人は、彼女の温かさ、人生に対する情熱、そしてどのような問題でも解決できるのだと周りを勇気づける明るさに驚かされるでしょう。

本書では、彼女についてもう少し突っ込んだ話を紹介します。

彼女はまるで昨日のようにはっきりと、娘の死を知らされた日を覚えていると言います。

「夫と私はある朝、愛しい19歳の娘ジュリエットが、交通事故で亡くなったことを知らされました」

これまでの中で最も深い意味での試練でした。神への信仰と神との関係が試されたのです。そのとき信仰を失い、神に怒りをぶつけていました。それでも、神は私を見捨てず、放り出しませんでした。私は初めて知りました。毎日毎日がどれだけ大切で、一人ひとりの存在がどれだけ大切か。そして心に決めました。

私にあとどれだけの時間が残されているのかはわからないけれど、ジュリエットとは決して共有できないその時間を意義あるものにしたいと。夫と私は、自分たちで使えるあらゆる方法を使って、人々が以前よりも良い生活ができるためにお返しをしたいと誓いました。私たち人間はみな、この世でわずかな時間しか与えられていないのです。

娘の死からほどなくして、ネルソンはカールソン社に常勤の副会長として入社し、やがてＣＥＯ

10 ホテルと旅行の関連事業を世界各地で展開している。また、企業向けのホスピタリティー・プログラムやイベント企画運営なども行っている。

になりました。カールソン社で彼女が熱心に取り組んだのは、15万人の社員に、顧客一人ひとりに見合ったサービスを提供する能力を身につけさせることでした。彼女は当時の仕事を振り返って、自分が創り上げた企業文化をこのうえもなく誇りに思っていると述べています。

ネルソンは娘の死というトラウマを契機にして、自らの人生とリーダーシップのあり方を考え直しました。新しい使命感の枠に悲劇を収めて、彼女は自分のリーダーシップの目標を力強い企業づくりに転換したのです。つまり、人々に役立つ企業、社会が直面する問題に答えられる企業づくりです。彼女は、「うまく経営されている企業が、世の中を良くする力になります」と、締めくくってくれました。

私の試練は少年のときにはじまった

私自身も、リーダーへの旅路で試練をいくつか経験しました。少年の頃の私は、仲間からリーダーだとは、ほとんど認められませんでした。組織の長に選ばれることも、学生自治会のメンバー選挙に当選することも、テニス部のキャプテンになることもありませんでした。理由は簡単でした。私が野心的で自己中心すぎて、周りの人たちと親しくなる時間を持とうとしなかったからです。

リーダーになりたいと思い、世界のリーダーや当時のビジネス・リーダーについて書かれた書物を読んでは、偉大な人たちのリーダーシップの特徴を取りだそうとしていました。しかし、うまくいきませんでした。当然、リーダーになりたいという最初の努力は実らなかったのです。

私が描いていたリーダー像は、本物であることよりも外見上のそれだったのです。高校3年のクラスで級長選挙に立候補して2倍の票差で負け、打ちのめされました。どうすれば周りの人たちが自分についてきてくれるのか、まだわかっていなかったのです。その頃を振り返ってみると、自分に対して全然自信を持てず、周りの人たちとのスムーズなつき合いもできていませんでした。だから、自己中心的だったのです。

意気消沈した私は、遠くはなれたジョージア工科大学に進学しました。誰も自分のことを知らない場所で新しいスタートを切りたかったのです。まだそのころはマインドフル瞑想についての知識はなく、ジョン・カバット・ジン[11]著の『マインドフルネスを始めたいあなたへ』（星和書店、2012年）も出版されていませんでした。新しいスタートを切ろうと躍起になって、大学の多くの組織に属し、選挙にも6回立候補しましたが、すべて落選でした。

そんなとき4年生のグループからポイントをついたアドバイスをもらいました。「ビル、君には能力は大いにあるけど、自分がどんどん前に進むことがメインで、あまり周りを助けようとしていない。誰も君について行こうと思わないのは当たり前だよ」

これには打ちのめされましたが、そのアドバイスを心に刻み込みました。それからの数カ月、自分がどう変わればいいか友人たちにアドバイスを求めました。自分の欠点が見えてきました。自分のことよりも周りの人たちを気遣うようにしました。徐々に視野が広がっていくにつれて、多くの組織のリーダーに選ばれるようになったのです。一番報われたと思ったのは、フラターニティ（男

11 ジョン・カバット・ジン（Jon Kabat-Zinn、1944年6月5日～）は、マサチューセッツ大学医学大学院教授・同大マインドフルネスセンターの創設所長。

子学生の社交組織）の代表に選ばれたことでした。しかも、以前は私を拒否した人たちが選んでくれたのです。大きな教訓を学びました。過去から免れるには、現在の自分自身を変えなければならないのです。

悲劇に耐える

人生には悪いことが起こります。予想もできません。20代半ばに私はもうふたつ、まったく予想もしなかった試練に直面しました。そのふたつのできごとが私に、人生の意味、苦しみ、理不尽さを突きつけました。

ハーバード・ビジネス・スクールを卒業して私は、国防総省で職を得ました。世界の頂点に立っている気分になり、仕事も友人も新しい環境も、大変気に入っていました。その4カ月後、父から緊急電話が入りました。父は言葉にならないくらい動揺していて、母がその日の朝に心臓発作で急死したと伝えられました。母は私のお手本であり、サポーターであり、味方であり、私に無条件の愛を教えてくれた人でした。世界中の誰よりも一番身近な存在でした。その日の午後、家に戻ったときに見た父の顔を一生忘れないでしょう。父の目を見入ったとき、父は母の死を受け入れられずにいると思いました。父に対して、私が父親の役割をしなければなりませんでした。その日一日で実質的に私は、両親とも亡くしてしまったのです。

母が亡くなって間もなく、私は恋をして婚約しました。結婚式の数週間前、婚約者がひどい頭痛がする、物が二重に見える、平衡感覚がなくなるといった症状に悩まされるようになりました。私はとても心配になって、彼女を腕のいい神経外科に連れていき、1週間かけていろいろな神経学的検査を受けました。検査の結果はすべて陰性でしたが、激しい頭痛は続いていました。その医者は淡々と結婚前で情緒不安定なのではないかと言い、サイコロジスト（国家資格を持った心の病気を扱う専門家）にかかるよう勧めました。

直観的に私は、誤診であると思いました。何か大変深刻なことが彼女に起こっている。しかし、絶対に心理的なものではない。藁にもすがる思いでしたが、どこに助けを求めていいのか見当もつきません。結婚式が3週間後に迫っているのに、招待状も送れません。ある土曜日の夜、彼女と電話で話していて、これからどうすればいいのかわからないまま、ふたりとも途方に暮れるばかりでした。翌朝教会で、婚約者の回復を祈った後に戻ってくると、ジョージタウンにある下宿先の大きな建物は暗く、カーテンが引かれていて、8月の日差しの強い朝には似つかわしくない光景でした。ルームメイトのひとりがドアのところで出迎えてくれ、リビングルームに入って座るように言いました。私はすぐに何か最悪なことが起きたのだと感じ、叫んでいました。「彼女は死んでなんかない、そうだろ？」

彼が「亡くなった」と頷いたとたんに、ひどいショックと激しい痛みに襲われました。彼女はその日の朝、父親の腕の中で亡くなりました。悪性の脳腫瘍でした。私は再び悲しみのどん底に陥り、このうえなく孤独で、事態の深い意味を受け入れられないでいました。ありがたいことに、その日から何週間も友人たちが集まって、優しく支えてくれました。私にはそれがこのうえなく必要でした。一生感謝し続けています。

私は人生の重大な局面にいました。恨んだり、落ち込んだり、信仰でさえなくしてしまってもおかしくないほどでした。ひとりもがき苦しんでいるとき、神の恩寵と信仰の力が癒しを与えてくれます。友人たちのサポートもそうです。その両方に恵まれました。そのおかげで私は未来に希望を持ち、気の毒なのは自分ではなく、亡くなった婚約者と彼女の両親だと思えるようになりました。

これらのできごとは悲劇的でしたが、逆にそのおかげで、私は人生の深い意味に心を開くようになり、生涯を通してどんな社会貢献をすればよいのか、じっくりと考えるようになりました。人生には言葉で説明がつかないできごとがたくさんあるのだと知りました。『新約聖書』「パウロから第1コリント人への手紙第13章12節」に心を癒してくれる言葉があります。「今、私たちは鏡にぼんやり映るものを見ていますが、その時には顔と顔とを合わせて見ることになります」

人生では、ひとつのドアが閉まると、別のドアが開くものです。婚約者がなくなって数カ月後に、将来の妻ペニーと出会いました。彼女が悲しみに暮れていた私を支えてくれたのです。私たちは恋に落ち、1年後に結婚しました。ペニーや友人たちのサポートが私の試練を外傷後成長に変えてくれたのです。

ペニーとの出会いは私の人生の中で最善のできごとになりました。彼女はよき妻、母、祖母、リーダー、そして私の相談相手です。つい最近、私たちは結婚46周年を迎えることができました。二人にとってこのうえない幸せです。

演習

最大の試練

第3章を読んだ後に、あなたのこれまでの人生を振り返って、最大のプレッシャー、ストレスまたは逆境といった経験を思い出してください。

1. あなたが経験した最大の試練について、以下を踏まえながら自由に書いてください。
   a. そのときどう感じましたか？
   b. どんな手段・方法で試練を乗り越えましたか？
   c. 試練を乗り越えた結末はどうなりましたか？
   d. そして、あなた自身と世の中に対する見方はどう変わりましたか？
2. その経験から学び、自分の人生行路を再定義し、自分と自分の人生を一段と深く理解するにはどうするのが良いと思いますか？
3. 逆にその経験をしたために、現在、あなたが避けたい生き方がありますか？

第2部
本物のリーダーになる
Developing as an Authentic Leader

図
2-1

旅路の羅針盤

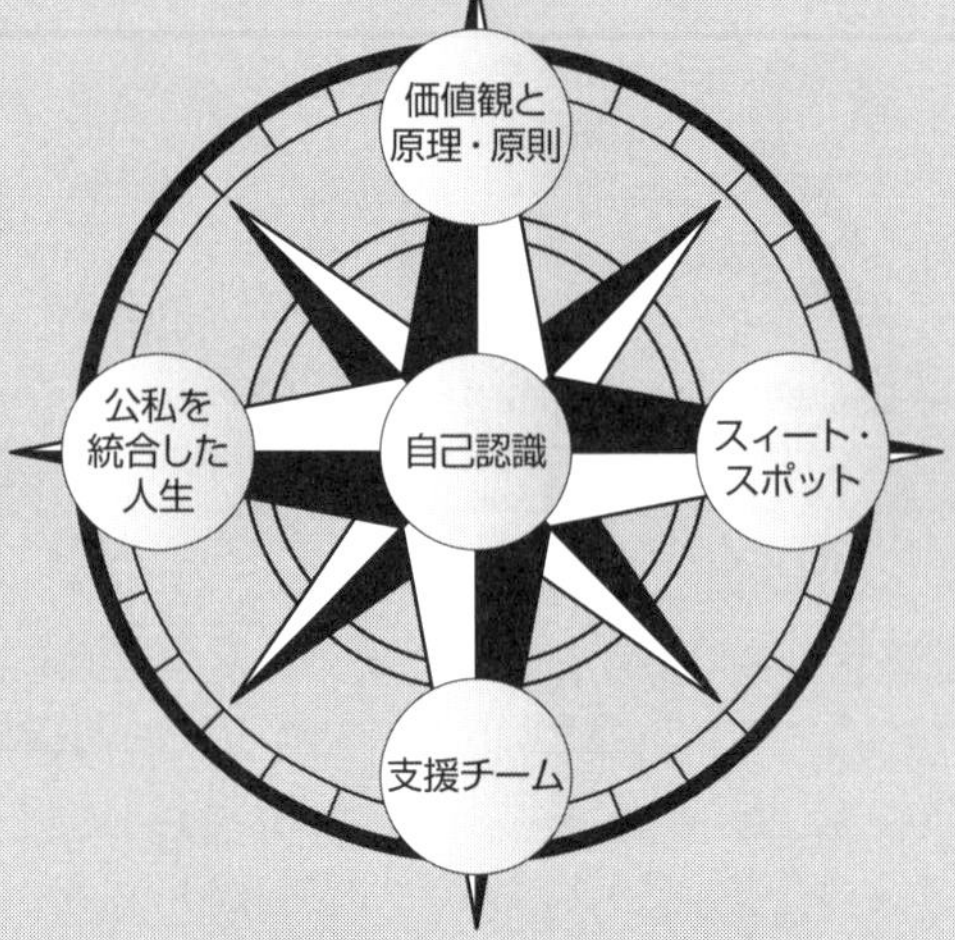

自分の人生経験を詳細に検討した後に、私たちは本物のリーダーへと成長していきます。インタビューを通して、自己を啓発するには、5つの不可欠な要素があるとの知見を得ました。それは自己認識、価値観、スィート・スポット、支援チーム、そして公私を統合した人生です。第2部では、各章でそれぞれひとつの要素を取り上げて、本物のリーダーになるために各自が成長努力を続けるように役立ちたいと思います。

上記5つの要素が、渾然一体となり、羅針盤となってあなたをトゥルー・ノースへ導いてくれます。ひとつの要素を経験するごとに、自分の羅針盤を調整する必要があります。リーダーシップへの旅路で辿るステップが自分のトゥルー・ノース、そして自分がこう生きたいと思う人生と整合しているかどうかを確かめるのです。これは終わりのないプロセス

図
2-2

リーダーシップの中心課題

リーダーシップ要素	中心課題
自己認識	どうすれば、内省とフィードバックを通して自己認識を高められるのか？
価値観	何が自分の心の最深部にある価値観なのか？　何が自分のリーダーシップを方向付ける原理・原則なのか？
スィート・スポット	どうすれば、自分の動機と能力を最大限に活かすことができる場所を発見できるのか？
支援チーム	誰が旅の途中で、案内役を務め、支援してくれるのか？
公私を統合した人生	どうすれば公私を統合して、人生の達成感をえられるだろうか？

です。あなたの状況や機会、そしてあなたを取り巻く世界は絶えず変化しているのですから。

これらの要素をひとつずつ吟味しながら、図2-2にある基本的な質問に自問自答してみてください。

第4章
自己認識
Self Awareness

「汝自身を知れ」

紀元前6世紀にギリシャ・デルファイの寺院の壁に刻まれた碑文

自己認識は、本物になるための基盤です。従って、ここでは羅針盤の中心に位置づけることにします。自己認識を深めるには、人生経験を探索し、試練の意味を理解する必要があります。そのためには、より深く自分が何者なのかを理解しなければなりません。

苦しくとも、それはリーダーとして成長するために欠かせないステップです。自己認識の基盤の上に自己承認が生まれ、最終的には自己実現へと進みます。そして、自分の最大能力が発揮できるのです。

アリアナ・ハフィントン　成功を再定義する

2007年、アリアナ・ハフィントンのキャリアは、急上昇中でした。『ハフィントン・ポスト紙[12]』を創設した数年後には、彼女の知名度は高まり、雑誌の表紙を飾るほどでした。タイム誌の「世界で最も影響力のある100人」にも選ばれました。

彼女に「警報」が響きました。ある日彼女は、自宅の仕事部屋の床に血まみれで倒れていたのです。過労が原因でした。

倒れたときに机の角で頭を打ち、目の上が切れて、頬骨を折っていました。何人もの医師に会い、脳のMRI（核磁気共鳴画像法）、CATスキャン（コンピュータ断層撮影）、そしてECG（心電図）の諸検査を受けました。

疲労以外に何か医学的な問題が潜んでいないかどうかを診断するためです。悪いところはありませんでしたが、医師に診察を受けるために待合室で過ごした時間が、自分がこれまで送ってきた人生を深く自問自答するきっかけになりました。

倒れたという深刻な事態のせいで、ハフィントンは自分の人生の現実に向き合わざるをえませんでした。

12 ハフィントン・ポスト（英語：The Huffington Post）は、アメリカ合衆国のリベラル系インターネット新聞。さまざまなコラムニストが執筆する論説ブログおよび各種オンラインメディアからのニュースアグリゲーター。

1日18時間、週7日、働きつめて、ビジネスを立ち上げ、報道分野の範囲を拡大し、投資家を呼び込もうとしていました。生活はめちゃめちゃでした。金や力といった昔からの基準で言えば、私は大いに成功していました。でも、まともに見れば、成功した人生を送ってはいませんでした。何かを徹底的に変えなければだめ。この状態を続けられないと思っていたのです。

ハフィントンの人生は、出世街道からはじまったのではありません。彼女はギリシャ・アテネの一部屋だけのアパートで育ちました。そこで母親と妹と3人で暮らしていました。両親は、彼女が11歳の時に別居しましたが、決して離婚はしませんでした。当時を振り返って、両親が人として成長させてくれたと感謝しています。「母はすごい人でした。独学の人でした」

母はいつも私たちに、育った環境で自分たちに限界があると思ってはいけない、と教えてくれました。私たちは夢を追い求めることができました。たとえ失敗しても、母はいつでも私たちの味方でいてくれました。そして、「失敗は成功の逆ではないのよ。成功するための踏み台なのだから」と話してくれました。

父は大変優秀なジャーナリストで新聞の発刊を続けていましたが、どれもこれも失敗でした。ドイツ軍の占領下のギリシャで、アングラ新聞を発刊したため、逮捕され、戦時中は強制収容所で過ごしました。

19歳でケンブリッジ大学に入り、やがて、大学のディベート・クラブのケンブリッジ・ユニオンのプレジデントになりました。女性の役割の変化についての彼女のディベートが、イギリスの出版社の目に留まり、初めて出版契約を結び、最初の著書である *Female Woman* を出版しました。彼女は執筆をつづけながら、先ずロンドンへ行き、それからニューヨークへと移りました。

2005年、ハフィントン・ポスト紙を創設しました。「興味深い会話が広がるように……これが私のギリシャ人としてのDNAの一部なんでしょうね」

ハフィントン・ポストは、井戸端会議やディナーの席で交わされるような内容を取り上げるのが特徴で、たとえば、政治、芸術、本、食べ物、そしてセックスとか……、それらをオープンにしてオンラインに乗せます。サイトは、心構え、意見、地域社会の3つの柱を独自に組み合わせてニュースのまとめを創るのです。私たちは革新を目指しています。それが隠し味です。

ハフィントン・ポストはたちまち成功しましたが、ひとりの犠牲者を出してしまいました。創業者自身でした。評判が評判を呼んで、そのため仕事量が膨れあがりました。2007年の転倒がきっかけになって、彼女は自らに問いかけました。

「これを成功と言うの？　これが、私が望んだ人生なの？」

2013年、スミス・カレッジの卒業式でのスピーチを用意している最中に、「第三の価値観」のアイデアを思いつきました。「成功を再定義してみてください」と卒業生に問いかけました。「スミス・カレッジ卒の多くの人が世界の頂点で活躍しています。でも、皆さんは単にトップに座るだけでなく、世界を変えてください」

第三の価値観は、金と権力という従来のふたつの価値観にとって代わるものではありません。両者のバランスをとる価値観です。著書『サード・メトリック――しなやかにつかみとる持続可能な成功』（CCCメディアハウス、2014年）で彼女は、金と権力の価値観を称賛してもほとんど意味はないと述べています。健康で幸せな生活を求める私たちの力が人生を豊かにしてくれるのです。

ハフィントンは、スピーチへの反応に圧倒されました。「社会のいたるところで、人々は成功の再定義を求めています。そして、人生の意味を知りたいと思っているのです」と語っています。「この質問を、古代ギリシャの時代からずっと哲学者たちが、繰り返してきました」

そうでありながら、私たちの関心はシフトしてしまっています。つまり、どれほど多く金を稼げるのか、どれくらい大きな家を買えるのか、どこまで高く出世階段を登れるのかに向かっています。

私自身が痛い思いをして実感したのですが、こういったシフトは、成功した人生を築くのに不可欠な価値からは遠くかけ離れています。私は、世の中の何百万人という人たちと気づきを共有することを願っています。良き人生というのは、金と権力の先にあって、それは健康で幸せな生活、知恵、感動、そして感謝とともにあるのです。

私たちの多くと同様に、ハフィントンの自己認識への旅路にも紆余曲折がありました。金、名声、権力に関しては、彼女はラジャット・グプタやマイク・ベーカーのような危機にさらされはしなかったのですが、トゥルー・ノースからは逸れてしまいました。なぜ、分別あるこの思慮深い女性が、自分の健康と幸福を犠牲にしたのでしょうか？

これは実を言うと、すばらしい業績を上げた人によく見受けられます。その人たちはいつも、成功を求める気持ちと現実的な生き方の間で綱渡りをしているのです。強気と省察のバランスを取って綱渡りをしている人たちにとって、自己認識は心を安定させる働きをします。

ハフィントンは、生活を変えなければならないことを、心臓発作のような深刻な事件が起きる前に気づきました。彼女が持つ能力、つまり、一歩後戻りして、実際の行動と掲げた目標が一致しているか否かを見極められることが彼女の才能であり、それが、優れたリーダーとしての証しでもあるのです。

自分を知る

「汝自身を知れ」。この箴言《しんげん》は何千年も前から伝わっていますが、このアドバイスに従うのは、容易ではありません。私たち人間の性格にはさまざまな側面があります。私たちは絶えず進化しています。世の中で揉まれ、外部の影響を受け、環境に順応します。その環境は一人ひとり違っています。

しかし、自分自身に誠実で、トゥルー・ノースに従わなければなりません。自分は何者なのかがわかれば、人生の目標を達成し、直面する障害を克服できるのです。

本物の自分の発見は、無数の選択肢を前にすると一段と複雑になります。選択肢は自身の成長機会にも、自分を本物の自分から遠ざけてしまう誘惑にもなります。自己認識をしないでいると、自分がこうなりたい人間ではなく、名声や外面的な成功のシンボルを追い求めるようになりがちです。アリアナ・ハフィントンが、まさにそうでした。

人生で出会う人の中には、自分を脅かす人、好ましく思わない人、拒絶する人がいるはずです。脅かされているとか、拒否されているとかを感じると、穏やかな感情を保ち、恐れをコントロールし、衝動的な行動を避けるのは容易ではありません。危害から身を守るときには、保護膜をはって偽りの自分を装うとするでしょう。そうすると、本物の自分から遠ざかっていきます。自分の脆さ、怖れ、願いに気づかなければ、簡単にトゥルー・ノースから外れて、周りにうまく利用されかねな

図4-1

自己認識を高める

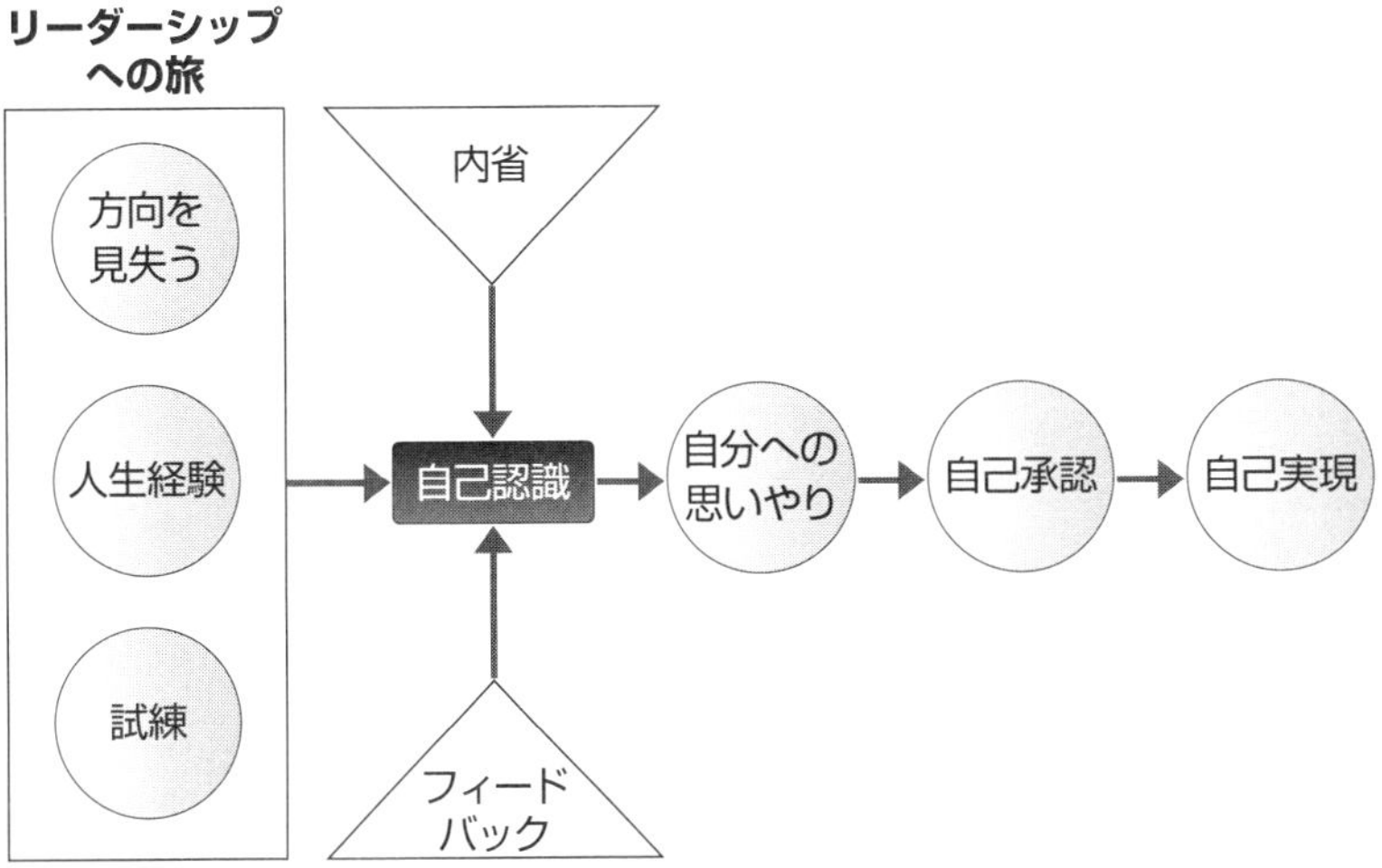

いのです。

自己認識を高めるには、まず自分の人生経験を理解し、試練を見直します。（図表4-1）。それから、人生経験を省察するのですが、これには内省やあなたを良く知っている人たちのフィードバックが必要です。キャリアの初期の段階にいるリーダーの多くは、必死になって地位を確保しようとするので、自分を掘り下げる時間がまったくとれないでいます。

歳を重ねるにつれて自分の人生に何かが欠けているとか、そうなりたい人物から何かが自分を遠ざけていると気づくようになります。人生が一変するようなできごとに出くわすと、人生の目標を深く考えるようになるのです。

また別のケースでは、子どものころの記憶があまりにも苦痛に満ちたものであったために、そのときの感情を完全に遮断してしまっているリーダーもいます。このような記憶を葬ってしまいたいために、世の中で認められるような目に見える形での成功を追い求めてしまうのです。

金、名声、権力、地位、株価上昇などです。こういう動機は、少なくとも一時期は、成功をもたらすのですが、道を踏み外してしまう油断にもなりかねません。というのは、自己認識に欠けているため、大きな失敗や判断ミスを犯しやすくなっているのです。

EQ（心の知能指数）の重要性

知能指数（IQ）は、マネジャーにとって不可欠の資質であると、長い間考えられてきました。新しい研究によると、EQ（心の知能指数）が、本物のリーダーにとって、一層重要であると知られるようになりました。心理学者のダニエル・ゴールマンが『EQ 心の知能指数』（講談社、1998年）の中で、EQを伸ばすために欠かせない5つの領域（自己認識、自己規制、ソーシャル・スキル、共感、動機づけ）について説明しています。研究を通してゴールマンは、IQが120を超える人では、EQがリーダーの成功を予測する一段と重要な要因になると発見しています。リーダーシップや対人関係のスキル、そしてチームワークの方が、少しばかり高いIQポイントよりもはるかに重要なのです。

多くのリーダーが、自分は周囲の中で一番頭が良いから、日々の仕事がうまくいくのだと信じています。知能の高さだけに頼るリーダーは、他の人の意見を退けて、意思決定を支配しようとします。その結果、弱者からの意見を押しつぶすことになりかねません。そして、その意見には、正しい意思決定に必要な重要なアイデア、洞察、解決策が含まれているかもしれないのです。

類いまれな高いＩＱを持ったリーダーは、知的であることにこだわりすぎて、知的訓練が足りない人たちを受け入れない傾向があります。ウェルズ・ファーゴ銀行のディック・コバセビッチは、高いＩＱはリーダーシップにとっては障害になり得ると主張しています。「ＩＱが99パーセンタイル（上位１％）以上なら、リーダーシップと知性に逆の相関関係が生まれます」

プロクター・アンド・ギャンブル社（Ｐ＆Ｇ）の元ＣＥＯダーク・イェーガーは、自分の知性を周りに強いて失敗したリーダーの好例と言えるでしょう。イェーガーは大変優れた戦略家でした。しかし、人の神経を逆なでするような彼のスタイルは、Ｐ＆Ｇの企業文化の本質を脅かしたのです。そのため彼が率いる経営チームが反旗を翻し、取締役会は２年も経たないうちに彼に辞任を言い渡しました。後任になったＡ．Ｇ ラフレイは、長年Ｐ＆Ｇの役員で、企業文化を深く理解していたので、リーダーシップ・チームを編成して、Ｐ＆Ｇをグローバル企業へと大きく成長させました。

正しく自己を認識すること。どんなリーダーであれ、それが成長していくための出発点です。私たちがインタビューしたリーダーたちは、自己認識を高めることが本物のリーダーになるための核だと言っています。スタンフォード大学経営大学院が諮問協議会に、リーダーが持つべき最も重要な能力は何かを尋ねたところ、諮問委員のほとんど全員が、「自己認識」と答えました。それは心の中の羅針盤の中心にあって、自分自身を知る、情熱を見分ける、そしてリーダーシップの目的を発見するなどのためには不可欠なのです。

デイビット・ポトラック　自己認識への旅路

私たちがインタビューしたリーダーの中で、チャールズ・シュワブ社の前共同ＣＥＯのデイビット・ポトラックは、本当の自分探しの旅に果敢に挑戦したひとりです。彼はごく普通の中流家庭で育ちました。父親はグラマン航空機の機械工で、母親は看護師をしていました。彼自身は高校で最優秀フットボール選手に選ばれ、ペンシルバニア大学に奨学金を得て進学しました。

学部ではプロのフットボール・チームにスカウトされずに落胆し、ウォートン・スクールでＭＢＡを取得してシティグループに入社しました。その後、サンフランシスコに移って、チャールズ・シュワブ社のマーケティング部門長に転職しました。非常に熱心に働いたのですが、同僚たちは、彼が成果を出そうとして長時間、積極的に働くのを嫌っていました。

なぜそうなのか理解できませんでした。「私の業績を見ればわかるだろう」と思っていました。「自分の熱心さとそのエネルギーが、彼らには脅威であり嫌だったとは思いもよりませんでした」

自己認識をするうえで最もむずかしいのは、周りの人たちと同じ視線で自分自身を見なければならないことです。リーダーには、自分の盲点を見つけるのに必要な正確なフィードバックが必要です。彼は、上司からの評価が低くてショックを受けました。

「デイブ、同僚たちは君のことを信用していないよ」

「そのフィードバックは短刀のように胸に刺さりました。私は現実から目を背けていて、周りがどのように自分を見ているのか、わかっていなかった」と、彼は振り返っています。

自分が周りから自己中心的だと見られているとは、まったく考えもしなかった。でも心の奥のどこかで響いていました、そのフィードバックは正しいのだと。転職することも考えましたが、チャック・シュワブから、会社に残りチームとの間にできた溝を埋めるよう要請を受けました。自分が変わらなければならないという現実を突きつけられたのです。

ポトラックにとって、自分を変えるプロセスは大変むずかしいものでした。

ストレスが増えれば増えるほど、以前のパターンを繰り返しそうになりました。まるで断酒会のように、同僚たちのところへ行き、話しました。「私、デイブ・ポトラックには、リーダーとして、うまくいっていない部分があります。何とか自分を変えたいと思っています。協力して欲しいのです。私が変わることができるかどうか、オープンに話してほしい」と。

ポトラックはコーチをつけて努力を重ね、アドバイザー・チームを作って、ご意見番になってもらいました。コーチが教えてくれたのは、本物であることについて、そして話すことが持つ力についてでした。スピーチの中で、自分の人生、怖れ、野心、失敗について触れるようになりました。聞いている人たちが、何かを触発されていると気づきました。

二度目の離婚をした後、まだ大きな盲点があると気づきました。「最初の結婚が終わったときは、すべて相手側に非があると思いました。二度目の結婚も失敗に終わったとき、自分には女性を見る目がないのだと思いました」。その後、カウンセラーに相談しました。「良いお知らせと悪いお知らせです。良いほうは、奥さん選びは間違っていないこと。悪いほうは、あなたの夫としての行動に問題があることです」と、言われました。

それでもポトラックは、まだそんなはずはないと思い続けていました。

私は、たとえて言えば、心臓発作を3回経験してやっと、煙草をやめて体重を減らさなければいけないことに気づくような奴でした。そんなはずはない。これが、私たちが直面する最大の課題です。それを克服するには、自分に正直になり、言いわけをしてはいけません。そうすることで私は、たとえ苦痛ではあっても、批判を受け入れて真剣に取り組めるようになりました。

現在、彼は幸せな結婚生活を送っていて、夫人の建設的なフィードバックに耳を傾けているのですが、それでもストレスが高じると昔の習慣に戻ってしまうと言います。「私たちは全員優しくされたいし、尊敬されたいし、褒められたいのです。でも、聞きたくないフィードバックにも耳を傾けなければなりません」

自己認識を高めたいという彼の苦心の努力は報われました。同僚のサポートを得られるようになり、彼のダイナミックなリーダーシップで会社に大きな成果をもたらしました。その結果、シュワブ社は彼を共同代表へと昇進させました。シュワブ社でかじ取りをした14年間で、彼は会社のビジネス基盤を大幅に拡大し、アメリカで尊敬される企業のひとつとなり、フォーチュン誌の「最も働き甲斐のある企業100社」のリストにも掲載されました。彼は、次のようにまとめています。

「私たちは誰でも、今よりも一段と良くなる能力を授かっているのです」

生まれつき完璧な人はいません。誰もがうまくいかない「何か」を抱えています。その「何か」を生涯持ったままなのか、それを正すのかのどちらかです。私が手を差し伸べて、周りの人たちが自分を良い方に変えられると確信できたら、彼らもきっと、自分探し、正直な自己評価、そして根本的な自己改革への真剣な取り組みへの旅ができるでしょう。

デイビッド・ポトラックはすぐに自分が不完全だと認めました。それでもそのすべてを直視するのはむずかしい。彼が経験した「盲点」の発見は、建設的で慎ましいものでした。彼はどんな経験にも学べる機会があるのだと喜んでいます。

「完璧である必要などないのです」と、彼は言いました。「悪い道からスタートしても立ち直れます。大抵の失敗は成功に変えられます。自問してください。この失敗から何を学べば次回には、もっとよくなれるのか」と。

彼は確信しています。重要なのは、周りの意見を否定しないことです。そして、自分に正直であることです。「こころをオープンにすれば、成功よりは失敗からもっと多くを学べるのです」

成功しているときには、それを当然だと思い、次に進んでいきます。失敗すると、省察を余儀なくされます。何が間違っていたのか？　どうしたらもっとうまくできたのか？　それが責任を持つ機会です。最も抵抗の少ないやり方が、他人への責任転嫁です。私は多くの失敗を経験しましたが、一つひとつの失敗から学んで、一段と強くなって戻ってくる工夫をしました。

完璧であること、これがリーダーシップのゴールではありません。むしろ、心の奥底から自分を理解するほうが重要です。そのプロセスには、内省、フィードバック、そしてサポートが必要です。常に学びリーダーシップを向上させようとするポトラックの姿が、すばらしいのです。彼は信用に値しない人物だと思われたくはありませんでした。その押しの強い言動が原因で、シュワブ社の同僚たちの間にそんな認識が生まれたのだと気づきました。成功したいとの思いから、彼は自分の本心を隠しませんでした。むしろそれまで内に秘めていた部分を表に出し、自らの弱さをさらけ出して同僚と共有しようとしました。その結果、同僚たちと本物と本物同士でつながるようになったのです。

図
4-2

玉ねぎの皮をむく

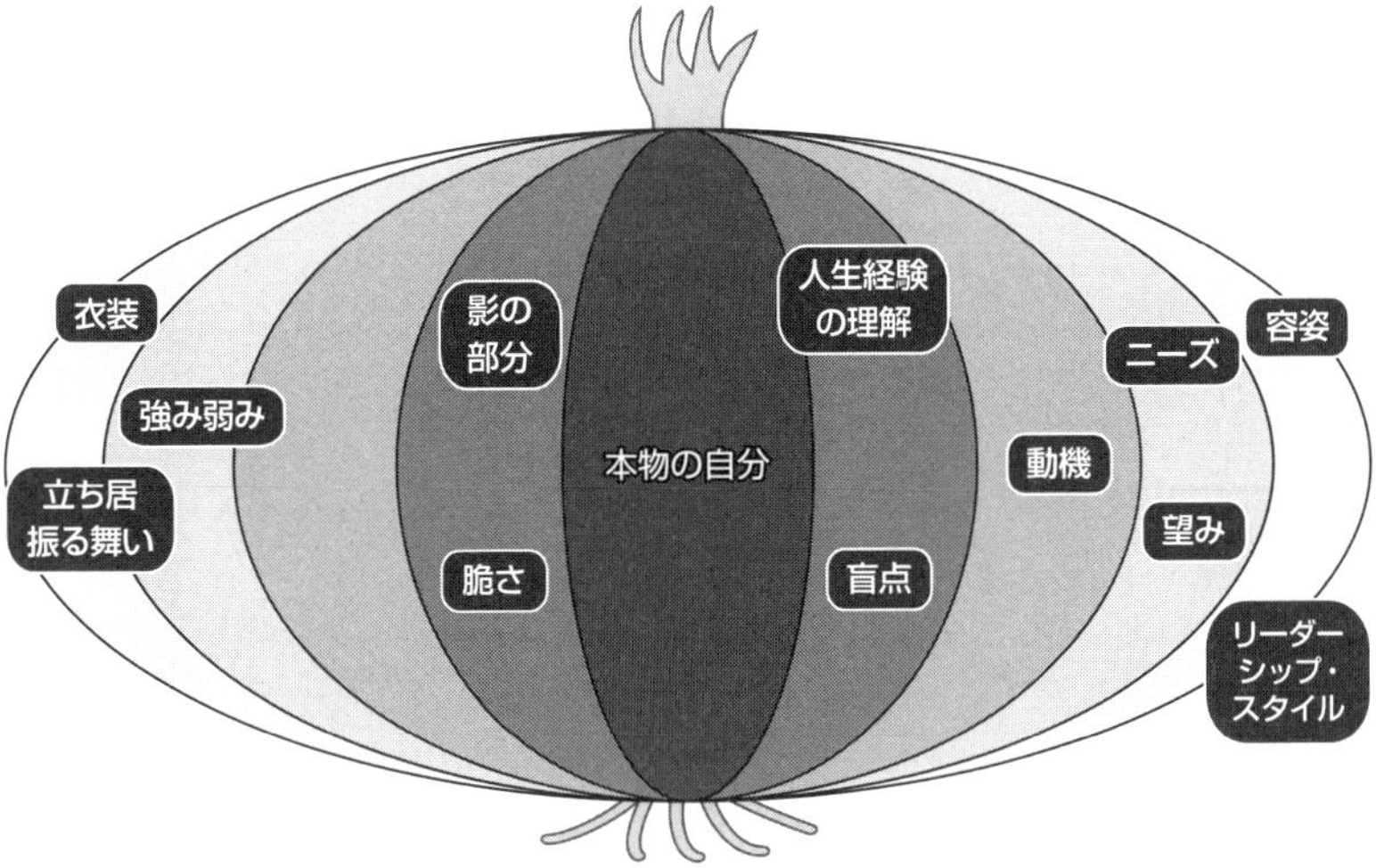

玉ねぎの皮をむく

本当の自分探しは、玉ねぎの皮むきのようです（図表4-2）。外の皮は目に見える、世の中に対するあなた自身の姿です。つまり、容姿、表情、立ち振る舞い、態度やリーダーシップのスタイルです。外側は多くの場合、木目が荒く硬い層になっていて、攻撃から身を守ってくれます。あるとき、なぜそんなに長い間鏡に向かっているのかと10代の教え子に尋ねたところ、彼の答えはこうでした。「ぼくは内面がつまらないから、外面を良くするのです」

自分の外層を理解する、それが最初の大切なステップで、そこからその奥にあるものに向けて深く掘りさげていきます。外層が内にある自分の中心核への入り口です。さらに玉ねぎの皮をむいていくと、自分自身の強みや弱み、価値観、動機への一段と深い理解がえられます。

玉ねぎにたとえたいくつかの心の層の奥で、人生経験の意味を理解するのです。人生模様は経験の寄せ集めです。中心核を取り巻くもっとも奥深い層に近くなると、自分の盲点や脆さに気づくでしょう。そして中心核が本当の自分、トゥルー・ノースです。つまり自分が信じるもの、そしてこの世の中であなたが存在する場所なのです。

自分を探索して、あるひとつの層をむくと、その奥に一段と深みがあり興味深い層が見つかります。自分の中心核に近づくにつれて、内側にある層は大変ソフトで傷つきやすくなります。今まで外からの攻撃にさらされていなかったからです。自分が安全な状態ではないときには、中心核をおって外にさらされないように、傷つかないようにします。

よく見受けられるのですが、これが自分をごまかしたり、偽の姿を装ったりという行為です。偽の姿では、周りの人たちとの純粋な関係を結べません。そして最も注意すべきは、自分自身を曖昧にしか受け入れられなくなることです。

脆さは力

もし、傷つくことがわかっていたら、世の中にありのままの自分をさらけ出すことにどのような意味があるのでしょうか？　守ってくれる外層は、もうありません。最初は怖いかもしれません。

しかし、本当の自分を周りが受け入れ、愛してくれるとわかれば、自分が解放されるのです。そして、「本当の自分でいられる」のです。

それでも多くの人は、周りから拒否されるのではないかと恐れて、自分の脆さをさらけ出すとか、弱さや失敗を認めることをためらいます。一段と低く見られるのではないか？　弱みにつけ込まれるのではないか？　そのようなことはないと思おうと努力すればするほど、しかも自分が脆いと思っているときに、こういった疑問に悩まされてしまいます。

私は自分のキャリアで長年、仕事を完璧にこなし、すべてに答えを用意しなければいけないと思っていました。自信がなかったせいか、自分の弱さ、怖れ、そして脆さを周りに打ち明けられずにいました。

ようやく、それができるようになってからは、物事が大変スムーズに進むようになり、同僚たちとの関係も改善されました。それ以上に重要だったのは、自然体でいられるようになり、一段と強く幸せだと思えるようになったことです。

Love Leadership の著者であるジョン・ホープ・ブライアントは、10代のときに半年間ホームレスでしたが、「脆さは力」だと主張しています。これをクラスで経営者たちに紹介したとき、一部の経営者たちは怯えた表情を見せました。しかし、ブライアントの本には、彼の主張をバックアップするようなこれまでの人生経験とか脆さを感じた経験が書き込まれていました。ブライアントは、カリフォルニア州ロサンゼルスのサウスセントラルにある貧しい地域の荒れた環境の中で育ちました。「5歳のとき、両親はお金のことで離婚しました。それがアメリカの離婚原因の一番になって

います」と振り返っています。

ブライアントの人生はまるでジェット・コースターのようでした。強い職業倫理観と起業家としての才覚を持っていたため、早い時期にビジネスで成功を収めました。しかし、10代の後半には、大きな辛酸を味わいました。「自分のトゥルー・ノースを知りませんでした。お手本にする人もなく、どうすればそれがわかるのか見当がつかなかった」


それでトゥルー・ノースをでっちあげ、大物の振りをし、夜でもサングラスをして、偉そうにしていました。ちっぽけな自尊心にすぎません。それから資金不足が続き、投資家の金を使って払い戻せなくなり、最後はホームレスになりました。

マリブにビーチハウスを持つような生活から、食堂の裏においたリースしたジープの中での生活になってしまいました。みんなは私が何もかもなくすとわかっていたようです。とにかく私は横柄でした。文字通り、彼らは私の失敗を喜んでいたと思います。

人生の10%は自分が何に出くわすか、残りの90%はそれをどう扱うかでしょう。私は窮地に陥っていて、自分で何とかして這いあがらねばなりませんでした。この経験が回復力を養ってくれました。高い山に登るには、深い谷を通らなければなりません。成功のカギは、苦悩をどう通り抜けるかにかかっています。


1992年、ロドニー・キングに暴行を加えたロス市警の警察官たちに対する襲撃と過剰警護の

13 ロドニー・キング事件：ブライアントが住んでいる近所で1991年に起きた事件。ロドニー・キングがロス市警の警察官たちから暴行を受けている様子がビデオに撮られ、報道された。

裁判で、無罪の判決が下されました。その暴行の場面はビデオに収録されていたにもかかわらずです。そのためブライアントの家の近所で暴動が起きました[13]。そのとき、ジェシー・ジャクソン牧師[14]に、自分に何か手助けできることがないかを尋ねたのです。

「牧師は『誰かビジネスマンが投資して、この地域を立て直してほしい。あなたのビジネス・スキルを使って、それが実現できるようにしてほしい』と答えてくれました」

それを聞いて、19歳のブライアントはすぐさま行動しました。翌日には投資家のグループを組織して、サウスセントラル地区をバスで視察しました。このことが発端となり、やがて、オペレーション・ホープ[15]が創立されました。貧困の根絶とアメリカの経済成長を目的とする社会投資銀行です。CEOの彼が傾けた努力が現在、実っています。低所得層の人たちが金融の知識を持ち、ビジネスを起こせるように手助けしたのです。

自分の経験を振り返ってブライアントは、「弱さが、自由への鍵だ」と述べています。

もし私が、何ひとつ隠さないで、あなたから指摘される前に失敗を認める人間なら、あなたは私を受け入れてくれるでしょう。自分には弱みはないと自己認識していたら、鬱の状態になるとか精神的に病んでしまうかもしれません。本当の自分を表現しないのですから。

私たちは、場違いな愛を求めています。何かの中毒になるというのは、自分ではコントロールできない感情が原因です。だから、薬物、アルコール、買い物、働きすぎ、あるいはセックスに依存します。明日になれば、さらに快感を求めて、その誘惑がもっとほしくなって

14 市民活動家、キリスト教バプティスト派の牧師。

しまいます。中毒症状を満たすカクテルはどんどん量が増え、心が死んでしまうのです。

誘惑にとって代わるのは、ありのままの自分が幸せだと感じることです。「それは、自分の弱さを認める度合いに相関します」。彼はこう述べた後で、次のように語ってくれました。

もし、ありのままの自分ですっきりとなれないのであれば、自分の脆さをさらせないでしょうね。それで偽りの姿を作って、嘘の人生を送るのです。人は泣きたいときに笑っています。内心はみじめなのに、笑い飛ばしています。前に進む道はひとつ、癒されることです。だから、自分のトゥルー・ノースを見つけなければなりませんね。

生きる方法は三つあります。ひとつは自殺です、肉体的、心理的、精神的、そして感情的な自殺です。ふたつめは何となく生きる、大抵の社会がこの状態でしょう。最後の方法は、癒しです。癒しは前へ進む唯一の道です。最も勇気のいる、そして怖いことでもあります。癒すためには、本当の自分でいる怖さを克服しなければなりません。

私たちが対応しているほとんどの大人たちが、子ども時代の苦悩を追体験しています。傲慢な母親、虐待するか、そうでなければ家にいない父親、あるいは無視されたり、せっかんされたり、性的ないたずらをされたり、からかわれたり、いじわるされたり……。

今、いじめる側にいる人たちの多くはたくさん金を持って、かっこよく動き回っているけど、分厚いレンズ眼鏡をかけて学校でいじめられていた子どものころの記憶から逃げようとして

15 金融教育などを通じて地域に貢献している団体でロサンゼルスに本部を置いている。サービスが届いていないコミュニティに対して金融リテラシーや教育ツールを通じて、金融面での人々の尊厳を促進している。
(http://www.operationhope.org)

いるだけなのです。

決して楽な人生を歩んではきませんでしたが、ブライアントには逆境から立ちあがる回復力がありました。そして自分の経験を共有し、周りの人たちを触発する勇気を備えていました。私のクラスでは、ホームレスだったときの苦しみをあけっぴろげに話してくれました。彼からはまだ完成されていないという印象を受けますが、それが却って共感を呼び、一段と信頼感が高まり、そして説得力が増しています。

ブライアントの弱さは、彼の力になっています。ありのままの彼と多くの人がつながっています。元大統領のビル・クリントン、元大使のアンドリュー・ヤング、その他にもフォーチュン誌500社のＣＥＯたちが彼とパートナーシップを結んでいます。彼の大きな目標は、オペレーション・ホープを１０００カ所に配置して、アメリカ全土の低所得層や苦労している中所得層のための個人銀行に成長させることです。

省察と内省

どうすれば、自己認識と自己承認ができるのでしょうか？　一番良い方法は、内省を習慣づけて、率直なフィードバックをもらうことです。超多忙で、文字通り四六時中電子的につながっている今日の世界では、日々の習慣づけが必要です。

つまり、一息ついて自分自身に集中する。行動やプレッシャーの棚卸しをする。心の奥を覗き込むなどです。人生経験や試練を省察すれば、より深いレベルで理解できるようになります。そして、経験を首尾一貫して見直せば、行動や決断と本当の自分とが整合するのです。

ランディ・コミサーの進路発見の努力

ランディ・コミサーは、深い省察の期間を経た後に、自分の人生の意味がわかるようになりました。ルーカスアート社では、伝説的な創業者でスター・ウォーズの作者であるジョージ・ルーカスとたびたび衝突しました。自由な仕事ができないフラストレーションが募り、ライバルのクリスタル・ダイナミック社のＣＥＯに就任したのですが、それまでで最悪の意思決定になってしまいました。その会社には彼が情熱を傾けるものがなかったのです。

その会社にいる理由が見当たらなかった。ビジネスは、つまずいた後、最終的には成功したのですが、私には失敗でした。まず、自分の過ちを認めなければなりませんでした。そして、難題に直面しました。何が自分の人生目標なのか？　クリスタル社を良い会社にできたかもしれない。しかし、どんな犠牲が必要だったのか？　それまで、自分に問いかけたことはありませんでした。

クリスタル社を1年で辞め、心磨きのために、仏教の僧侶の指導で瞑想修行をはじめました。「人生の中でその時期が、ひたすら自分でいられた時間だったと思います。仏教修行が、人生の次のステップの形成に役立ちました」

省察した後に、コミサーは自分の中で矛盾しているものの原因が、父親と祖母にたどり着くのだと気づきました。父親は物質的な成功を追いかけ、たえずギャンブルをしていました。「父がお金を使ってしまうと、自分たちの大学の学費も払ってもらえなくなるのでは？　と心配でした。お金に関する不安が子ども心に根づいたのだと思います」

祖母とは大変近しい関係でしたが、彼が10歳のときに亡くなっています。

「ほかの誰とも経験したことがないほど、祖母とは強いきずながありました。祖母が亡くなって、とても落ち込みました。私の人生にとても大きな影響を与えてくれていたのです。心が広く、人に興味を持つ、すばらしい性格の持ち主でした。周りの人たちを愛し、周りの人たちからも愛されていました」

コミサーは、父親の影響から自分を解放し、自分のやりたいことに取り組まなければならないと気づきました。「私は出世コースを歩んでいたのですが、それは私が望む道ではありませんでした」

心の中には、自分の達成ニーズと父の目に映る成功との葛藤がありました。成功への階段を登っているという考えから抜け出して、長くて曲がりくねった道を歩いていると自分に言い聞かせねばなりませんでした。現実に向き合い、失敗しても大丈夫だと思える自分になれることが、自己認識への重要なターニング・ポイントです。

リーダーは裸の自分を受け入れ、人が決めた出世コースに乗らないと決めて初めて、ありのままの自分でいられるようになります。いくどか内省を重ねると、自分の関心領域とエネルギーに焦点が合ってきます。最も有効なのが瞑想です。近年、瞑想は主流の修行として知られるようになりました。２０１４年にはタイム誌が、瞑想の指導者であるジョン・カバット・ジンを表紙に飾りました。彼は45年にわたり、宗教とは関係なく、マインドフルネス[16]・ストレス低減法[17]を指導し続けています。

アリアナ・アフィントンは13歳のときに瞑想をはじめたのですが、修行が続けられなくなりました。２００７年の秋以降、再び彼女は毎朝、20分の瞑想で一日をスタートさせています。次のように語ってくれました。

私は仏教の原理を重んじていて、日々の生活の中にそれを取り入れています。ダライ・ラマとの会話にとても影響されました。私は彼を畏敬しています。彼は神経科学に目を向けて、今日の無神論的で非宗教的な社会で、瞑想や慈悲が人生や世界を変える力を持つのだと説いてくれました。

１９７５年に私は、妻の強い勧めで超越瞑想[18]の4時間プログラムに参加しました。その頃の私は、

16 今、この瞬間の体験に意図的に意識を向け、評価をせずに、とらわれのない状態で、ただ観ること。出典：日本マインドフルネス学会

17 認知療法の枠組みに瞑想を統合した技法であり、仏教的な実践であるマインドフルネス（念）を中心としている。出典：キャサリン・コーリンほか、(監修)

朝早くから夜まで休みなく働き詰めで、遅い夕食をとって家に帰るときには疲労困憊していました。生命保険にも高血圧のため加入できませんでした。それで、1日2回の瞑想を精神修行としてではなく、健康を目的におこなうようになったのです。それから40年間、ずっと習慣として続けてきました。

瞑想はこれまでの経験の中で最高のものでした。私を落ち着かせてくれ、四六時中つながっている世界から私を引き離してくれました。自分の中心に入って行き、真に重要な事項に注意を集中させ、心と体が平穏になります。

瞑想を通して、重要な事項がはっきりと見えてきます。創造的なアイデアもほとんど瞑想から生まれてきます。私にとって最も重要なのは、瞑想のおかげで、困難に立ち向かう力が湧いてくるようになったことでした。間違いなく、瞑想に助けられて、一段と優れたリーダーになれたのだと思います。

チャディー・メン・タン、グーグルの「陽気な善人」

一流企業、たとえばゼネラル・ミルズ、エトナ[19]、ブラック・ロック[20]、ゴールドマン・サックスなどでは、社員に座禅を奨励しています。世界で最も革新的な企業だと言われるグーグルから、社内での座禅がスタートしました。チャディー・メン・タンは、グーグルの「陽気な善人」として知られていて、何千人という社員に瞑想の方法を指導してきました。

タンはシンガポール生まれで、両親は中国人移民です。類まれな頭脳の持ち主で、17歳のときに

池田健（翻訳）小須田健「人間はそのひとの思考ではない ジョン・カバット=ジン」『心理学大図鑑』三省堂、2013年、210頁。

18 古代ヒンドゥー教文献に基づいて，心の安らぎを得ることを目的にマントラ(mantra)を唱えて行う日常的な瞑想の方法。

全国プログラミング大会でチャンピオンになりました。そんな実績がありながらタンは、「私は大変不幸な子どもでした。周囲の人と馴染めなかった。自分は愛されるに値しない人間だとずっと思っていました。カリフォルニア大学サンタ・バーバラ校で修士課程を終え、グーグルに入社しました。社員番号は＃107でした」と述べています。

私の突破口は1991年に瞑想に出会ったときでした。それは、すばらしいインサイトを得た瞬間で、突然自分の人生のすべてに意味があるとわかったのです。瞑想をするようになるまでは、いつも落ち込んでいました。

瞑想する習慣がついてからは、とても幸せです。大きな変化です。瞑想を通して修得したのは、必要なときに自分の気持ちを落ち着かせて、自分が好きなだけその透明で静かな状態でいられることです。私の実践のポイントは、やさしさと慈悲です。自分自身を慈しむ心がなければ、決して他の人を純粋に慈しむことはできません。

グーグルの瞑想プログラムを、タンは次のように説明しています。

2003年、ひとつのひらめきが訪れました。それは、平和の条件を創るには、世界中で心の平和、喜び、そして慈悲を成功や利益に関連させて測定すればよいのではないか、という思いでした。

19 エトナはアメリカでは業界第4位の総合医療保険会社。
20 グローバルに資産運用、リスク・マネジメント、アドバイザリー・サービスを提供する世界有数の資産運用会社。

その解決策は、心の知能指数でした。世界でも指折りの専門家たちに協力してもらい、サーチ・インサイト・ユアセルフ[21]を立ち上げました。年間2000人のグーグル社員の瞑想教育とは別に、私たちは非営利のサーチ・インサイト・ユアセルフ・リーダーシップ・インスティテュートも創設しました。そこでは、SAP社やカイザー社といった企業の研修を行っています。

瞑想は誰にでも向いているわけではありません。他にもたくさんの省察する方法があり、リーダーに役立っています。センタリング[22]の祈り、長時間の散歩、愛する人とじっくり話し合うなどです。大切なのは、省察を毎日、実行することです。

フィードバックの重要性

リーダーが習得すべき最も重要なスキルのひとつは、自分自身を他人の目線で見る能力です。フィードバック、つまり周りの人たちからの率直な意見や評価は、なかなかえがたいものです。というのも、圧倒的大多数の人は、リーダーに耳触りのいい話だけをするからです。そのため本物のリーダーは仲間や部下からフィードバックが得られるように工夫しなければなりません。効果的な方法のひとつが、匿名での全方位からのフィードバックです。

21 Google社が、最新の脳科学に基づいて開発したリーダーシップ・パフォーマンス向上のプログラム。

フィードバックは、自分のエゴを捨てて、耳に痛くとも建設的な批評を聞くための不可欠な方法です。ベライゾン社[23]のジュディ・ハーバコルンは、次のように語ってくれました。

みんなから「フィードバックの女王」と呼ばれていたのです。この世の中で得られる最高のものは、あなたの成功を喜び、健康を気にしてくれる人からのフィードバックです。自己認識がほかよりも高い人はいるでしょうが、自分のことを周囲が見るのと同じ目線で見られる人はあまりいないでしょうね。

全米最大のスーパーマーケット・チェーンのクローガー社のCEOデビット・ディロンがフィードバックの価値に気づいたのは、大学時代に選挙で敗れた後でした。最初はむきになって、「自分の方が彼よりも上なのに、なぜ選ばれなかったのだろう」と考え込みましたが、内省の後では、「自分の考え方が妥当ではなかったのだ。大切なのは、周りがどう考えるかだ」と、気づきました。フィードバックがあり、自分には改善しなければならない点がたくさんあるのがわかりました。その後、カンザス大学の学生自治会とフラタナティの会長に選出され、彼がリーダーとして成功する第一歩になったのです。ディロンは、「フィードバックは、目隠しをとって、現実に向き合わせてくれます。そして本当の自分が見られるように仕向けてくれるのです」と述べています。

ディロンは、クローガーの同僚たちに定期的にフィードバックをくれるように頼んでいます。中には、率直すぎるのもあるようです。

22 言葉を廃し、沈黙の中で行う「存在の中心（センター）である神に立ち返る祈り」。禅や瞑想に近いキリスト教瞑想。出典：シンシア・ブジョー、*Centering Prayer And Inner Awakening*

自己防衛的になると、相手のところに戻って詫びます。「あなたに反論したわけでなく、自分に対してのものでした。耳にしたくない話を聞くと、それに対処するためにどうしても自分を守ろうとしてしまうのです。あなたがこの問題を私と一緒に考えてくれたことに間違いなくとても感謝しています」と、伝えるようにしています。

第7章で、支援チームを持つ重要性を解説します。支援チームは、配偶者、友人、メンター、率直なフィードバックを与えてくれる少人数のグループを指しています。

隠れた部分を開く

ジョハリの窓（図4-3）は、1955年に開発された、自己認識と自己開放の方法です。

私たちの多くにとって、上左の枠にある象限「開放の窓」（自分にも他人にも見えている）が小さすぎます。この象限を大きく開く、それが、さらに高レベルの本物になる必須条件です。最も簡単な方法は「秘密の窓」（自分は見えているが、他人には見えない）を開くことです。それには、自分の人生経験や苦労した時期を話し、弱さをさらけ出さなければなりません。そうすれば、周りに認められ、多くの人が危惧するような拒否に遭うこともなく、本当の自分でいられるのです。

23 ベライゾン・コミュニケーションズ、アメリカ合衆国ニューヨーク州に本社を置く、大手電気通信事業会社。

図 4-3

ジョハリの窓

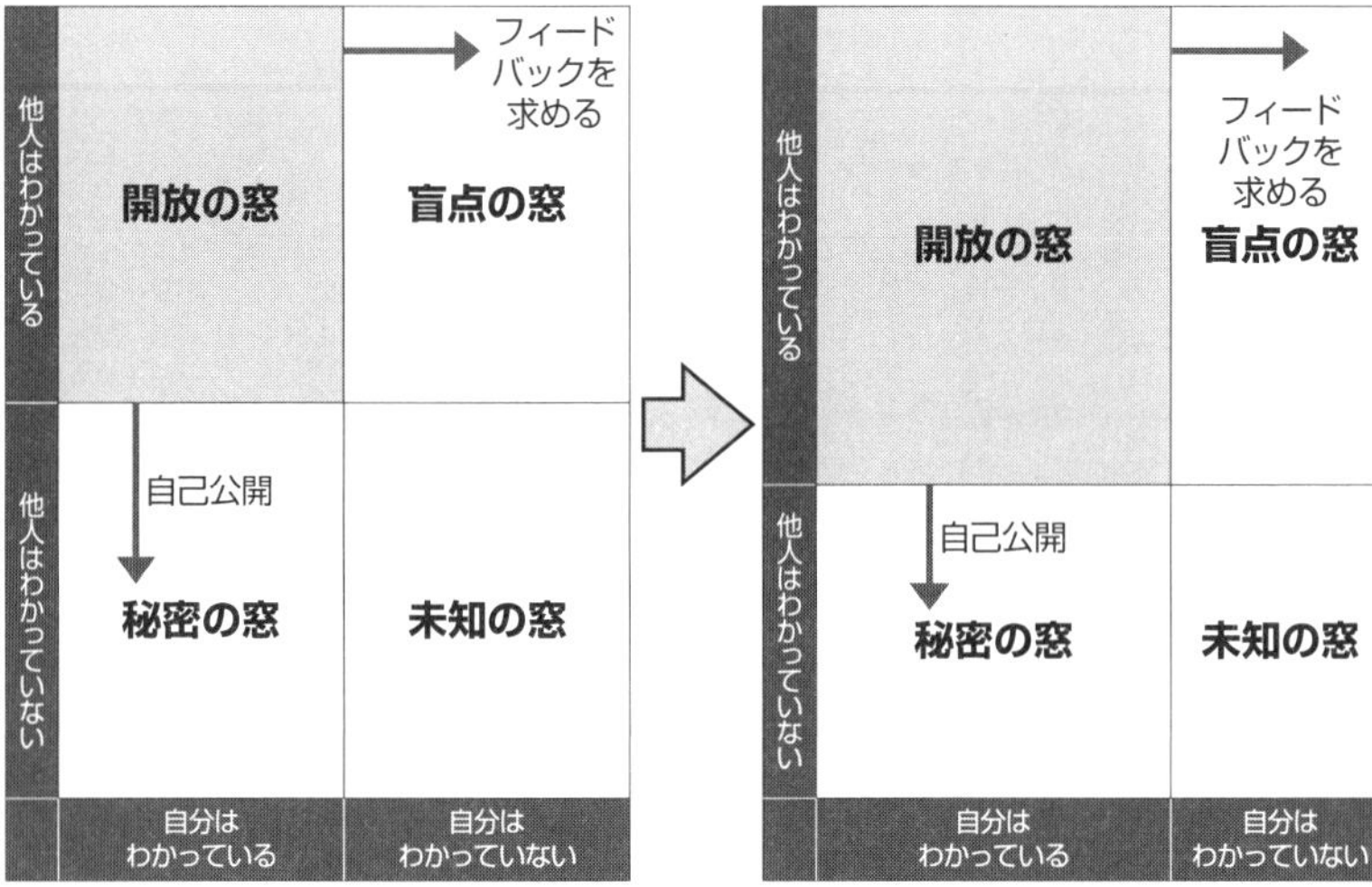

右上の象限は「盲点の窓」です。他人は見ているが、自分には見えない。間違いなく、ここが一番むずかしいスポットです。私たちのほとんど誰でもがクセ、習慣、性向を持っていて、それは他人にはわかるのに、肝心の本人はわかっていません。自分の盲点の窓を開くには、周りから率直なフィードバックをもらい、それを心の中でしっかりと受け止めるしかありません。自分の盲点を見つめ、そして、自分の隠れた部分を開けば、リーダーとして何もかもオープンで、気取りもなく、本物でいられるのです。

ジョン・ブラウン卿とティム・クック
狭い場所から外へ出る

5年の間、私はブリティッシュ・ペトロリアム社（BP）のCEO、ジョン・ブラウン卿とゴールドマン・サックス社の取締役会で同席していました。ブラウンは優れた金融センスを持っていて、ゴールドマンの監査委員会で最高の議長でした。彼はゲイでしたが、決して話題にはしませんでした。２００７年5月、ブラウンはＢＰから辞任を余儀なくされました。元恋人と出会った経緯を偽証したのが、その原因でした。

２０１４年に出版された彼の感動的な著書 *The Glass Closet* の中で、次のように書いています。「石油業界で40年間、私の性的指向を何としてでも隠さなければいけないと思っていたために、この悲惨な結果を招いてしまったのです」

長年の秘密が暴かれようとしていました。私はもう隠さないことにしました。自分の性的指向を公にしなかったのは、自信のなさが原因でした。心の底にある不安を隠し、心の中でほとんど毎日葛藤していました。平穏な気分ではいられません。本当の自分の姿を見せるのは恥ずかしいと思っていたのですから。

性的指向を隠す人たちは、その秘密がどれほど自分を苦しめているのか正確には把握できないでいます。しかし、嘘の人生の犠牲はあまりにも大きい。自分の人生設計を少数の人たちを喜ばせるために、嘘で組み立てるのは間違いです。

その人たちは、そういう性的指向に反対なのです。仮面をかぶっている自分ではなく、本当の自分を大切にしてくれる人たちとの大切な関係を創る人生を組み立てねばなりません。

同性愛者への法的な障壁は急速に崩れていますが、まだ悲劇は続いています。社会にまだ古い基準がはびこっているため、多くの人たちが自分をオープンにできないでいます。注目すべきは、ブラウンが、フォーチュン誌の500社の大企業の中で自分がゲイであると公にした最初のCEOだったことです。彼のカミングアウト（性的指向を公にすること）が、後に続く多くの人たちを勇気づけました。2014年、アップルのCEOのティム・クックもまた、自分の性的指向を公表する次のような記事を寄稿しています。

自分の性的指向をこれまで一切否定はしなかったけれど、公に認めたこともありませんでした。だから、はっきりさせておこうと思います。私はゲイを誇りにしています。ゲイは、神が授けてくれたさまざまなギフトのひとつだと思っています。ゲイでいるおかげで、マイノリティでいる意味を一層深く理解でき、心の窓を開いて他のマイノリティ・グループの人たちが日々、直面している問題を共有できるようになりました。
人の気持ちが一層わかるようになり、人生が一段と豊かになりました。酷く不快な思いはたびたびでしたが、おかげで自信を持って、自分らしくする、自分の道を歩く、逆境や偏見を乗り越える、を通してきました。加えて、サイのような分厚い面の皮になったと思うのですが、アップルのCEOになった今、これは結構重宝しています。

クックは、性的指向だけで自分を決めつけられはしない、と言いました。「私は、エンジニアでおじさん、自然が好きでフィットネス・マニアです。南部出身でスポーツ大好き。そして、他にもたくさんの私がいます」。その記事を通して私たちは彼の魂に触れることができます。クックは、自分の性的指向を受け入れただけではなく、彼そのものも受け入れたのです。

◆われわれの時代の市民権

すべての銀行に大きなプレッシャーがかかっていた2011年、ゴールドマン・サックス社のCEOロイド・ブランクファインは、彼が「われわれの時代の市民権」と呼ぶ運動を勇敢にも引き受けました。それは、ゲイやレズビアンを平等に扱う運動です。

ブランクファイン自身は、ハーバード出身の法律家で幸せな結婚をし、3人の子どもに恵まれています。彼は、若いころに直面した反ユダヤ主義の差別意識が、どれだけ世の中の損害になるのかがよくわかっていました。他のCEOたちは、この問題への取り組みに消極的だったのですが、彼は歩みを進めてLGBTの権利擁護運動の国民代表のスポークスマンとなりました。

ミネソタ州では、州憲法を改変して同性婚を禁止するという脅威に直面していました。これは「合法的な差別」だと私は思いました。ブランクファインは私の要請でミネソタに来て、感動的なスピーチを行い、このやっかいな州憲法改変への反対気運を盛り上げてくれました。州憲法改変が敗れただけでなく、6カ月後にミネソタ州議会は、同性婚を合法化したのです。

私たち全員、人とは違う何かを隠し持っていて、もっとも近しい人に話すのをためらい、恥ずかしいとさえ思っています。周りにその秘密を打ち明けられたら楽になるとは思いませんか？　隠した部分をオープンにする。それが、ありのままの自分を受け入れるためにぜひとも必要です。ブラウンの教えは、私たちにも大いに当てはまります。つまり、周りに自分をオープンにして初めて、私たちは本当の意味で心身ともに健全になれるのです。

自分を思いやる、自分を受け入れる

自己認識ができると、自分自身への思いやりが生まれ、人生の難問に立ち向かえるようになります。自分への思いやりがあるからこそ、周りの人たちと彼らが直面している困難を心から思いやれるのです。だから、彼らの経験に寄り添うには、無条件で自分自身を愛さねばなりません。

The Poetry of Self Compassion という作品の中で、詩人デイビット・ホワイトは、自分の弱さや影の部分に向き合うからこそ、自分の中の好きでない部分も受け入れられるのだと書いています。そのためには、長年隠し続けていた経験の中を掘り進まねばなりません。ホワイトはさらに、過去の経験の痛みを壁の向こうに閉じ込めてはいけません、と言っています。

デイビッド・ポトラックのように、人生経験に真正面から向き合い、自分自身を無条件に受け入れ、そして自分の強みを大いに喜ぶように、弱さも愛してあげねばなりません。自己への思いやりがそのレベルにまで深まれば、トゥルー・ノースの原点に近づけるのです。

自分の強みを愛し、成功の喜びに浸るのは簡単です。ナルシシストにもできます。無条件に自分を愛するには、ありのままの自分を引き受けられるようにならなければなりません。それは、醜さや欠点も含めた自分であって、違う自分だったら良かったのにと思う自分ではないのです。リーサ・クラーク・キングはこの感覚をつかんでいました。彼女は語っています。「ありのままの自分でいます。自分に馴染んでいて、人種も性別を含めて自分自身を受け入れています」

深い自己認識と自己受容ができるようになれば、感情や行動の管理が一段とラクになります。感情が爆発するのは、たいていは誰かが、触れてほしくないとか、認めたくない部分に侵入してきたときだ、とデイブ・ディロンが述べています。ありのままの自分を受け入れることができれば、こういったことで傷つかなくなります。

自分の人生に関わってくれる人たちとの本物の交流ができるようになります。その人たちは、家族、友達、同僚ですが、まったくの赤の他人である場合もあります。仮面をかぶることもなく、集中して自分の情熱を追及できるのです。それが、自己実現の道へと導いてくれます。そして、あなたの最大の夢の実現を可能にしてくれるのです。

マインドフルなリーダーになる

プレッシャーが大きい現代社会、そしてリーダーの失敗が度重なる中で、マインドフルネスへの関心が高まっています。マインドフルネスは、「今、このときの」自分の考えや感性、そして感覚に、自分の注意を集中させる能力です。

心理学者エレン・ランガーは、マインドフルネスの母と呼ばれていますが、1989年に名著『心はマインド……〝柔らかく生きるために〟』（フォーユー、1989年）を発表しました。当時はマインドフルネスがアメリカ文化の中でまだ広くは認められていなかった頃です。彼女は、マインドフルネス[24]はリーダーシップに欠かせない要素だと言います。そして、次のように語ってくれました。

たとえ何をしているときでも、心を込めて（マインドフルに）するか、あるいは、心ここにあらずで（マインドレスに）するかのどちらかです。ふたつの精神状態のどちらでいるかによって、その結果の違いはとてつもなく大きい。人が経験する苦悩はほとんどといっていいほど、マインドレスネスがもたらす結果です。マインドフルな文化が広がるほど、持てる力や健康、そして全体的な心身の幸福が大きくなります。

1979年に私は、貴重な説教を僧侶ティク・ナット・ハンから受けました。「あなたの一生で最も長い旅は、頭の先から心までの18インチなのです」と、彼は話しました。心はリーダーシップの重要な素質である情熱、思いやり、そして勇気がある場所です。マインドフルネスを働かせて、マインドフルなリーダーは高いレベルの自己認識と志向性を行動で示してくれます。

効果的なリーダーシップを発揮する鍵は、頭の知能（IQ）と心の知能（EQ）とを統合させる能力です。ジョン・カバット・ジンは、次のように述べています。

24 マインドフルネスとは、惰性でいつも通りに行動するのではなく、身の回りで生じている出来事に注意を払うことによって、ストレスの軽減、創造性の発揮、パフォーマンスの向上につながるという考え方。マインドフルネスに関する研究は、行動経済学やポジティブ心理学などさまざまな分野に、40年近くにわ

アジアの言語では、知性と感性は、同じ言葉（心）です。マインドフルネスは、単に知性だけではなく、私たちの存在そのものです。私たち全員が知性だけで動けば融通が利かなくなり、感性だけで動けば無秩序になってしまいます。どちらもストレスの原因です。知性と感性が一緒に動けば、つまり感性が共感をもたらし、そして知性が集中力と注意力をガイドすれば、われわれは、和をもった人間になれるのです。

たって多大な影響を与えてきた。出典：ランガー、エレン（辻仁子訳、2014）「Mindfulness in the Age of Complexity」『DIANONDハーバード・ビジネス・レビュー』2014年9月号。

演習

本物の自分を知る

1 何が、あなたの脆さ、盲点、影の部分でしょうか？　周りから自分の脆さを隠し、守るために、どのくらい厚い鎧を着ていますか？

2 あなたは、不愉快な状況に直面している、あるいは、周りから手厳しいフィードバックを受けているときに、どれくらい上手に、フィードバックを取り入れ、守りの姿勢を見せずに建設的な方法で応えることができると思いますか？

3 あなたは、周りの人が感情を隠して何かを求めている状態を、どの程度わかってあげられると思いますか？　どの程度敏感に、周りの人たちのニーズを気遣い、彼らを助けようとするでしょうか？　上手に長期的な関係構築ができますか？

4 あなたは、今のあなた自身に満足していますか？

第5章 価値観

Values

原理・原則を備えているリーダーは、
いじめられるとか、
振り回されるとかは、
あまりありませんね。
自分の守備範囲に
ラインを引いているのです。
ラインを越えないでいれば
悔いを残すことはありません。

ナラヤナ・ムルティ、インフォシス創業者兼CEO

自己認識を高めるには、自分の価値観や原理・原則を定め、それをリーダーシップの指針にしなければなりません。トゥルー・ノースの基盤となる価値観は、信条と信念から生まれます。ただし、その価値観を守り続けるのは容易ではありません。外部からの誘惑やプレッシャーが作用して、しばしばトゥルー・ノースから引き離されてしまうからです。

デイビッド・ガーゲン

危機に遭遇して価値観が強くなった

デイビッド・ガーゲンは、家族や故郷ノース・カロライナ州のダーハムから学んだ価値観と矛盾しない人生を送りたいと思っていました。ホワイト・ハウスの専任アドバイザーとして唯一、4人の大統領に仕えた人物です。共和党のニクソン、フォード、レーガン、そして民主党のクリントンです。

ガーゲンは28歳のときに、ホワイト・ハウスで、ニクソン大統領の一期目のスピーチライターになりました。歴史が創られていく現場を目の当たりにするリングサイドにいたのです。「出勤した初日に、ホワイト・ハウスが持つ権力、魅力、そしてステータスが頭にこびりつきました」と当時を振り返っています。後で思い知ったのですが、それから数年間に起きた事柄について、とくに、ウォーターゲート事件について、彼は無知でまったく無防備でした。

最初は、才能と野心に後押しされて、ニクソン政権下で期待の星として活躍しました。「大成功のチャンスをつかみかけていて、他の連中と同様か、多分彼ら以上に野心を持っていました」。1972年にニクソンが再選された後、ガーゲンは大統領のスピーチライティングと調査チームのヘッドに任命され、50人のスタッフを率いる役割を担うようになりました。「そのことで自分自身が重要人物だと思ってしまう罠にはまりかけていたと思います。その職位にいるから周りが重要人物だと思っているだけだと気づかずにいました。私自身もその政権にいた連中と同じようにかなり傲慢だったのです」

　1973年前半、ウォーターゲートの隠蔽が表ざたになりはじめたとき、ガーゲンはその主張が本当だとは信じていませんでした。「私たちはずっと聞かされていたのです。ニクソンも、ホワイト・ハウスの高官たちも、誰ひとりとして間違ったことは一切していない」と。彼はこうも言いました。「ニクソン自身が直接、私たちに話しましたし、ボブ（ニクソンの首席補佐官）や他の人たちも、断固とした口調で否定していました」

　ところが1973〜1974年にかけて、ウォーターゲートに対する市民の関心が強まりつつある中、次々と多くのスタッフが辞職していきました。彼のチームからも何人かが辞めていきました。しかし彼は、自分は辞められないと考えていました。「私が辞職したら、ニクソン大統領の誠実さを信じていないと公言するようなものだったでしょう。だから辞職をせずに、ニクソンは無実だと願うばかりでした」

　ガーゲンがニクソンは有罪だと知ったのは、1974年8月、そのニュースが報道されるわずか2日前でした。それでも辞められませんでした。「沈む船から逃げだすネズミ」だと見られはしないかと心配だったのです。とくに、ニクソンから辞任声明を書くようにと依頼されたときがそうでした。大統領専用ヘリコプターの「マリーン・ワン」でホワイト・ハウスを離れるニクソンの最後の姿を見たとき、ようやくガーゲンは政府でのキャリアはこれで終わったのだと思いました。

　そのとき彼が思い出していたのは、1919年のワールド・シリーズでの悪名高きシカゴ・ブラックソックスのチームでした。選手たちは不正行為を摘発され、野球界から永久追放されました。「私自身も再び公職には就かないと思いました」と述べています。「ウォーターゲートは、神の啓示でした。自分が権力と魅力のある高い地位につけば、異議を唱える者はいなくなるという私の考えは粉々に打ち砕かれました。そんなことはあるはずもないのです」

その直後からガーゲンの電話が鳴ることは、ありませんでした。

「突然、自分の魅力がなくなってしまったのです。世界があっという間もなく、すっかり変わってしまいました」。それからの孤独で憂鬱な日々の中で、彼は自分の味方になってくれた人たちに心打たれました。そのほとんどはダーハム時代からの古い友人、さらに大学の同級生でした。「困っているとき、そして身を守る鎧も兜もはぎとられてしまったときに、何が大切か、誰が大切なのか気づくのですね」と語ってくれました。

そのようなときこそ、自分のルーツや価値観に立ち戻らなければいけません。無実だった人たちはその後、再び返り咲いてすばらしいキャリアを積みました。ハンツマン・コーポレーションの創業者であるジョン・ハンツマンはそのひとりです。ハンク・ポールソンもまたこの事件を生き抜いて、ゴールドマン・サックス社のCEO、そして財務長官として卓越したキャリアを築きました。

「ウォーターゲードで身を削るような経験をしてからは、いつも透明性を持とうと心がけています」と、ガーゲンは締めくくりました。

その後仕えたボスたちに対して、よく異議をとなえてきました。ウォーターゲートの教訓が鮮明に心に焼きついていたからです。そのおかげで、自分の価値観に忠実であるべきだと思い続けています。ニクソンには道徳の指針がなかった。だから、すべてが立ち行かなくなったのです。

ウォーターゲート事件の経験を他山の石にして、ガーデンは本物のリーダーへと成長しました。ホワイト・ハウスの高官というポストの魅力や威信に惑わされて、自分の価値観を捨ててしまいそうになっていたと気づいたのです。それまでの自分の世界が崩壊していくそのときに、傍にいてくれた人たちとの関係を強めていきました。事件の経験を自分の中で消化できた彼の人格は一段と陶冶されました。それが今度は、フォード、レーガン、クリントン各大統領のアドバイザーとしての能力を高める結果になったのです。

現在、ガーゲンはハーバード・ケネディ・スクールで教鞭をとり、公共政策リーダーシップ・センターの所長として、未来のリーダーたちを育成しています。センターは才能あるリーダーたちにフェローシップを与え、ガーゲンが彼らのメンターやコーチ役を務めています。また、ＣＮＮのコメンテーターとして、国事に関する見通しを述べ、高いレベルの客観性や知識を公開討議に提供しています。

価値観、リーダーシップの原理・原則、倫理の境界

あなたにも、自分の価値観をリストアップして、重要度でランクづけした経験があるでしょう。比較的簡単に自分の価値観に忠実でいられるのは、ものごとがうまくいっているときです。自分の価値観を定義するには、まず何が自分の人生で大変重要なのかを決めなければなりません。重要なことは、自分に対して誠実でいる、周囲の人たちを助ける、あるいは家族を大切にする、などです。

一式の正しい価値観リストがあるわけではありません。ある人の価値観は、周囲の人たちとのどんなつき合いにも親切に対応することであったり、またある人のそれは、競争に勝ち抜くことだったりします。自分のしっかりとした価値観を決めるのは、自分の他にはありません。そうすれば、似通った価値観を持った人や組織と連携しやすくなります。

本書のためにインタビューしたリーダーの何人かは、自分の価値観を道徳の羅針盤にしていると述べています。ジョンソン&ジョンソン社の元CEOであるジム・バークは、多くの費用を顧みず勇気ある決断をして、アメリカ全土から解熱鎮痛剤「タイレノール」を回収しました。1982年にテロリストが「タイレノール」のいくつかのカプセルにシアン化物を混入したとわかった後でした。「道徳の中心軸がなければ、混沌の中を漂うことになるでしょうね」と、述べています。

自分の価値観とその相対的な重要度を明確につかんでいれば、リーダーシップの原理・原則を確立できます。つまり、リーダーシップの原理・原則とは、自分の価値観を実践に移すことです。それは、航海士にとってのナビゲーション機器のようなものです。航海士は、航路を特定するときに、海上で位置を確認するためにその機器を使います。たとえば、「他人に対する配慮」という価値観

をリーダーシップの原理・原則に翻訳すると、「社員の職務貢献が尊重され、雇用の安定が保障され、能力を思う存分に発揮できる職場環境を整える」といったことになるでしょう。

すべてのリーダーは、たとえ無意識でも、原理・原則に沿って仕事をしています。たとえば、「何が部下を動機づけるのか」を考えてみます。一部のリーダーは、部下はなるべく少ない労働ですませたがっていると信じています。そのリーダーの原理・原則は、厳格な行動や行為の基準を定め、その基準を頑なに適応して部下に仕事を続けさせることです。

他のリーダーは、部下はいい仕事をし、仕事を通して意義を見つけたがっていると信じています。部下に一任するという原理・原則に沿って、自由に仕事をさせ、優れた成果を上げるように奨励し、信頼して自己の業績評価をさせています。

まず自分のリーダーシップの原理・原則を定め、その後に、倫理の境界を明確にしておかなければなりません。自分の価値観が、ポジティブな原理・原則で人生を過ごしたいというのであれば、倫理の境界は、自分の行動の絶対限界を告げるものになるでしょう。多くのグレーな部分が、人生や仕事の中で出てきます。どこに線引きをして、許される行動とそうではない行動を見極めるのでしょうか？　越えたくない一線はどこに引くのでしょうか？

図表5-1で、価値観、倫理の境界、リーダーシップの原理・原則の関係を説明しています。前もって明確な、価値観、原理・原則、そして倫理の境界を定めておけば、危機に陥ったときには、すでに心の準備ができているので、プレッシャーが重なる中でも自分を見失うことなく、むずかしい決断やジレンマをうまく管理できるのです。

図
5-1

価値観、行動原理、倫理の境界を定義する

価値観	自分の人生にとって大切な事柄の相対的な重要度。
リーダーシップの原理・原則	自分の価値観から派生する一連のリーダーシップ基準。 原理原則とは、価値観が実践化されたもの。
倫理の境界	自分の行動限界ラインで、論理的な行為基準に沿ったもの。

ナラヤナ・ムルティ
原理・原則を備えた企業経営をする

ナラヤナ・ムルティは起業して成功を収めました。グローバル展開のテクノロジー・サービス会社インフォシスを創業し、一連の明確な原理・原則を指針として貫き通しました。彼は南インドの下位中間層の家庭に生まれました。父親は公務員で、自分の倫理基準の高さを誇りにしていました。

若いころ、彼はマハトマ（聖者）・ガンディーの教えに影響を受け、社会主義の青年組織に関与していました。富の再分配がインドの巨大な貧困を軽減すると強く信じるようになりました。

大学卒業後、指導教授の指名でムルティはパリに行き、シャルル・ドゴール空港のロジスティクスと手荷物処理システムをインストールする仕事につきました。１９６０年代後半のパリのカフェで出会った知識人たちに大いに魅了されました。その当時の自分を次のように語っています。「23歳のインド人の私は、初代首相ネルーの厳格な社会主義哲学の大きな影響を受けて育ちました。でもパリで、思いやりある資本主義[25]に大いに触発されました。フランス人たちが、コミュニティの利益を個人のそれよりも重んじている様を学びました」

インドに戻り、1982年にムルティは若い仲間たちとインフォシス・テクノロジー社を創業し、国内有数のITアウトソーシング企業に育て上げました。インフォシスを舞台にして彼は、自分の価値観を実践に移しました。「私たちが証明したかった夢は、インドでワイロなしでビジネスを運営でき、法的にも倫理的にも正しく富を生み出せることとでした」

最初からムルティと彼の同僚たちは、インドで最も尊敬される会社を作りたいと願っていました。ビジネスをスタートさせるむずかしさに遭遇しながらでも、彼らは原理・原則に沿ったアプローチを固守しました。ムルティがワイロの支払いを拒んだため、インフォシスは一本の電話線を引くまでに、約1年待たなければなりませんでした。「何がエネルギーとか熱意を枯渇させるかというと、金銭問題ではなくて、自分の価値観を破ることとなのです」と言っています。

原理・原則を備えているリーダーは、あまりいじめられたり振り回されたりしませんね。自分の守備範囲にラインを引いているのです。私たちは信じています、守備範囲を越えなければ悔いることはないと。とても幸運だったのは、何か間違ったことをしたせいで眠れぬ夜を過ごすなど、私たちには一切ありませんでした。

25 アムウェイ創業者のリッチ・デヴォスが唱えた。Compassionate Capitalism。

ワイロに対する要求は、やがてなくなりました。「最初の2回くらいの取引でそんなことはやらないと断っておけば、そんな要求はされなくなりますよ」

価値観を遵守する職場環境の中で、社員たちは高い抱負と自尊心、将来への自信、そして困難な仕事に取り組む熱意を持つようになります。リーダーは言行一致を心がけ、その価値観への本気度を示さなければなりません。私たちの会社の価値観と過去24年間の優れた業績には直接的な相関関係がみられるのです。

ムルティのフランス滞在の経験は、彼の原理・原則の形成に大きな影響をおよぼし、インフォシス社の成長と成功につながりました。彼は自身の価値観を理解したうえでリーダーシップの原理・原則を打ち立てていますが、稀にしか、彼ほど意図的にそうしているリーダーに会うことはありません。彼はまた、たとえ文化的な基準と相いれない場合でも、自身の価値観を守り抜く勇気を備えていました。

インフォシスは創業以来30年以上たち、目を見張る成功を収めています。会社の時価総額は現在350億ドルを超えています。ムルティは68歳で退社するとき名誉会長への就任を断りました。コーポレート・ガバナンスが最善に機能するには、現役のリーダーが全責任を負う必要があると、彼は確信していたからです。

サム・パルミサーノ　価値観に則ったリーダーシップ

2002年から2012年にかけてIBM社のCEOだったサム・パルミサーノは、IBMの企業文化を目的志向の経営から価値観によるリーダーシップ経営へと転換しました。その間に彼は、IBM社員を、一体感を持った情報システムを取り扱う力強いグローバル部隊に仕上げました。アイコン的な存在だった前任者のルー・ガースナーを引き継いだとき彼は、新しい価値観を自分が作ったり、創業者のトーマス・ワトソンが築いた価値観をなぞったりもしませんでした。その代わり、全社員を対象にしたオンライン会議を実施しました。世界中の社員が3日間、IBMの企業価値はどうあるべきかを決めるために会議に参加しました。「IBM2003　価値主導によるリーダーシップ」のアナウンスメントの中で、パルミサーノは、次のように述べています。

最近、多くの人々が冷ややかなものの見方をするようになっています。彼らはこれまでの考え方に信頼感を失っています。ビジネス、政府、あるいは他のどんな組織であれ、永続的な共通の信条のもとにきちんと機能していないのでないかと思っているのです。恥ずかしいことです。彼らの不信を取り除くには、ビジネスに携わっている人たちが今以上に、リーダーだけでなくあらゆるレベルの人たちが立ちあがって、それぞれの信念を述べそれが本物であると証明する、つまり、価値観を実践に移して見せなければなりません。

あなたなら、165か国の顧客にサービスを提供している31万6000人の社員の志を、どのように結集させますか？　従来から続いている管理体制、仕事のステップ、統制方法を使ってもいいのかもしれません。しかし、顧客がきっと許さないはずです。なぜなら、顧客に寄り添ったサービスを提供する私たちの能力を削いでしまうからです。そしてあなたたち全員も賛成しないでしょう。これまでのやり方は、あなたたちのクリエイティブなエネルギーを抑え込むからです。産業社会時代の経営手法を、脱産業社会時代のニーズには使えないのです。古い価値観の埃を取り去るだけではだめです。全員が共有できる価値観が必要です。今は、もうトップダウンで強要される時代ではないのです。

パルミサーノは、オンライン会議から生まれてきた価値観を使い、IBM社員をグローバルに統合したネットワークに繋げて、完璧な企業テクノロジー・ソリューションを提供するというIBMの戦略を実施できるようにしました。オンラインでの「ヴァリュー・ジャム」の期間、社内のイントラネット上で頻繁に情報を発信しました。非公式ですが、このプロジェクトに関して、次のようにコメントしました。「単に技術に関してだけではなく、すべての会社を先導するという、IBMにとって非常にユニークな機会になったと思います」

私は、パルミサーノとエクソンモービル社の取締役会で同僚だったので、社員を信頼し力づけるという原理・原則を実践する彼の姿を目撃していました。「ヒーローのようなスーパーマンはもう時代遅れになってきています。カリスマとリーダーシップを混同してはいけません。今日、最も成功しているリーダーは、自分たちをグローバル・コミュニティの構成員だとみなせる人たちなのです。その鍵は、持続可能な企業文化の構築です」と述べています。パルミサーノにとって、価値観というのはそういう文化を築くための仕組みなのです。

プレッシャーの中で価値観を試す

ものごとがうまくいっているときは、比較的容易に、価値観を実践に移せます。自分の価値観を理解するには、過去を振り返って、プレッシャーがかかる中で自分がどう行動したかを見つめ直すとよいでしょう。どんな行為を本物だと考えたのですか？　どんな行為を後悔していますか？　おそらく、自分の価値観がその行動を生んだのでしょう。そして困難な状況下、いくつかの価値観の中で取捨選択を行わなければならないときがやってきます。その時に、人生で何が最も重要なのかがわかるはずです。

自分の行為を省察すれば、どの価値観がその行為に結びついたのか理解できます。正直であるという価値観を、たとえ個人的に大きな損失を被ったとしても、貫けましたか？　あるいは真実を偽ったり誇張してしまい、今は恥じ入ったりやましさを感じていませんか？　省察すれば、自分が明示した価値観が心の中の善悪の意識と整合しているかどうか見えてきます。決意を固めれば、本来の価値観から外れてしまいそうな自分の脆弱さを乗り越えられるのです。多くの機会をとらえて、価値観と羅針盤を擦り合わせて、自分の価値観をまっとうする方法を改善してください。

ジョン・ハンツマンが直面した試練がまさにそうでした。

ジョン・ハンツマン　プレッシャーの中で価値観を試す

自分の価値観が、所属する組織のそれと相容れないとか、価値観同士がぶつかり合ったときのために、自分は人生でどのような立場を貫きたいのかを決めておかねばなりません。自分の死亡通知の表現はどうなるのでしょうか？　葬式で、どんなふうに自分を語ってもらいたいと思っていますか？

ジョン・ハンツマン・シニアは、売上高130億ドルの化学会社ハンツマン・コーポレーションの創業者であり会長です。彼の人生は、上のような質問にどう答えるのかの一例です。外から見れば、ハンツマンはすばらしい人生を送っていると思えます。誠実で明確な価値観を備え、幸せな大家族と巨大な富を持っています。ところが、ハンツマンは少なくとも3回の大変厳しい試練を経験しています。その度に、彼は自分を深く見つめ直し、何のために生きるのかの決断を余儀なくされました。

ハンツマンは自らの価値観を大変大切に思うと同時に、他の人たちの人生の価値観も大切だと考えています。

私たち誰もがそれぞれ、道徳のGPSを持っています。それは、羅針盤または良心で、両親、先生、コーチ、祖父母、牧師、友人、同僚が埋め込んでくれたのです。その羅針盤は私たちが存在していくうえで不可欠なものです。そして死ぬまで、善い行為と善くない行為を峻別してくれます。

ハンツマンは、アイダホ州の田舎のつつましい家庭に生まれました。自分の価値観やリーダーシップのスタイルは家族のルーツに密接に関連しているといいます。母親とは近い関係にありましたが、極めて厳格だった父親とは緊密な関係を結べないままでした。

「母はとても優しく、愛すべき人で、誰のことも悪く言ったりしませんでした。彼女のおかげで、心はいつも穏やかでした」。また、「私は規則を守って生きるように。強く、他に負けないように、ただし公平に」と教えられました。

子どものころに学んだ原理・原則は、単純で公明正大でした。遠い昔から守り続けられてきた道徳の羅針盤に従っていれば、実り多い人生を保証してくれる価値観に則したキャリア・コースを辿ることができるのです。その道は、精神的にも道徳的にも健全で、そして長期的に物質的な成功に至る機会でもあるのです。

ハンツマンがちょうど大学を卒業したときに、母親は乳癌を発症し、50歳代でなくなりました。「母はとても苦しみました。その姿に心が折れそうになりました」と述べています。ガンは母親だけでなく他の家族にも襲い掛かりました。父親は前立腺癌で亡くなり、継母もまた卵巣癌で亡くなりました。ハンツマン自身も二度、ガンを克服しました。暗雲が彼の家族を覆っていました。

デビット・ガーゲンと同様に、ハンツマンもニクソン政権で働いていたとき、道徳の羅針盤を試されました。ウォーターゲート事件が発覚する少し前でした。自分の会社を創立した後に、保険教育福祉省（HEW）長官のエリオット・リチャードソンに招かれ、社会福祉部門の次長に就任しました。「目標による管理」プログラムを導入し、それがうまくいって、6カ月間に1億ドルの経費を削減した実績をホワイト・ハウスが注目し、ボブ・ハルデマンが彼をホワイト・ハウスに登用しました。ハルデマンが次々に出す業務命令に「大変複雑な思いをした」と語っています。

会社のCEOを務め、その後HEWでも大きな部門を運営していました。私自身、倫理あるいは道徳にかなったものであったとしても、命令を受けること自体に慣れていませんでした。ハルデマンとは何度か衝突しました。彼の要求の多くが問題をはらんでいたからです。ホワイト・ハウスには道徳意識が欠如した雰囲気が立ちこめていました。

あるとき、ハルデマンが彼に、ホワイト・ハウスの発議に反対しているカリフォルニア州選出の下院議員を陥れる手助けをするように言ってきました。その下院議員は、不法就労者の雇用を噂されている工場の経営権の一部を所有していたため、ハルデマンは彼に恥をかかせるための情報を欲しがっていました。

「ハデルマンに銃を突きつけられたようになった私は、自分の会社の工場長に電話をして、おとり捜査のためにラテン系の従業員を数名送り込むように頼みました」

私たちは時として、あまりにも拙速に行動してしまい、即座に物事の善悪の判断ができなくなります。そのときの私がまさにそうでした。考えがまとまらなかったのです。直感的によくないとわかっていたはずなのに、それがちゃんと頭に入るのに数分かかりました。15分後、ようやく私の中にある道徳の羅針盤が働いて、それはやってはいけないことだと自覚しました。子どものころから身についた価値観が目覚めたのです。工場長と話している途中で、私は彼にこう言いました。「やめよう。こんなことはやりたくない。この電話は忘れてほしい」

ハルデマンに、自分の社員をスパイにするつもりはないと告げました。アメリカで二番目の権力者に、「ノー」と言っている自分がいました。ハルデマンは、私の回答は不忠実の証であると受け止めました。その場でさようならを言ってもよいと思いました。結局は半年もたたない内に、辞職しました。

ホワイト・ハウスのスタッフを辞任した後、ハンツマンと妻のカレンは、また違う試練に直面しました。末息子のマークが生まれたとき、重度の認知障害だとわかったのです。主治医は、マークは読み書きも学校へ通うこともできないだろうと言いました。彼の知能は4歳児以上には発達しないだろうと言われたのです。さらに、マークを施設に預けた方がよいと薦められたのですが、ハンツマン家の価値観とは絶対に相容れないことでした。家族がすべてであり、マークもまた他の子どもたちと同じ家族のメンバーです。ハンツマン夫妻は、何があっても、マークを家で育てる決心をしました。

私と妻のペニーが、2002年にハンツマン一家を訪れてその癌研究所を見回ったとき、ジョンは誇らしげにマークを紹介してくれました。マークは人懐っこい笑顔で私たちをハグしながら挨拶してくれました。「マークは人が何で生計を立てているかわからないし、CEOと守衛の区別もつきません」。ハンツマンはさらにこう語ってくれました。

マークは人を心根が良いかどうかだけで判断しています。瞬間的にその人のことを把握して、偽物を見抜くのです。良い人なら、しっかりとハグします。日々彼を見ながら学んでいます。マークは私たち家族にとってお手本であり、我が家の土台なのです。

2001年、ハンツマンはビジネスマン人生で最大の難問に直面しました。化学製品と包装業界が深刻な不況に見舞われ、会社が倒産の危機に瀕したのです。価格と利益幅が急落する中、エネルギー・コストと原材料費の上昇が制御不能になりました。結果として、ハンツマン社の額面1ドルの社債が、25セントで取引されるまでになったのです。

そんな憂鬱なある日、金融専門家、法律家、87の債権社の代表、さらに破産処理の専門家がニューヨークとロサンゼルスからソルトレーク・シティに集まり、ハンツマンに対して全員一致の意見を提示しました。ハンツマンの選択余地はふたつにひとつしかありませんでした。裁判所の管理下で破産法11条に基づいて倒産するか、さもなければ、債権者たちが原材料の入荷を完全に断ち、ハンツマン社を清算するのを拱手傍観するか、のどちらかでした。

辛抱強く、彼らの分析や嘆願を聞きながら、ハンツマンはこう考えていました。「この会社を企業弁護士、銀行家、高報酬のコンサルタントに乗っ取らせはしない。誰ひとりとして人格や誠実さに対する私の思いをわかってはくれない」。たった一言「ノー」と告げました。彼にとって、倒産という選択肢はありませんでした。自分の名前がドアに、つまり債務者として貼りだされるのですから。彼は、自分の誠実さが試されているのだと確信しました。

コンサルタントや弁護士、外部のアドバイザーが、私たちに、生き方をこうしなさいと言いたがるときがあります。私たちは本来、人格を備え、誠実で、優しく慈悲深い人間なのでしょうか？　それとも、誰か人に言われてその気になるのでしょうか？　人生最後の決断として、自分の死後に、自分の生き方をどのように語ってほしいのか、を決めておかねばなりません。

ハンツマンは暗い雰囲気の中で、自分のスタッフを一堂に集めて話しました。

やってみせようじゃないか。今は、ドアに債務者として名前が貼られている。でも、これから87の銀行を一軒一軒訪ねて、自分たちが生き続けられるような融資を頼み込もう。社債を持ち込んで現金化し、資産を作ろうじゃないか。

3年の間会社は大混乱でした。しかし彼は挫けませんでした。そのためには夫人の支持が不可欠でした。

自分に強く共感してくれる人が近くにいなければなりません。銀行や側近の者たちに見捨てられましたので、何年もの間、妻のカレンだけが私の味方でした。彼女は私のことをよくわかっていて、私が誠実な生き方を続けるのがどんなに重要なのかを理解してくれました。誰かひとりにでも、1ペニーでも借金を返せないことがあれば、私は人間としての品格を失っていたと思います。

その間に、ハンツマンは心臓発作を起こし、免疫システムの低下によるアディソン病も併発していましたが、誇らしげに次のように語ってくれました。

借金は一銭残らず完全に返済しました。今現在、社債所有者に、額面1ドルに対して100セントを支払っています。ハンツマン社の債権者は、私が全額支払いを済ませたので、融資枠を拡大してくれました。ハンツマン社の株も順調で、会社始まって以来最高の収益を上げています。

資金繰りの危機を振り返って、「人生を歩みながら、信用を築き、正直で気配りしながら、支払うべきものを支払っていけば、あなたが困って落ち込んでいるときに救ってもらえるのです」とコメントしています。

人生の内には、自分自身に問いかけなければならない時期があります。「このまま人生を朽ちさせてもいいのか？　それとも、一歩登って人生を変えるのがいいのか？」と。人生をして語らしめよ、です。もし、私が自分の人生で誰かをだまそうとしたとか、ルールに従わなかったのなら、私が困っていたときに、きっと因果応報の結果を招いたでしょう。

ハンツマンと同様の状況に置かれたら、あなたはどうするでしょうか？　生きる意味は何か？それがわかれば、自分が信じる道に忠実でいればよいのです。これまで述べてきたような危機に備えておく唯一の方法は、自分自身の価値観を知りそれを実践に移すことです。彼は、自らの原理・原則に従った人生を送り、会社を成功させ、慈善事業に寛大な貢献をしました。それが、アメリカのトップ・ビジネスマンに毎年贈られるフランクリン財団の名誉ある「２０１５年バウワー賞」の受賞につながったのです。

サリー・クローチェック　お客様第一主義

サリー・クローチェックはしばしば、ウォール街最強の女性だと言われてきました。シティグループのＣＦＯや、バンク・オブ・アメリカのグローバル・ウェルス・マネジメント部門の社長を務めました。後者は世界最大の投資管理事業部門で、メリル・リンチ社やUSトラスト社を傘下に持っています。彼女の価値観の基軸は、お客の利益を第一に考える、です。

財産管理ビジネスでは、依頼主である家族と膝を交え、彼らが生きたい人生をどう送れば良いのかを見つける手伝いをする能力が求められます。人間にとって、とても大切なことです。使命感が問われる、立派な職業なのです。

彼女はウォール街の文化については辛口ですが、短期的な成果を求めるプレッシャーのせいで、金融業界がその使命に集中できなくなってしまったと述べています。CFO時代には、アナリストたちがCEOたちにあきれているのをよく目撃しました。とくに、CEOが今四半期にちゃんと利益をたたき出すと発表しないときがそうでした。ヘッジ・ファンドもミューチュアル・ファンドも、短期にフォーカスした株取引を性急に行っていました。

金融サービス業界では、大きな差別性を発揮できるチャンスがあったにもかかわらず、業界全体がマネーゲームに巻き込まれていて、この四半期が有史来最も大切な時期だから株価を上げよ、が当たり前でした。だから、それに集中し、本来の使命を脇に置いていたのです。

金融危機の間、クローチェックはシティグループのスミス・バーニー財産管理事業の責任者として、特定の商品については顧客に返金すべきだと主張しました。シティは顧客の信頼を裏切り、実際にはハイリスクにもかかわらず、ローリスクの投資商品と言って勧めていたのです。

シティのCEOであるヴィクラム・パンディットは、彼女の主張には一切耳を傾けませんでした。そのためクローチェックは自分の意見を取締役会で開陳しました。

返金すれば、四半期の業績は悪化するでしょう。しかしシティは、長期的に大変価値のある会社になります。もし、返金しなければ、顧客は怒るでしょう。もっともだと思います。顧客はシティを離れるでしょう、当然です。そうすべきです。シティは良い業績を上げ利益を出せる会社ですが、すべての四半期でそうはできません。長期的な視野が必要です。

クローチェックは主張したのです。顧客の損失の一部を補てんするのが正しいやり方だと。そして、それがシティは顧客の利益を第一にしている証しになると。取締役会は彼女を支持したのですが、パンディットは彼女を数カ月後に解雇しました。

彼女は、このように主張すれば、解雇されるとわかっていたと話しました。このような物議を醸す立場に自分を置いて一度くらい後悔したのかと聞いたところ、彼女は、笑いながらこう答えました。「物事を違う角度から見る能力のおかげで、私は成功できたのよ」

履歴書をみれば、クローチェックは金融業界の完璧な内部者ですが、部外者の心を持っています。彼女は一つひとつの状況を自分の価値観に照らし合わせ、深く考えて評価します。自分の仕事を自分の価値観に合致させる勇気を備えています。大きな代償を払いました。シティを解雇されたのですから。しかし、毎晩ぐっすりと眠れる、と言っています。

キース・クラック　価値観が衝突するとき

自分の価値観を確認するにはきっかけが必要です。それは、自分の価値観がプレッシャーを受けている状況で、自分の価値観同士が相いれないときとか、一緒に働く仲間の価値観と自分のそれとが違っていると気づくときとかに訪れます。

後者のケースを、ドキュサイン社のCEOキース・クラックは30代初めに経験しました。彼がゼネラル・モーターズ社（GM）で最年少の部長として活躍した後のことです。クラックはGMを退社して、シリコン・バレーのクロノス社というスタートアップ企業のCOOに就任しました。1年未満でCEOにするという約束でした。しかし、「一所懸命に仕事をしたのに、精神的に全く報われませんでした」

その会社の価値観は私の価値観とは相容れませんでした。CEOの口癖は、「取締役会には内緒にしておこう」でした。そして数カ月後には、この会社に来たのは間違いだったとはっきりとわかりました。その会社が持つ価値観では、将来絶対に生き残れないと思いました。それまでの人生で何ひとつ自分の方から辞めたりはしなかったのですが、この会社にこれ以上いたら、鏡に映る自分の姿を直視できなくなるだろうと思いました。

クラックは、自分の忠誠心や誠実さを誇りにしていました。心の中で、ＣＥＯの価値観と自分の透明性が高い経営をしたい気持ちとの軋轢と戦っていました。親友があるとき彼に言いました。「元気がないじゃないか。君の姿勢と熱意は、Ａプラスものだ。しかし、それを無くしてしまっている。Ｄマイナスみたいだね。その中間は君にはあり得ないのだから、さっさと辞めるべきだ」

決断のときがきました。ちょうど最初の子どもが産まれようとしていたときでした。クラックは出産に立ち会っていたのですが、ＣＥＯから何度も呼び出しがあり、仕事に戻るように要求されました。「ＩＢＭとの大事な提携会議があるのだ」。クラックはこう返答しました。「それは絶対に無理です。息子が産まれるのに立ち合います」。数分後に、はっきりと決心がつき、そして上司に電話で「辞めます」とだけ告げたのでした。

私の人生の中の大きな瞬間でした。たちまちにほっとしました。クロノス社で更に、価値観、信頼感、誠実性の大切さを学びました。鉄を鍛えるように、自分の価値観がもっと強固になったと思います。

現在クラックは、ドキュサイン社のＣＥＯとして、自分の人生を貫いている価値観にそった経営をしています。電子署名サービスを提供する会社は急速に成長しています。

倫理の境界を設定する

倫理の境界というのは明確な限界線を意味します。あなたが惑わされたり、プレッシャーを受けたり、あるいは違法すれすれの意思決定を正当化しようとするときの限界線です。若くして明確な境界を決めておけば、道徳の羅針盤がその境界に達した時に機能して、たとえ大きな個人的な犠牲を支払うことになっても、引き返すように指示してくれます。

エンロン社のリーダーであったケン・レイやジェフ・スキリングには、境界がなかったために、不正な取引に突っ走ってしまいました。彼らはとうとう、短期的な利益を膨らませるという一連の大胆な経理判断をしてしまったのです。違法すれすれの操作で株価が上昇し、彼らは多額の報酬を受け取りました。明確な倫理の原理・原則を持っていなかったために、彼らの肥大する欲望に歯止めがかからなくなっていたのです。

自分の行動が倫理の境界を越えているかどうかをリーダーが試す方法のひとつに、「ニューヨーク・タイムズ紙テスト」があります。すべての行動の前に、次のように自問してください。「この状況の全容が、議論の内容を含めて、ニューヨーク・タイムズの一面に掲載されたら、自分はどう思うだろうか?」

もし自分の回答がネガティブなら、そのときに行動を再考すべきです。もしポジティブなら、たとえ後から周囲に批判されるとしても、すっきりとした気持ちで前に進んでください。誠実に経営を続けていけば、あなたは何の引っ掛かりもなく、メディア、家族、そして誰にでも、自分の言動をチェックしてもらえばよいのです。

◆ジュディ・ハバコン　透明性を保つ

ベライゾン社のジュディ・ハバコンは、「常にオープンで透明性を保つ」という明確な原理・原則の下で、顧客と取引をしていました。ところが、この原理・原則が試される事態が起こりました。

彼女の部下が大きなミスを犯し、そのせいでハバコン自身が解雇されるかもしれないと思いました。経費を節約しようとしたその部下は、顧客の電話の個人登録番号（ＰＩＮ）を、封をしないで発送してしまいました。封筒がビルのロビーの郵便箱の下に散乱してしまい、顧客の名前、電話番号、そしてＰＩＮコードが誰にでも盗み取れる事態になったのです。

彼女はこの件を問題にして自分の懸念を上司に伝えたところ、「そのうち忘れられてしまう」から、心配しなくてもよいと言われました。納得できず、彼女は言い返しました。「今、災難をどう処理するか試されているのです。ジョンソン＆ジョンソン社のタイレノール問題と同じケースなのです」

もしこの問題を、「タイレノール」のケースと同じ方法で処理しないのなら、今ここで私をくびにして誰かほかの人にこの仕事をさせてください。私の責任下にある限り、「タイレノール」と同じやり方をとります。顧客一人ひとりに電報を打ち何が起こったかを説明します。

この件で余計に発生した電話代はすべて会社の負担とします。またただちに、顧客に新しい電話番号と登録番号を送ります。今晩私は地元のニュース番組に出て、何が起こったのか、ベライゾン社がどのような処置をするのかを説明したいと思います。

結果的にこの件は無事に収束しました。この経験を振り返って、ハバコンは次のように述べています。

確かに費用は掛かりましたが、誰の目にも疑いなく、私たちは正しいことをしたのです。間違いが起こり、その代償は大きかった。しかし顧客がもし、ベライゾン社が、彼らの安全を気にもかけず、プライバシーを軽んじているというイメージを持ってしまっていたら、遥かに大きな災難になっていたはずです。

上司に異論を呈するのはたやすくはありません。ハバコンは、顧客にどう向き合うかについてしっかりとした原理・原則を持っていたからこそ、上司に刃向かいながらも正しい行動を実行できたのです。反論してでも是正を促す価値がありました。彼女の行動は勇気のたまもので、それこそが本物のリーダーの姿でしょう。

メドトロニック社での価値観の変化

メドトロニック社の創業者アール・バッケンが、会社の価値観を最初に紹介したのは、私が1989年に入社する前でした。それから13年間私たちは、その価値観に則って、ビジネスの目標と哲学を社員が共有して一体となるように努力してきました。

当初、海外事業部門の社員の一部は、会社のこの一体となる努力を真剣に受け止めないで、現地のやり方に従ってビジネスを進めていました。内部監査報告では、それらの国での社内基準違反の事例が繰り返し指摘されていました。私は大掛かりに経営陣を交代せざるを得ないと決断しました。下位職の社員にフォーカスするのではなく、まず、欧州、アジア、ラテン・アメリカといった国際部門の責任者を更迭して、価値観に則って経営するリーダーに変えました。

違法行為が露呈したときには、何が起こり、会社としてどのようなアクションをとるのかを公表しました。会社は、国際事業の新任のリーダーたちを信頼しました。倫理違反を絶えず心配することなく、事業を急速に拡大していけるだろうと。1990年代の急速な成長期に、「価値観によるリーダーシップ哲学」が、新入社員たちに企業文化を伝える不可欠なツールになりました。

近年メドトロニック社は、バングラディッシュ出身のCEOオマール・イシャクのリーダーシップの下で、国際市場で急速に拡大しています。イシャクは堅実な企業理念をベースにしながら、中国、インド、ラテン・アメリカでの拡大を推進しています。

私たちは、自分のトゥルー・ノースを探す中で、簡単に進路から踏み外してしまうのだと認識しておかなければなりません。良い業績を上げるプレッシャー、失敗への怖れ、成功すれば得られる報酬などのせいで、価値観から逸脱してしまうのです。自分の倫理限界を知り、プレッシャーの下で自分の価値観を試していけば、スムーズに前へ進んでいけるのです。

演習

価値観と原理・原則を実践に移す

1　あなたの人生とリーダーシップにとって重要な価値観をリストアップしてください。その後、重要度に従って優先順位をつけてみてください。

2　あなたの価値観が互いに衝突した状況を思い出してください。あなたはそれをどう解決しましたか？　その結果にどれくらい満足していますか？

3　あなたの価値観がプレッシャーの下で試された状況を思い出してください。

a　どの程度、自分の価値観から外れましたか？

b　そのプレッシャー下で、どんな力を呼び起こして使いましたか？

c　もう一度最初からやらなければならないとしたら、今度は、どんなふうに違ったやり方をするでしょうか？

4　あなたが使うリーダーシップの原理・原則をリストアップしてみてください。その後、その重要度に従って優先順位をつけてみてください。

5　自分の目標を遂げるためのトゥルー・ノースから外れ、自分の価値観からもそれてしまったときのことを思い出してください。

a　将来同じような状況になったときにどのように対処しますか？

b　どうすれば、後で大きな脱線につながる兆候を、小さな脱線のときに察知できるのでしょうか？

c　トゥルー・ノースから外れているとわかったとき、どのように軌道修正しますか？

6　あなた自身の、この線からは越えないと思っている倫理の境界をリストアップしてください。

第6章 スィート・スポット

Sweet Spot

一年中毎日、やりたいことがやれている。
オフィスにタップダンスのように
軽い足取りで行き、
そこで仰向けになって
天井に絵を描けばよい気分でいられる。
これがなんとも楽しい。

ウォーレン・バッフェット、CEO、バークシャー・ハサウェイこの章では、自分の「スィート・スポット」の発見方法を考えます。スィート・スポットとは、自分の動機と自分の最大の強みが交わる場所です。スィート・スポットの中で働くと、何か大きなことをしたくなり、それをやり遂げられる自信が湧いてきます。自分の強みが発揮できるからです。

自分を動機づけるものは何かを認識し、自分の強さと弱さを理解していれば、スィート・スポットを見つけ出せます。それができると大きな弾みがついて、仕事がうまくいき達成感も得られるようになります。スィート・スポットの中で活動すれば、自分のトゥルー・ノースに従って、世の中に変化をもたらす大きな機会に恵まれるでしょう。

ウォーレン・バフェットのスィート・スポット

ウォーレン・バフェットほど明確に、自分のスィート・スポットをわかっているリーダーは他にいません。そしてこの100年間、彼ほどの成功を成しとげたビジネスマンも他にはいないでしょう。1985年以降、バークシャー・ハサウェイ社の指揮を執ってきた彼は、株主のために数千億ドルの価値を生み出しています。

現代史の中で最も輝かしい業績を上げている投資家にも拘わらず、バフェットは「謙虚と謙遜」の持ち主です。個人としては、大変オープンで、傲慢のかけらさえ感じさせません。85歳にして、バフェットは今なお自分のスィート・スポットの中にいて、投資活動に熱心ですが、金自体のためではなく、スリルを感じながら自分の強みを駆使し、立派な会社を多く作りたいからなのです。

2006年、バフェットは世界を驚かせる発表をしました。私財の大半を慈善事業に寄付する、そのために300億ドル超の管理を友人のビル・ゲイツに依頼したのです。その寄付のおかげで、ゲイツ財団の医療と教育での慈善活動は2倍の規模になりました。バフェットは寄付をした理由について、自分が得意なのはお金を作ることであり、使うことではないと説明しています。そういった彼だからこそ、慈善事業を一任できる人物を見極め、毎年最低でも15億ドルを支出する条件をつけたのです。

権力を持ち、多忙を極めながらも、バフェットは肩肘の張らない心優しい人物です。私のMBA

学生であるビタリー・ペレベルゼフがバフェットに会ったときの経験を話してくれました。彼はネブラスカ州オマハにあるバフェットのバークシャー・ハサウェイ社を訪問しました。投資クラブのメンバー80名と一緒でバフェットに招待されたのです。

バフェットお気に入りのレストランで昼食をとった後、ペレベルゼフは、バークシャー・ハサウェイ社の事務所にカメラを置き忘れたと気づきました。スタッフの誰かを取りに帰すのではなく、バフェットは自分のリンカーン・タウンカーに同乗して戻ればよいと言ってくれたのです。

車中で早速バフェットは、若いカザフスタンの留学生（ペレベルゼフ）にアドバイスしました。「ビタリー、本当に好きなことをするといい。私は王様のような暮らしをしたいわけではなくて、投資するのが好きなだけなのだよ」「お金を除けば、君と私にはライフスタイルという面ではほとんど違いがない。食生活は質素だし、車も量販車に乗っている。自分で物事の決断はするけど、もちろん間違いもたくさんある」と話してくれました。さらに続けて、子どものころの話や祖母の食料品店で働いたときの様子も話してくれました。

バークシャー本社に着く少し前に、アドバイスの締めくくりとしてバフェットは、「ビタリー、いい人でいなさい。君が好きだと思っている人たちを見渡してごらん。その人たちの人柄が好きならば、自分も同じような人柄になればいい。そうすれば君の周りの人たちも君を好きになるはずだろう?」と言いました。これはまさに、賢人バフェットならではのアドバイスです。彼の教えはシンプルですが、なまやさしくはありません。彼は、60年間、すばらしい成功を収めてきたのですが、驚くことに、彼の警告や投資戦略に追随できる人はほとんどいないのです。

バフェットは、就任して間もないCEOたちにも親切にアドバイスします。アン・マルケイヒーは、2000年にゼロックスのCOOに就任した直後に、バフェットと交わした話の内容を語ってくれました。180億ドルの借入金が満期になり、ゼロックスは流動性リスクに直面していました。銀行家、弁護士、財務顧問が抗しきれないくらいの圧力をかけてマルケヒーに破産宣告を促してきました。彼女は大切な会社を守ろうと決意して、バフェットにいきなり電話しました。すると、バフェットからオマハに訪ねてくるよう言われたのです。

彼女は後に、自分には下心があって、バフェットにゼロックスに資金を出してもらいたかったのだと述べています。バフェットがテクノロジー関連の会社に投資するのを嫌っているのはよく知られていましたし、それは承知のうえでした。バフェットからもらったアドバイスは資金よりも価値がありました。2時間話した後、バフェットは次のように言いました。

あなたは自社が生き延びるためには、投資家、銀行家、行政の人たちの助けが必要だと思っているでしょう。彼らをひとまず脇において、真っ先に社員やお客とじっくりと話し合い、何を間違えたのか、何をすれば間違いを正せるのかを見つけ出しなさい。

それからの6カ月間マルケヒーは、全国を回ってバフェットに言われたとおりに実行しました。そして、会社を立て直すのに必要な変革への支持を取りつけました。その間、ゼロックスの株価は下落を続けましたが、彼女は動じませんでした。バフェットのアドバイスが功を奏していたのです。

彼女は破産を回避し、100億ドルの借入金を返済し、R&Dへの投資も続けました。

スィート・スポットを見つける

オマハに生まれたバフェットは、11歳のとき、最初の株式市場での投資をしました。10代で、ベンジャミン・グレアムが書いたバリュー投資についての独創的な著書『賢明なる投資家』を読みました。グレアムのテーマは、株式評価は企業の経営基盤に基づいて行うべきだということでした。株式市場が企業の経営基盤の価値から離れた取引をしていたころには、商機がありました。ネブラスカ大学を卒業した後、バフェットは、グレアムの指導で経済学を学ぶために、コロンビア大学へ進学しました。

バフェットは投資好きですが、最初の定職は株式ブローカーで、彼には酷な仕事でした。というのも、ブローカーの報酬はネットワーク作りとセールス高に応じて支払われていて、どちらも彼の得意分野ではなかったのです。それに、顧客の利益にならない場合でも、積極的な取引をするように仕向ければ彼は手数料収入が得られることに矛盾を感じていました。優秀なブローカーになるために腕を磨くよりも、途方もないほど多くの時間を費やして株式の基本的な分析を研究しました。

グレアムが自分の会社で働くように誘ってくれたとき、バフェットは給与の額も聞かずにその話に飛びつきました。グレアムの見習いとして数年仕えた後、グレアムは会社を段階的に縮小する意思決定をしました。バフェットは、他の誰かの下で働くのをやめて、オマハに戻り、彼自身の投資会社を立ち上げました。26歳のときで、それは戦後の時代では大胆不敵な行動でした。この大胆な決断のおかげで彼は、自分の動機と自分の最大の強みが交差する場所、つまりスィート・スポットに、身を置くことになったのです。

バフェットは、さまざまな点で彼の師を追い越していきました。彼の投資哲学は進化し、安値株を中心にする取引から持続可能な競争力と高いリーダーシップを持つ企業を見つけ出すようになりました。バフェットは友好的な買収のみを行い、パートナー精神を持ち込んで買収した企業の役員たちと共に働くのです。人を見極める達人であるバフェットは、パートナーたちにこう質問します。「あなたはビジネスが好きですか？　それともお金が好きですか？」と。バフェットが望むのはビジネスを愛する人たちだけです。

バフェットVSウォール街

70年間かけてバフェットは、当初数千ドルの資金からはじめてせっせと働き続けて、今では600億ドル超の個人資産を築き上げています。自分の基本原理・原則に沿っていますが、長期志向の投資家なら誰でも真似ができます。彼が見事に成功したのはその独自な手法によるもので、それは、自分の個人的・専門的能力に相応しい事業を中核目標に定めるやり方です。

ウォール街とは極めて対照的で、そこではヘッジ・ファンドは毎年2％の管理費と利益の20パーセントをチャージしますが、バフェットは投資家に対して一切チャージしません。ファンドは資金をとてつもなく早く乗り換えますが、バフェットは株の保有期間は長いほどいいと言います。長期的な利益が大切だという彼の哲学の力が、アメリカン・エキスプレス、ウェルズ・ファーゴ、コカ・

コーラといった企業で実証されました。

物言う投資家たちは取締役会に圧力をかけて、短期的な成果を生まないCEOを解雇するのですが、バフェットは投資先企業の経営者たちをほぼ全員雇い続けています。彼の哲学は完全な透明性を推進していますが、対照的に、ヘッジ・ファンドは投資家と投資内容を隠すのにやっきになっています。

バフェットの有名な「株主への手紙」では、悪い知らせもよい知らせも一緒に伝えています。つまり、バフェットは惜しまず自分の失敗を取り上げるのですが、たいていはちょっとした自分に対するユーモアを交えて話してくれます。

1990年代はハイテク株がブームでした。バフェットは忍耐強く、ネット上で繰り広げられた自分への批判に持ちこたえながら、有能な経営者がいる高価値な企業に投資を続けました。1999年のマイクロソフトのCEOサミットで私は、バフェットが穏やかな口調で説明しているのを耳にしました。それは、ある代表的なネット企業のCEOに対してで、利益の100倍の株価を生み出す成長はあり得ないというものでした。彼の予測通り、その会社の株価はその1年後に崩壊し、二度と額面価値に戻ることはありませんでした。

バフェットは、自分の弱みをかわすのも上手です。子どものころ、母親から口頭での攻撃をよく浴びせられていたせいで、人と戦うことに関心がありません。違和感のある取引には手を出さず、また彼自身は実際の経営に手出しもしません。企業のリーダーたちがアドバイスを求めてくれば歓迎しますが、意思決定の責任は当然彼らがとるのだと伝えます。バフェットの哲学のおかげで、バークシャー・ハサウェイ社の収益は、過去40年間で、スタンダード・アンド・プアーズ500指数を2倍以上に高めました。つまり、ゴールドマン・サックスとモルガン・スタンレーの2社を合わせた株主価値の2倍分を、24人のスタッフとオマハの5000平方フィート（約450平米）のオフィスで生み出したのです。

毎年3月に3万人超の人々が3日間オマハに集まり、バークシャー・ハサウェイ社の年次総会に参加します。それは、「資本家のためのウッドストック」として知られています。バフェットと副会長のマンガーが4時間にわたってさまざまな質問に答えます。それを聞きに集まるのです。バフェットは、「バークシャーは私が描く絵のようなもの。だから私が思い描くように仕上げなければならない」と言います。

彼の最大の希望は、バークシャーの成功と彼の原理・原則が、自分が前線から離れた後も、末永く続くことです。「私が悲劇だと思うのは、最たるジャンク・ボンドを発行するとか、つじつまの合わない株価で業績を上げる人物がこの会社を取得して、私たちが作り上げてきたものがいっぺんに消えてなくなることです」

バフェットは「知恵」と「謙虚」を同時に持ち合わせた類まれな人物です。自身の価値観にしっかりと根づいていて、ホットマネー（短期間投資）の誘惑に惑わされることもありません。彼は1956年に3万1500ドルで購入したオマハの家にずっと住んでいて、ゴラッツ（オマハにあるステーキハウス）でハンバーガーやステーキを食べ、相当に古い車に乗っています。自家用飛行機を操縦しますが、ユーモアを込めて最初の飛行機に、〝The Indefensible〟（言語道断号）と名づけています。私が仕事で彼と一緒したとき、はっきりと感じました。彼の謙虚さと自分のルーツへの忠実さが成功の中核になっているのだと。

20超の企業の取締役会のメンバーも勤めてきたので、バフェットは正常なコーポレート・ガバナンスの責任についても理解しています。ソロモン・ブラザース社が米国財務省関連のスキャンダルに巻き込まれた際、バフェットはある日曜日に介入し、暫定ＣＥＯの職に就きました。彼は会社を救いました。そのために、連邦捜査官に完全な情報開示をし、弁護士と依頼者間の秘密保持特権を放棄しました。その結果、ソロモンは刑事訴訟の大打撃を免れたのです。バフェットは社員に対して、「策を弄することなく、ボールをコートのど真ん中に向けて打てば十分お金を稼げるのです」と話しました。

私がバフェットと夕食を共にしたのは、彼がデイビッド・ソコルを解雇した少し後でした。ソコルは、バークシャー・ハサウェイ社でバフェットと近しく、バフェットの後継者に指名されると噂された人物でしたが、ルブリゾール社株のインサイダー取引をして解雇されたのです。ソコルの裏切りについてどう思っているかと尋ねると、「人を信頼するのは私の信念です。ときには私の信頼を裏切る人がいますが、総じて言えば、私は人を信頼し続けて得をしています」と答えてくれました。

内発的と外発的なモチベーション

高い実績を上げるためにリーダーは、バッフェットのように高いレベルのモチベーション（動機）を維持することが求められます。モチベーションには2つのタイプがあります。外発的と内発的です（次ページの図表6-1参照）。

「外発的モチベーション」は、たとえばよい成績を収める、スポーツでライバルに勝つ、お金を稼ぐなど、外的・明示的に評価されます。ほとんどのリーダーは子どものころから成果主義志向が強く、多くは青春時代にスポーツでの競争に打込み、学校でもよい成績を収めてきました。卒業後彼らは、有名企業などに就職することを願っています。そして次第に、彼らの外発的モチベーションが、財産形成、権力、職位、高い社会的地位、名声といった「もの」に転換していきます。

リーダーは認めたがらないでしょうが、彼らは、世間がそうだと認める成功を手にしたいと強く思っています。評価され地位が上がり報酬も増えるので喜びます。このサイクルは早い時期からはじまります。

しかし、成功の度に一段と多くの金銭、名声、権力を求めるようになります。だから、大きな富や権力を持っている人たちの多くが、自分よりも一段と大きな富や権力を持っている人たちと常に自分を比較するのです。

外発的モチベーションだけに動かされるようになると、それはトゥルー・ノースから外れる危険

図
6-1

外発的と内発的なモチベーション

外発的モチベーション	内発的モチベーション
金銭的報酬	個人の成長
権力の獲得	良い仕事をする満足感
タイトルの獲得	人の成長を支援する
社会的な評価	努力に意味を見いだす
社会的地位	自分の信念に忠実である
他人に勝つ	世の中を変える

な罠となります。まさにラジャット・グプタやランス・アームストロングが陥った罠なのです。「内発的モチベーション」は、自分の内部の奥深いところにある欲求から生まれるもので、外部世界からの賞賛目当てではありません。それがトゥルー・ノースの基盤となり、人生経験と密接に関連しています。内発的モチベーションには、自分個人の成長、人の成長を支援する、社会の大義のために働く、すばらしい製品やサービスを作る、努力して世界を変える、が含まれます。

現代社会はこれまでにないほど、目に見える業績に重きを置いてきたために、多くのリーダーが、明示的に測定される成功を通して世の中で評価されたいと思うようになりました。そのため心の奥にあるモチベーションを追及しなくなっています。明示的なプレッシャーは早い時期からはじまります。まずは大学を卒業してもらう初任給の比較です。次には購入するマンションとか一戸建て家を比較します。ウォルト・ディズニー・スタジオ社（ピクサス、ルーカスフィルム、マーベルを含む）の会長であるアラン・ホーンは、これらの罠をどのようにして意識的に避けてきたかを話してくれました。

キャリアの初期のころなら給料が増えれば、生活の質も向上するでしょう。一段といい車や家を買えるようになるのですからね。ところがある時点までくると、給料があがっても生活の質は変わらなくなります。

実際のところ、今以上に購入するものが増えれば、生活が一層複雑になるだけで、幸せ度は高まりません。私はもうこれ以上物が欲しいとは思いません。ものが増えても私はこれ以上幸せになりようがないのです。

デボラ・ダンは、ヒューレッド・パッカード社の役員で数十年間シリコン・バレーに住んでいました。彼女は新進のリーダーたちに対して、社会や仲間、両親の期待にからめとられないように注意しなさいとアドバイスしています。

物質的な財産を増やしていく道は確かにあります。その評価方法は自明です。もし、あなたがその道を進まないでいたら、きっと周りの人たちは不思議に思うでしょう。でも物質主義に巻き込まれないようにする唯一の道は、どの時点であなたは幸福と満足を見出だせると思うかにかかっています。

自分のスィート・スポットを見つける

「スィート・スポット」という用語の意味は、動機に裏づけられた能力、つまり、あなたのモチベーションとあなたの強みが交差したときに生まれる能力です（図表6-2参照）。クレアモント大学教授のミハイ・チクセントミハイ[26]は、ポジティブ心理学のパイオニアで、モチベーションについて、次のようなアドバイスを提供してくれました。

「自分が得意なこと、そしてやりたいことを見つけだしなさい」

この単純な二次元の中で彼は、簡潔で要を得たスィート・スポットの説明をしています。それは、私たちのインタビューに応じてくれたリーダーたちの、累計すると何百年分にもおよぶ経験知の要約でもあるのです。

あなたが最も効果的なリーダーになる状況とは、自分が強く本気になれる対象について、自分の最大の強みを発揮できる機会に巡りあったときです。どちらが欠けても不十分です。そんな機会を見つけだすには、心の奥底にある自分のモチベーションを理解し、正直に自分の能力に向き合わなければなりません。リーダーとしてうまくいかないのは、得意でもないことをするとか、やる気がないのにリーダーになるからです。自分のモチベーションと自分の能力ががっちりとかみ合う仕事があれば、自分のスィート・スポットが見つかり、リーダーとしての最大の効果が発揮されるのです。

26 ハンガリー出身のアメリカの心理学者。「幸福」、「創造性」、「主観的な幸福状態」、「楽しみ」の研究（いわゆるポジティブ心理学）を行う。全米教育アカデミー、全米レジャー科学アカデミー会員。『エンサイクロペディア・ブリタニカ』の編集顧問のひとり。出典：キャサリン・コーリンほか、(監修)池田健(翻訳)小

図
6-2

自分のスィート・スポットを見つける

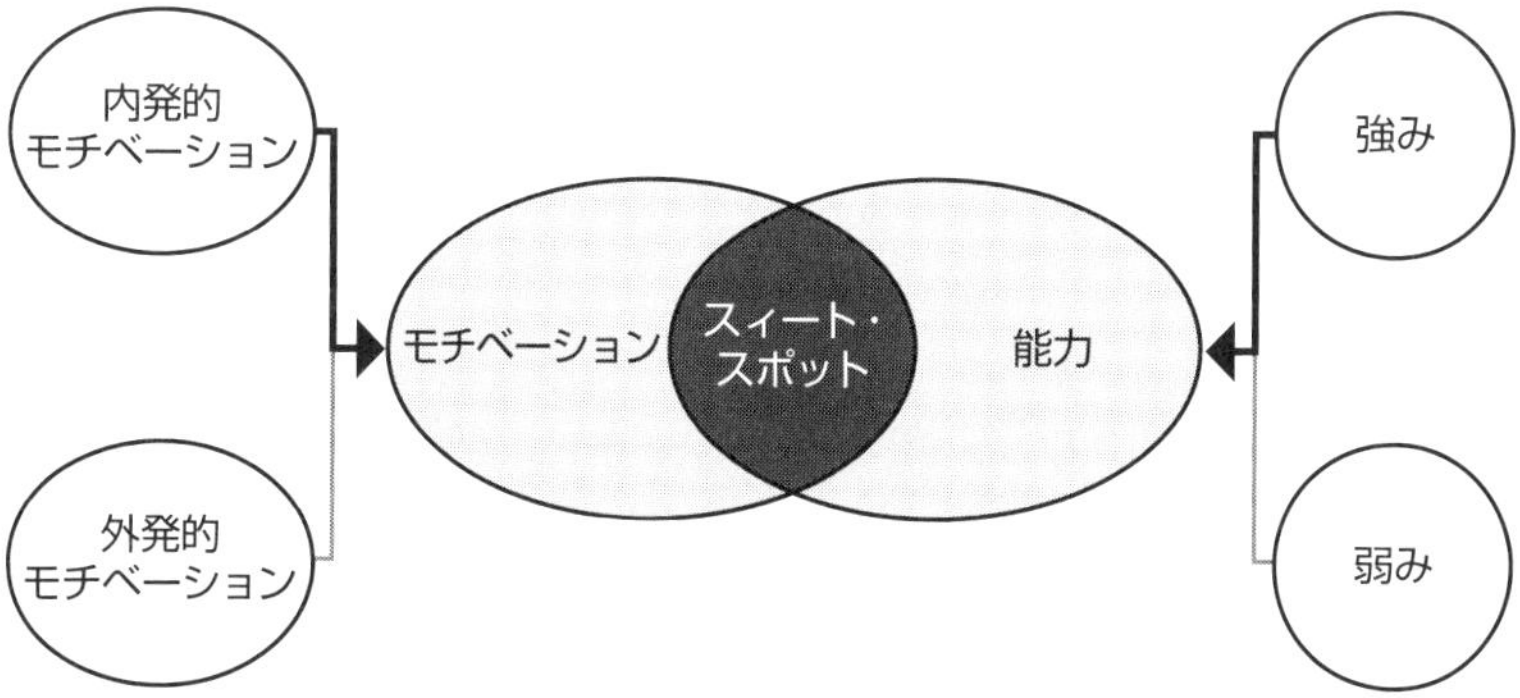

ウォーレン・バフェットのモチベーションを探る

このフレームをバフェットに当てはめてみると、彼の人生では、外発的および内発的なモチベーションが働いているとはっきりと見て取れます。外発的なモチベーションとしては、バフェットは世間的な認知や評価を好みます。さらには、メディアに精通した知識を使って、自分のプロフィールを高め、独自のやり方で取引につなげていきます。

しかし、彼のモチベーションは財産を蓄えることではありません。内発的には、学びと教えが彼のモチベーションになっていて、自分が持っている知識を共有するために、頻繁にメディア・インタビューをし、長い年次報告を書き、バークシャー社の年次総会での議論をしています。

これらのモチベーションがうまく組み合わさって、バフェットは困難な時代を生き抜き、アメリカでもっとも信頼される投資家として知られるまでになりました。金

須田健「エクスタシーは、別の現実への第一歩だ ミハイ・チクセントミハイ」『心理学大図鑑』三省堂、2013年、198-199頁。

融危機の間にも、ゴールドマン・サックスやゼネラル・エレクトリック（GE）といった有力企業がバフェットに投資を頼り、その承諾を求めました。バフェットの人生設計は、自分の強みを使って自分のやりたいことに集中することにあります。彼が毎日、タップダンスの足取りで仕事にいくのは宜《むべ》なるかな、なのです。

トレイシー・ブリット　内発的モチベーションに従う

多くの場合、内発的モチベーションを追及するリーダーが、大きな業績を上げています。トレイシー・ブリットは、ウォーレン・バフェットの財務の右腕でしたが、このモチベーションの逆説を説明するいい例でしょう。

彼女は、カンザス州の自営農家で長時間働きながら成長しました。ハーバード・ビジネス・スクールを最年少で修了しました。友人たちは彼女を心優しく正直だと評しています。私のクラスでは、しっかりと地に足をつけたものの見方をし、経営の人的側面をよく理解していました。

在学中、ブリットはバフェットと思いがけない友情を結びました。彼女は長期投資を専門とする投資家を見つけて教えを請いたいと願っていました。ふたりが最初に会ったのは、彼女が学生グループと一緒にオマハを訪問したときで、それ以降バフェットとの交流を続けていました。いくつかのプロジェクトでは、ボランティアでバフェットの手助けをしました。たとえば、リーマンの破産申請書類の読み込みなどでした。卒業後、フィデリティ社に就職した後も、二人の交流は続きました。

ブリットは貪欲に、手に入るバフェットに関する書物をすべて読み、それを彼から学べる機会だと喜んでいました。バフェットは彼女を知るにつれ、その才能と誠実さに気づいていきました。やがて、バフェットは彼女にオマハに来てバークシャー社で働く気があるかと尋ねました。彼女は躊躇することなく、「はい」と答えました。職位や給与といった条件は聞かずじまいでした。

5年後には、彼女は数十億ドルの価値がある投資を管理し、ハインツ社の取締役会のメンバーになり、さらにはバークシャー社の投資先企業群の会長にも就いています。最近、バフェットは彼女にバークシャーの子会社であるパンパード・シェフ社のCEOになるよう要請しました。若干30歳で、ブリットは『フォーチュン』や『ウォールストリート・ジャーナル』に取り上げられるようになりましたが、それでいい気になったりはしませんでした。彼女が最も嬉しいのはバフェットから学ぶときです。

ケビン・シェアラー　自分のスィート・スポットを見つける

ケビン・シェアラーは才能あるリーダーですが、若くしてCEOになりたいという外発的な野心があだになって、スィート・スポットから遠ざかるという失敗を経験しました。しかし、その経験から学び、アムジェン社でスィート・スポットを見出し、20年に渡ってすばらしいリーダーシップを発揮しました。

海軍とマッキンゼーでの経験のおかげで、容赦ないほど強烈なGEの社内環境に適応する力がついていました。GMで優れた業績を上げ、上級幹部に登る最初の機会となりました。彼がまだ30歳代半ばのことです。

１９８９年、シェアラーは人生最大の難事に直面しました。それまではやることなすことすべてがうまくいっていたのですが、そのとき、初めての失敗に直面したのです。ＧＥの輝けるスターだった彼は、トップに登り詰めることに異常なまでの熱意を燃やしていました。40歳までに、ＧＥのサテライト・ビジネスの運営を任され、本社の執行役員に選出され、ジェット・エンジン事業部へと昇進していきました。

誰にとっても十分に誇らしいはずですが、シェアラーのような野心家にはそうではありませんでした。そのため、ヘッドハンターがＭＣＩ社でセールスとマーケティングの新しいボスを探していることを知って、彼は一足飛びのキャリアのチャンスをつかみたいと思ったのです。

「ＣＥＯへのレースは完全にオープンだ」と、ＭＣＩの副会長が保証していました。シェアラーはこの餌に食いついたのですが、そのときばかりは思うようにはいきませんでした。入社早々にわかったのは、ＣＯＯがすでにトップの座を狙っていて、競争相手を受け入れる気持ちは持っていないことでした。中でも、ＧＥ出身の有能な野心家を目の敵にしていました。

シェアラーは直ちに、ＭＣＩを変革し自分の出世の道を開く戦略の構築をはじめました。６週間もたたないうちに、この会社の地域別マーケティング組織の構築が不適切だと結論づけたのです。

「私はその頃、鼻持ちならないほど傲慢でした。会長室に乗り込んで、ＭＣＩのセールス組織を再構築するよう提案したのです」

彼の提案は、ＭＣＩの今日を築くためにキャリアを賭けてきた上級幹部の地位を脅かすものでした。テレコミュニケーション分野の経験がない彼は、組織内でまったく信用されていないことに気づきました。それまでは何をしても成功していたのですが、失敗に初めて直面したのです。「MCIは私にとって試練の場でした」と、シェアラーは当時を振り返っています。「自分の正否に関わらず、傲慢の代償を支払わされるという教訓を得ました」。そして、気づきもありました。彼の仕事のスタイルがMCIの過激な社内競争の文化に合わなかったのです。「そこでは、私の価値観と相容れないやり方で個人同士が競争していました」

社内の競争は陰険で、喉を切り裂くほど熾烈でした。私はその競争に疲れてしまい、仕事の効率も落ち、会社に対する熱意も冷めていきました。一緒に働く人たちと価値観を共有できなければ、その職場を離れるべきです。

MCIから逃げ出したい思いに駆られ、シェアラーはジャック・ウェルチ会長に電話をしてGEに戻りたいと伝えました。ウェルチは、彼がGEを去った経緯を快くは思っていませんでした。ウェルチは、彼のために多くの機会を作ってくれたのですから。「いいかいケビン、もうここで働いていたなんて忘れてしまいなさい」とウェルチは答え、電話を切りました。「その瞬間わかりました。私は、救命ボートで海を漂いながら助けを求めていたのです」と思い出しています。

MCIで大きな仕事を成功させなければならないとわかっていました。逃げ出すわけには

いかなかったのです。私にとっては腸がねじれる思いの2年間で、職業生活でもっとも多難で不幸な時間でした。私自身ナイフを振り回すような喧嘩は得意ではないので、いつも出し抜かれていました。最初は自己否定に陥り、そして敗北感を味わい、世をすねたようになっていました。

どんどん落ち込んでいき、感情的に引きこもるようになっていました。妻は私に何が起こっているのか理解できないでいました。彼女には企業で働いた経験がなかったのです。首になるのではないかと心配し、それがまた私を孤独にしていきました。間違いなく、人生で一番辛い時期でした。

自分のスィート・スポットを放棄するシェアラーの経験と、多くのリーダーが直面する困難とは相似しています。強いエゴのせいで、自分の強みが発揮できないとか、自分を触発できない状況に落ち込んでしまうのです。それでも、自己認識や洞察力があれば、羅針盤を再調整して、トゥルー・ノースの道に戻り、スィート・スポットの中で働ける機会を見つけ出せます。

MCIでの試練は、シェアラーにとって貴重な経験となりました。謙虚になりエゴを抑え、大きな気づきを得ました。人生には一段上への昇進を掴みとるよりも大切なことがあります。それまでは、輝けるスターになる魅力に囚われていたのですが、現実に引きずりおろされたのです。

入社して2年がたった頃、シェアラーはアムジェンの社長ができる人材を知らないかという手紙を受け取りました。聞いたことがない会社だったので、公立図書館に赴いて調べてみました。彼は意を決して、自分自身を候補者に推薦し、ＣＥＯのゴードン・バインダーの下で、社長のポジションを得ました。

ＭＣＩでの「知ったかぶり」だと思われていた苦い経験もあり、バイオテクノロジーのビジネスについて何も知らないことの自覚はできていました。「ＭＣＩでの経験に懲りていなければ、アムジェン社でも簡単にダメになっていたでしょう」と語っています。

医療関連に最後に触れたのは高校3年の生物の授業だったので、社内の科学者のひとりに生物学を教えてくれるように頼みました。忍耐強く頑張って、社内の変革を手がける前に「内部の人間」になれました。このビジネスをゼロから学び、セールス担当者と一緒に顧客を訪問し、業界の勉強がしたい気持ちも伝えました。

若いころの経験とは逆に、7年間、辛抱強くバインダーの代理を務めました。その時期には、ヘッドハンターからの誘いに乗らず、アムジェン社のような急伸している会社の二番手でいるほうが「誘ってくれているどの会社よりもおもしろい」のだと伝えていました。バインダーの引退が1年後に迫ったとき、取締役会から、「ケビン、君の番が来た。この1年でR&Dをしっかり学ぶように」と告げられました。シェアラーはアムジェンのリサーチ・プロセスをゼロから学びはじめ、研究所に通い、科学者たちから教えを受け、競合会社の施設も訪問しました。

取締役会がシェアラーのＣＥＯ就任を発表すると、彼は社内のトップ１５０人と個人面談を実施しました。彼らから得たフィードバックは、この会社のトップリーダーたちが何を望んでいるか、その全貌を教えてくれるものでした。

この面談は、CEOになってすぐに実行した最重要事項でした。その結果、会社の現実を社員全員が共有できるようにしなければならないと思いました。そして、アムジェンの次の10年を構築するための新しいビジョンと戦略づくりに、人材を集結できるようになったのです。

ケビン・シェアラーは、MCIでの苦い経験を経て、自分の強みとモチベーションを理解できるようになりました。MCIでの大失敗から学んだ彼は、アムジェンで自分をどう変えていくのかわかっていました。しっかり理解してから仕事を引き受ける、同僚の知恵や経験に耳を傾ける、そして忍耐強く努力して目標を達成する、などです。その結果、彼がCEOだった10年間で、アムジェンはすばらしい成功を収めました。2種類の医薬品しかなかった会社が高度に革新的な会社に生まれ変わって、画期的な医薬品を生み出しています。

MCIでの経験を振り返って、シェアラーは回想しています。「私たちは、自分たちの経験を組み合わせたモザイクのようなものです」

今から思えば、MCIでの経験も悪いことばかりではありませんでした。本当に競争力のある会社は何ができるのかがわかりました。起業家精神やイノベーションも学びました。あのような辛い経験をしたら誰でも、他の人に対して心から共感を抱けるようになります。

自分の仕事に愛着を持つのは極めて重要です。そうでなければ、ベストを尽くせません。MCIにいたときには、安価の長距離通話というビジネスに私は全くピンとこなかったのです。今の自分は違います。もし誰かがやってきて、「あなたの薬品のおかげで命が助かった」と言ってくれたら、仕事に対する愛着はとんでもなく強くなります。

外発的モチベーションの罠をさける

個人的な成果に対する世間からの評価判定に背を向けるのは、容易ではありません。成果志向のリーダーは、若いころから次々と成果を上げるのが当たり前になっていて、内発的なモチベーションを追及するには勇気を必要とします。しかし、どこかの時点で、ほとんどのリーダーが気づくのです。好きなことをする方が、世間からの賞賛を勝ち得るよりも大切なのだと。

私たちがインタビューしたリーダーの多くは、キャリアの初期段階で高収入の仕事を断り、情熱を傾けられる仕事を選択しています。その結果、満足感と報酬の両方で他の人よりも先に進んでいます。自分が好きな仕事で成功したからです。タイム社のCEOアン・ムーアはビジネス・スクール修了後に10を超える仕事の誘いを受けましたが、その中で最も給与が低い『タイム誌』への入社を選びました。

「学生ローンの返済が気になったのですが、雑誌の仕事をしたかったのでタイム社を選びました。当時は、クラスの誰もなぜ私がその仕事を選んだのか理解してくれなかったけど、25年たった同窓会では、完全に理解してくれましたよ」

アン・ファッジもまた、ビジネス・スクールが紹介した中で、最も給与の安い職を選びました。その理由を次のように説明してくれました。「お金だけでキャリアを決めることはできません。お金が後からついてくるのを願っていましたし、実際そうなりました。お金だけで仕事を選んでいたら、まったく違ったキャリアを積んだでしょうね」

ジャン・ピエール・ロッソは回想しています。「仕事を楽しくする、それが私の関心事でした。私が本気になり仕事がうまくいくと、お金は後からついてきました」

デイブ・コックスがコールズ・メディア社のCEOだったころ、スタンフォード・ビジネス・スクールの学生が彼にこう話したそうです。「自分の満足感はどこか他で手に入れることにして、仕事はただお金を稼ぐためにやります」。そのコメントに驚いてコックスは、いぶかしげに眉を上げて、尋ねました。

なぜ、自分が楽しめない仕事に時間を使いたがるのかな。これからが人生の中でもっとも大切な年月なのに。大きなエネルギーが生まれるのは、自分の価値が認められ、自分の情熱をかたむけられるからだ。そのときに、自分の価値が最高に高まる。

外発的、内発的モチベーションのバランスをとる

世間からポジティブな評価を受けるのは、強い成果志向を持つリーダーにとっては、当然の結果です。なぜなら、彼らにとって成果を世間から高く評価されるのが、大変重要だからです。成功すると当然ながら、同僚からの称賛、昇進、そして金銭的な報酬を求めます。しかし、リーダーに危険が訪れるのは、こういった外面的な事象に夢中になりすぎて、何を得ても満足できない状況に陥ったときです。この時点で大きな危機に直面するのです。彼らは内発的なモチベーションから離れていくとか、深い充足感をもたらす物事を捨ててしまいかねません。

メドコ社のCEOペル・ロフバーグは、若いビジネス・リーダーたちに、ライフスタイルの選択は慎重にするように敢えて促しています。

「若いときに、現実離れしたようなライフスタイルを無理に求めるのは危ない」

多くの若いリーダーたちは望んで、たとえその仕事に長期的な関心がまったくなくても、高報酬の仕事につき、ローンの支払いや貯蓄をします。10年も経てば、自分のやりたい仕事ができるようになると信じているのです。

ところが、彼らの多くは金のかかるライフスタイルを維持することに振り回されてしまい、やる気の起きない、楽しくもない仕事に絡め取られてしまいます。高収入と金のかかる生活にがんじがらめになり、好きな仕事をする余裕を失います。かくして多くの人が、満足感の得られる仕事を追及するとか、自分の最善の可能性を実現することから離れてしまうのです。

多くのリーダーは苦労の挙句に、世間の評価は気まぐれな恋人のようだと気づいています。仕事

がうまくいかなくなると、世間の評価はすぐさま消えてしまいます。そして表面的なつき合いの友人や知人はいなくなります。そういう人たちは、リーダーがうまくやっている間はつながっていただけで、失敗したときには助けてはくれません。

本物のリーダーとして成長する鍵は、外発的なモチベーションを避けるのではなく、仕事の満足感を与える内発的なモチベーションとのバランスをとることです。

強みをさらに強くする

本当に偉大な成果というのは、自分の強みを活用して初めて生まれます。歴史上の偉人たちの多くも、大きな欠点を持ったひとりの人間でした。マーガレット・サッチャー、マハトマ・ガンディー、そして、ナポレオン・ボナパルトも驚くような弱点の持ち主でしたが、彼らは与えられた才能を駆使して、リーダーシップを発揮し、偉業を成し遂げたのです。

厳しい内省を通して、ドナ・ドビュンスキーは30代半ばに気づきました。自分の強みを発揮できる仕事をしていなかったのです。彼女は燃え尽きていました。アップルとクラリスの2社で10年間、週80時間働きづめだったので、1年間の有給休暇を取ってパリで暮らすことにしました。アパートを借り、絵やフランス語を習い、次にどんな仕事をするかをじっくりと考えました。

何が得意なのか、不得意なのか、どんな価値を作れるのかをよく考えました。私は革新的な思考ができる人間ではないし、決してスティーブ・ジョブスのように製品に精通した知識を持つこともないでしょう。ハイテク業界での10年間で、何ひとつ画期的なアイデアを思いついていないのですもの。

自分の能力について掘り下げて考えました。するとはっきりとわかってきました。自分の能力は、人の優れたアイデアを見わける、強力なチームを作る、カギになる事業プロセスを構築する、などで発揮できると。「シリコン・バレーに戻ったときには、誰か製品開発に精通した人物と一緒のチームで働きたいと思い定めていました」

早晩、パームパイロット社の創業者ジェフ・ホーキンスに出会い、1992年に、彼女はパーム社のCEOに就任しました。彼らふたりは相互に補完し合うスキルを持っていて、シリコン・バレーでは「切っても切れないビジネス・パートナー」として知られています。現在は3つめのベンチャーであるヌメンタ社に取り組んでいます。

リーダーが自分の安全地帯から一歩踏み出して新しい課題に取り組むとき、自分の新しい能力、それまでは思ってもみなかった能力に気づくことがよくあります。私たちが初めてセザール・コンデにインタビューしたとき、彼はユニビジョン社の副社長でした。

ユニビジョン社は、スペイン語によるテレビ放映網を持つアメリカで最大の企業です。カストロ革命の後、祖父母がサポートして彼の母親をアメリカに亡命させました。母親にいいチャンスを掴ませたかったのです。ユニビジョン社では、ヒスパニック系アメリカ人の一世や二世が多数働いていました。コンデ自身も同様の機会を従業員たちに与えました。

ある日、上司が彼を会社の駐車場に連れて行き、こう言いました。

「15年前には、この駐車場は従業員の今にも壊れそうな古い車でいっぱいだった。会社が成功したおかげで、車は新しくなり、従業員は子どもたちをいい学校に通わせられるようになったのだよ」

コンデは、「彼の誇りにまったく同感です。私もやる気が起きます。自分には周囲の人たちに何か大きな貢献をする機会が与えられているのです」と述べています。その後、コンデはNBCユニバーサル社の執行副社長へと登っていきました。内なる情熱が彼を成功へ突き動かすのです。

チャック・シュワブのスィート・スポットへの旅

チャールズ・「チャック」・シュワブは、30代半ばに、不振にあえぐ時期を経験しました。離婚したばかりで、深刻な不安にさいなまれていました。何を専門にすべきかがわからなかったのです。一旦は、夜間のロー・スクールに入学して、父や祖父と同じ道を歩もうとしました。ところがわずか3週間後に、自分にはロー・スクールで必要な読み書きの能力が欠けていると知り、中退しました。

シュワブはそれまでずっと読むことに悪戦苦闘をしていたのですが、40代の初めに、自分が失読症であると知りました。そのために学校では苦労しましたが、数学は常に得意としていました。それで投資会社でパートタイムとして働きはじめ、自分は投資に対する興味や調査能力の持ち主だと気づいたのです。

他の多くのリーダーと同様に、シュワブも時間と経験を重ねた後に、自分のモチベーションは何かがわかってきたのです。やがて彼は、自分の投資への情熱をひとつの会社の設立に向けました。それは、証券業界全体を庶民の手が届くようにするための会社でした。シュワブのモチベーションと才能が37歳でようやく実を結び、チャールズ・シュワブ&カンパニーを創業しました。

シュワブのモチベーションの由来は、ポスト大恐慌時代の彼の生い立ちに遡ります。彼は、厳しい1940年代に、カリフォルニア州ウッドランドの小さな農村で育ちました。第二次大戦中、一家は配給券を使って食料を買っていました。シュワブの両親はずっと生活苦と戦いながらも、経済的に独立する努力を重ねました。

「まだ大恐慌の余韻に苦しめられていましたが、父は私に自立する大切さを教えてくれました。私は金銭的に成功したいと思いました。金がないせいで、自分の人生を制限されたくなかったからです」と、当時を述懐しています。

証券取引委員会（SEC）が、1970年代初めに株式仲介サービス業の規制緩和に踏み切ると、シュワブは新会社を設立する好機だととらえました。それまで株式市場での取引は、大規模な株式仲介業者を通さねばならず固定手数料の支払いが求められていました。

手数料の競争がない状態で、アメリカ人の多くは株式市場に参加できずにいました。1974年、チャールズ・シュワブ&カンパニーは市場参入し、株式仲介の手数料を75%切り下げました。ほどなくして、401K（確定拠出年金）のような個人口座や、個人の積み立て年金口座（IRA）も一般的になってきました。「皆さんが何を売買したいのかわかっていれば、私たちが大いに役にたちます。シュワブ社は、取引を少額の手数料で、はやりのブローカーに介入させずに完了させてみせます」

株式仲介業界の不公平な商習慣が、規制緩和以前には横行していて、それがシュワブの心の奥深くで神経を逆なでしていました。インタビューの最中、シュワブは顔を赤らめ、力の入った手ぶりで話しはじめました。それはウォール街のブローカーたちが、平均的なアメリカ人投資家をいかに食いものにしていたかについてでした。「私はいつもお客に4本脚の椅子に座っていただきます。価値、顧客サービス、技術、そして最低価格という4本の脚です」

ところが、「ウォール街では、その椅子を反転させて自分が椅子に座り、お客を床に座らせておくのです」。シュワブは前屈みになって、強調するように言いました。「いいですか、ウォール街は泥棒の巣窟でした。仲介業者は好き勝手にしていたのです」

資本主義社会では、金銭面での自立が基本です。アメリカに住む私たちは恵まれていて、経済の自由と選択の自由があります。私はシュワブ社を、完全に民主的な場所にしたかった。誰でも自由に来て、何がしたいかを話し、最低価格でベストな商品を買い、そして仲介業界では当たり前の利害の対立もありません。

ウォール街は、かかりつけの医者のような存在であるべきで、お客のためになるように集中し努力する、その逆ではありません。

シュワブの強み、才能、そしてモチベーションは、チャールズ・シュワブ&カンパニー社の設立と共に開花しました。彼は投資調査のスキルと、長年失読症に苦しみながら身につけた根気強さや回復力とを結合させました。

自分の熱い信念の上に会社を立ち上げたシュワブは、何百万の人々の金銭的な一層の自立を手助けしてきました。また自分自身の金銭的自立も果たしました。彼の会社はアメリカのアイコンとなり、1万4000人の社員を擁し、360億ドルの企業価値を生み出しています。

シュワブの情熱は、アメリカ人の金銭的な自立の手助けに傾けられ、それが内発的なモチベーションになって、彼自身にも富をもたらしました。彼の人生は、自分のスィート・スポットを見つけ出す大切さを教えてくれます。何が自分を動機づけるのかを知り、そして、自分の強みと弱みを真に理解すれば、その能力を最大限に活用できます。そのときこそ、モチベーションと能力とが交差する自分のスィート・スポットを発見できるのです。

演習

自分のスィート・スポットを見つける

以下の課題で、あなたのスィート・スポットを見つけてみましょう。そこは、自分の能力が十分に発揮され、強くやる気が湧きあがる場所です。

1 あなたの外発的なモチベーションを書き出してみてください。その中から、あなたが最もこだわるモチベーションを選んでください。

2 あなたの内発的なモチベーションを書き出してみてください。それらに、優先順位をつけてください。

3 外発的モチベーションと内発的モチベーションがコンフリクトした事例をひとつ以上思い出してください。そのときあなたはどうしましたか?

4 あなたの最大の能力を書き出してみてください。あなたはその能力を、仕事や人生でどのように利用していますか?

5 あなたがやり続けたいと思える、かつ、やり遂げる自信が持てる「やる気に裏づけられた能力とその範囲」を書き出してみてください。

6
将来どういう状況下で、あなたはその「動機に裏づけられた能力」を自分のスィート・スポットで発揮できるでしょうか？　心に描いてみてください。

第7章 サポート・チーム
Support Team

早く行きたいなら、ひとりで行きなさい。
遠くへ行きたいなら、一緒に行きなさい。

アフリカの諺

たとえば、失業、生死にかかわる病気、結婚生活の諸問題、愛する人の死など、人生の大きな危機に直面したとして、あなたは誰を頼りにしますか？　難題を抱えているときに必要なのは、相談に乗り気にかけてくれる人たちとのゆるぎない信頼関係のネットワークです。このサポート・チーム（支援者たち）は長期的な関係性をベースにしてできてくるのですが、そのメンバーは配偶者とかパートナー、家族、親友、メンター、少人数の個人グループなどでしょう。

サポート・チームは、あなたを信じ、あなたのトゥルー・ノースを理解してくれる人たちです。あなたの世間的な成功や失敗は気にせず、一人の人間としてのあなたを大切に思っています。サポートしてくれる人たちが身近にいることで、自分自身の内なる声に耳を傾ける勇気が湧いてきます。それがたとえ、外部から攻撃や非難を受けているときであっても、です。信頼してくれる人が近くにいてくれるからこそ、あなたは屈することなく苦しいときを乗り越え、人生で本当に大切なものを見い出せるのです。

タッド・パイパーが危機に直面したときのサポート・チーム

パイパー・ジェフリー社のCEOタッド・パイパーは、仕事で危機に直面したとき、むずかしい課題に対処するのにどれほどサポート・チームが大切なのかを身を持って学びました。パイパー自身が驚いているのですが、今では3つのグループに属していて、グループ同士がお互いに支え合ってそれぞれの難問題に対処しています。

若いころにビジネスでリーダーシップを執る機会に恵まれたパイパーは、36歳のときファミリー・ビジネスで成長中の投資会社の最高経営者に任命されました。優秀なリーダーではあったのですが、多忙な日々で親しい仲間たちとグループを作る時間はほとんどないと思っていました。

「もし、20年前に、『3つのグループに加わり、定期的に会って、自分の気持ちや神について語り合おう』と誘われても、きっと『ありがとう、でもチームは必要ないから』と断っていたと思う」と、彼は述べています。

私たちはしばしば言い訳をします。忙しすぎる、目算が立たない、来年やるつもりだ、など。それはグループから生まれるある種の人間関係を避けるためです。パイパーが自分には一段と大きなサポートが必要だと気づいたのは、薬物依存の治療を受けた後でした。「治療中、家族があるとき話してくれたのですが、私の薬物使用のせいで彼らに辛い思いをさせていました。聞いていて、ぞっとしました」と、話してくれました。

その後、「アルコール中毒者更生者会」（ＡＡ）に参加しました。参加者について彼はこのように言いました。「この会には自分以外にＣＥＯは誰もいませんでした」

しかし、ＡＡグループで彼は、はるかに価値あるものを見つけました。

メンバーは素敵でまじめな人たちで、酒を断ち、いい人生を送ることを目指していました。オープンに、正直に、自分の弱さを隠さないでお互いに協力し合いました。私たちはお互いの行動を支えるために、自分の薬物依存経験を話し合いました。

その話し合いは、決められた12のステップを踏むという規律正しい方法で行われました。私にはとても恵まれた環境だったと感じています。この種の問題を、ただ話すだけでなく、考えて、実際に行動を起こす人たちに囲まれていたのですから。

ＡＡはもちろんのこと、自分たち夫婦の友人たち、そして聖書研究会の助けも借りて、パイパーは立ち直りました。ＡＡへ参加した最初のきっかけは薬物濫用の治療のためでしたが、彼は３つのグループすべてが自分の人間関係と人生を変えてくれたと評価しています。「私たちは大抵、自分たちが求めてやまないバランスを見つけられないでいます。他の人たちの力を借りるのは、とてつもなく大切です。その人たちは同じような問題と戦い何らかの行動を実際に起こしているのですから」と、述べています。

グループの人たちに対して彼は、これまでの人生で直面した問題をオープンに話すようになりました。それは友人たちとの、それまでの数々の表面的なつき合いとはまったく逆になりました。最近の彼の話合いはさらに深みを増し、より意義のあるものになっています。

彼の祖父が一世紀以上前に創業したパイパー・ジェフリー社は１９９４年、財務的かつ法的に途方もないほどの危機に直面しました。パイパーの債券ファンドが5年間で90％も上昇する中、当時の花形マネジャーのひとりが収益を維持するために、一段と高いリスクを冒して複雑な金融派生商品を組み合わせて有価証券を開発しました。１９９４年に金利が下がったときには、ファンドは25％も下落してしまいました。

投資家たちは不正だと非難し、彼らの弁護団が抗議をはじめ、相次いで訴訟が起こりました。その理由として、パイパー・ジェフリー社は、顧客に対して、投資にともなうリスクを通知せず、また手堅い投資であると誤った情報を与えたことが取りざたされました。パイパーは顧客と一緒に問題解決を試みましたが、それもだんだんとむずかしくなりました。もっとも親しい友人たちでさえ何人かは、会社に背を向けるようになったのです。「私に何か問題が生じたときに、私の持つ人間関係がどれだけ強いものかがわかります。つまり、真の信頼関係にあるのは誰なのか、そうでないのは誰なのか、そして、金銭が絡んだ時に私から離れていくのは誰なのか」と、彼は明かしました。

債券ファンドの下落で起こった騒動のせいで、会社の評判と財務状態にリスクが生じました。彼は、「私たちには99年間、顧客に対して真摯にサービスを提供し、信頼できる誠実な会社だと認められてきた歴史がありました。私たちのミューチュアル・ファンドの位置づけは、比較的安全で手堅い投資でしたが、それがそうではなくなったのです」と、言っています。ウォール・ストリート・

ジャーナルの記事で、訴訟による負債は会社の資本金の3、4倍に相当すると予測され、パイパーは会社の将来がいよいよ危ないのだと気づきました。そして、とてつもないプレッシャーの中で、会社を存続させ、家族の資産を守らねばならないと感じたのです。

今でも憶えています。私は必死の思いで長時間懸命に働いて、実行可能な解決方法を探しだそうとしていました。それでも成すすべもなく、自分の力のなさを痛感していました。問題がとにかく多すぎたのです。何万というお客を失望させそうになっていました。3500人の社員とその家族、そしてその他もろもろのことが心配でたまりませんでした。「どうしょう、私の手におえない」と、考えていました。

パイパーは幸いにも、薬物依存の治療中の経験を通して、困難な状況にどう対処すればよいのかを学んでいました。まずは妻に、時間をかけて、時には涙を流しながら、自分の気持ちを話し、理解してもらいました。それから親しい友人たちに、今背負っているプレッシャーを知ってもらいました。

「私たちの友人関係と、私が抱えている問題の解決の正否とは何のつながりもありませんでした」。近しい人たちに、直面している問題が自分の手には負えない状況にあることを知ってもらい、彼は何か救われた気分になれたのです。彼らのサポートのおかげで、恐れに向き合い、置かれている状況をようやく受け入れられたのでした。

パイパーは、信仰心が強く周囲の人たちと良い関係を保っていたおかげで、スッキリとした穏やかな気持ちになれ、孤独感にさいなまれることはありませんでした。この心の内の安定感が極めて大切でした。というのは、彼自身が社員や顧客からの信頼をつなぎとめる必要があったからです。資産運用部門の問題が拡大していたので、他の部門が高い業績を上げねばなりませんでした。大切な人たちからのサポートがあったため、彼は社の幹部たちに、更には第一線の社員たちにも、意図的にありのままの自分をさらけ出そうと考えました。

あるひとつの経験がとくに、自分を裸にすることが強みになるのだと教えてくれました。それまでにはまったくなかった経験でした。

「全国の支店のリーダーたちとその配偶者を一堂に会することにしました」と、話しはじめました。

> 家内と私は決心してその人たちに、１００％正直に何もかも捨てて、裸になりました。嘘も隠しもなく、彼らと同じ思いを持っている姿を見てもらいました。彼らの前に立って、自分たちも怖いのだと話しました。そして、薬物依存だったことや自分の信仰心も話しました。
> それがこれまでになく一番の説得力を発揮しました。彼らはその日を決して忘れないでしょう。私たちが自分たちの弱さを包み隠さずさらけ出したのです。そして、突然全社員が、それまで疑り深かった人たちまでも、私たちを信じてくれたのです。

パイパーは、「リーダーの多くは、自分をさらけ出すのを恐れます」と言います。さらに、「彼らは『自分は強くなくてはいけないし、何にでも答えられなければいけない』と思っています」と。ところが現実は逆でした。パイパーの弱み、正直さ、そして透明性が社員を触発して会社に留まらせる力になりました。彼はやがて訴訟を解決して、ビジネスを再構築しはじめました。株価は1994年のどん底の状態から3倍以上に回復しました。そして1999年にグラス・スティーガル法[27]が廃止された後、商業銀行による投資銀行の買収が許可され、USバンコープがパイパー・ジエフリー社を買収したことで、より幅広い資本基盤が提供されました。

サポート・チームをつくる

パイパーと同様に、大変むずかしい課題に直面しているとして、あなたなら誰に支援を求めますか？　リーダーの多くは這いつくばってでも、あえて助けを求めずに自分で解決しようとします。危機の中で将来の展望を与えてくれる親しい人たちがいなければ、容易に道を踏み外してしまうでしょう。

リーマン社のリチャード・ファルドがまさにそうでした。ただし、それはリスクをはらむ道のりです。危機だからこそ、長年培ってきた信頼関係のある人たちに頼ることが非常に必要なのです。リーダーは自分ひとりの力だけで成功を勝ち取るのではありません。リーダーの孤独感についてはたくさんの書籍がありますが、その対処方法を記述したものはいまだにありません。誰でも不安

27 世界大恐慌の混乱を踏まえ、米国で1933年に制定された金融規制法。名前はグラスとスティーガルという提案議員からとった。

になりますが、中には他の人たちに比べて、その不安を一段とオープンにする人がいます。外面的には最も安定しているように見える経営者たちでさえ、サポートと理解を求めています。だから本物のリーダーは近しい人間関係を創るのです。その人たちが、リーダーが不安に陥っているときには相談相手になり、苦しんでいる折には傍にいてくれ、成功した場合には祝福を与えてくれるのです。

リーダーが個人的あるいは職業上の困難に直面したときには、二つの選択肢があります。親しい人たちに対して平静を装うか、あるいは心の一番奥にある思いや感情をさらけ出してしまうかです。リーダーの多くは配偶者、相談相手、経営陣、そして友人に対してさえ仮面を被ります。そして強い孤立感にさいなまれます。だから、信頼できる人たちに自分をさらけ出し、不安を告白し、恐れを正直に吐露しなければなりません。

人生において、秘密を打ち明けられる人たちがいれば、あなたに何が起きても助けてもらえるという確信が得られます。タッド・パイパーがまさにそうでした。

あなたのサポート・チームは、あなたを肯定してくれて、アドバイスや見通しを与え、軌道修正を促してくれます。そして何にもまして、愛情を与えてくれるのです。大変辛い目にあっている間にリーダーの心が癒されるのは、信頼し、弱さをさらけ出せる人たちと一緒にいるときです。苦しいときには、肩書ではなく、ありのままのあなたを理解してくれる友人に救われるのです。

リーダーに必要なのは多面的なサポート構成です。配偶者や頼りになる親族、メンター、親友、個人的および職業上の支援グループなどです。サポート・チームは、とくに外的な圧力がかかってくるときに、リーダーが道を踏み外さないように支えてくれます。リーダーの多くは、長い年月をかけてサポート人脈を育んできました。

長い時間をかけ、経験を通じて歴史を共有し、いつでも自分をさらけ出せる関係性を作っているからこそ、不確実な状況下で信頼や信用を共有できるのです。だからこそリーダーは、サポートを受けるのと同時に、その人たちをしっかりとサポートしてお返しなければなりません。かくして、互恵関係の絆ができるのです。

ありのままの自分が持つ力

自分にとっても相手にとっても最大の贈り物のひとつは、お互いに100%自分をさらけ出しオープンになる、ありのままになる、それでいて、無条件で受け入れてもらえる関係を築くことです。あなたの弱さ、心に秘めた怖れや労苦を知りそれを受け入れてくれる人なら、その人はあなたの真のパートナーでしょう。リーダーの多くは配偶者とかパートナーと最も親密な関係を築いています。

自分が無条件に愛されていると感じたら、ありのままの自分を受け入れやすくなります。そうなれば、外的な要因、つまり世間の評価に頼らなくてもよくなります。

セイフィコ社のCEOポーラ・ロスプット・レイノルズは、2番目の夫がそういう存在だといいます。

1日の仕事が終わって家に帰るとしましょう。部下たちにバカにされるとか、仕事がうまくいかなくてどうしようもないときには、誰かに「何があっても、愛しているよ」と言ってほしいものです。私にはいつも、家に帰れば、愛してくれる夫がいてくれます。

パートナーとは、あなたがトゥルー・ノースから進路を外してしまったときに、鏡をあなたに差し向けて、愛情を持って真実を語ってくれる人です。パートナーの目には、あなたの社会的な地位や業績はほとんど意味がありません、あなたの本質がすべてなのです。

ほとんどのリーダーは頻繁に批判を受けるのですから、それと戦う鎧兜《よろいかぶと》を持っているでしょう。純粋に愛情だけで結ばれた人たちだけが、リーダーの心の内をおおっている鎧兜の内側に入って行けるのです。

ビッグ・ブラザーズ・ビッグ・シスターズ社のジュディ・ブレデンバーグと彼女の夫は、お互いの価値観、人格、そして人間性を深く尊敬し合っています。彼女は「私は、私の権力とか地位におびえない人と結婚しました」と、述べています。

彼ははっきりさせてくれました。私の社会的地位のせいで、ふたりの関係が私の優位に傾くことはありません。彼は、私について世間が評価する事柄に関心を示しませんが、私の人間性をとても大切にしてくれます。同じように私の達成志向、責任感と価値観も大切にしてくれます。

それでも、結婚生活がうまくいかないとか、仕事がうまくいかないことは多々あるでしょう。そういう状況のときは、別の誰か、すべてを話し合える人物が必要です。親友、メンター、家族の誰か、あるいはセラピストかもしれません。重要なのは、その苦しい時期をひとりで過ごさないことです。ひとりで乗り切ろうとすれば、将来の展望や客観性を保つことが、とてもむずかしくなってしまいます。

リーダーの多くは、家族と一緒のとき気持ちが楽になると言います。若いリーダーたちは、育った家族との関係を大事にして、質の高い時間を、兄弟姉妹、両親、祖父母たちと持てるように努めています。両親を深く理解し、彼らの過去をより深く知れば、自分自身をより深く理解できるようになります。

長時間仕事をするようになったために、リーダーの中には社交活動にはっきりと制限を決めて、家族との時間を持つようにしている人たちがいます。イーベイ社の社長ジョン・ドナホーと彼の妻は、社交行事への参加を一旦取りやめて、4人の子供たちと充実した時間を過ごせるようになりました。

ジョージ・シュルツが国務長官だったとき、彼ら夫妻はワシントンの社交行事を、大統領あるいは副大統領の要請がない限り、すべて欠席しました。JPモルガン社のCEOジェイミー・ダイモンは、表面的な社交行事、たとえばフットボール試合の鑑賞とかゴルフ・プレイといったことには参加せず、3人の娘と過ごす時間を優先させていました。

メンタリング　教え教えられる関係

多くの本物のリーダーには、彼らの人生を変えてくれたメンターがいます。メンターが手を添えてくれたおかげで、一段と高いレベルのリーダーになるスキルを身につけ、本物のリーダーシップを発揮する自信を持つにいたっています。一部の人たち、とくに意欲的なリーダーたちが気づかないのは、メンターとの双方向の関係が重要だという点です。長続きする関係は、双方に行き来するものです。

最高のメンタリングのやり取りでは、相互に学び合い、良く似た価値観を探し求め、喜びを共有します。もしメンターに一方的に助けを求め、メンターの人生に何ら興味を示さないのであれば、その関係は長続きしないでしょう。メンタリングというのは、相互に多くを学び合う互恵関係であり、だからこそ長続きするのです。

次世代のリーダーたちをメンタリングする中で、私は彼らの目線で周囲を観察し、彼らにとって大切なものを尊重し、彼らのキャリア目標を理解することができました。そして、彼らが首尾一貫した人生を送るためにどんなに頑張っているかも知っています。校長のニティン・ノーリアは、ずいぶんと私よりも年下ですが、私のメンターです。私がＨＢＳで教鞭をとった12年の間、彼の聡明さに計り知れないほど助けられました。

若き起業家として駆け出しの会社を育てていたとき、ハワード・シュルツは気づいていました。自分には、怖れや弱さを共有してくれる人間が必要だと。スターバックスがまだ11店舗しか展開していなかった頃、シュルツはウォーレン・ベニスのリーダーシップ論の講義を聴き、「この人こそ、僕が学ぶべき人だ」と思ったそうです。

自分の脆さや不安を他人には打ち明けられないと思っているとき、あなたは誰となら話せますか？ あなたの妻や親友には話せるでしょう。しかし、同じ思いをした誰か別の人からのアドバイスも必要です。私は、ウォーレンに助けを求めて、月に1、2度電話をしました。彼が教えてくれたのは脆さは強みであり、人として大切な資質でもあるということでした。自分の価値観、感情、感性を表に出せば、周りの人たちを勇気づけることができます。周囲に疑われたままで動じない人は、ひとりもいないのですから。

私たちは往々にして、メンターになってほしい人には近づきがたいと思うものです。というのも、人に何かを押し付けたくないからです。自分たちもメンターの役に立てるのだという側面を見落としているのです。ウォーレン・ベニスは、若いリーダーたちに、優れたメンターを探し出さなければいけないと語ります。

彼は探すプロセスを、相互に学び合っているダンスの練習になぞらえています。自身のメンターと近しい関係を創り上げたやり方を振り返って、彼は「メンターは、私がオープンでエネルギッシュ、探究心を持ち自制心がある点を買ってくれた」と、語りました。

ビジネス・スクール時代、ローリンズ校長が、私の面倒を見てくれ、リーダーとして成長するよう熱心にサポートし、ビジネスや社会をリードする深遠な目標を理解できるようにガイドしてくれました。コーチし、駆り立て、課題を出し、そして無数の機会を与えて、私の内なる資質を育ててくれました。時には彼に憤慨することもありましたが、それは私への身に染み入るような指導で、その後も長い間心に残りました。

メンターは必ずしも、あなたに都合がよい人ではありません。あなたを万能な人間だと言ってくれることもありません。優れたメンターはときには、愛のムチをふるって、あなたを批判します。それは指導の一環です。クローガー社のデイビッド・ディロンが、彼の若いときのメンターについて語ってくれました。彼は、29歳でマーチャンダイジング副本部長として、ディロン社のフライ・スーパーマーケット部門を担当しました。ある日、ディロンはチャック・フライから電話をもらいました。フライは起業家で彼のファミリー・ビジネスをディロン社が買収していました。

電話の内容は、ディロンと一緒にフライの店を一緒に視察しようというものでした。ソフトドリンクのコーナーの前で立ち止まり、フライはディロンに長々と質問しました。何か気がついたことはないか。ディロンは質問に答えられませんでした。店の中で何が起きているのか観察していなかったのです。フライはこう解説しました。「このディスプレイは、お客さまのためじゃなくて、売り手の利益を最大化するために作られています」

数年後になってディロンは知りました。フライの視察の真の目的は、ディロンがフライから師としてメンターとして学ぶ意思があるかどうかを判断しようとしていたのです。もし、ディロンにその意思がなければ、彼を現場から外そうと考えていました。その翌年の1年間、ディロンとフライは、直接か電話で話せる時間を毎日1時間取るようにしました。

思い返すと、マーチャンダイジングVPとして自分は失格だったと思います。でも、それに気づいてさえいませんでした。大変貴重なレッスンになりました。リーダーをまったく未知の職務につけて、良い成果を期待することはできません。まずはその仕事のツボを教えなくてはいけません。チャック・フライがいなければ、スーパーマーケットのビジネスで成功できなかったと思います。

ディロンの経験はメンターを持つ大切さを教えてくれます。ただ単にサポートするだけでなく、あなたに正面から向き合ってくれるメンターです。しかし現実には、いつも傍にいて助けてくれるが、変革や改善を迫ったりはしないメンターを重宝するリーダーが多すぎます。メンターにしてみれば、良い聞き手になって、他人の考え方をサポートするのは比較的やさしいのですが、相手の弱点や盲点を指摘するのは一段とむずかしく、より大きなリスクをともなうものです。

もちろんサポート・チームとして、現場にいて必要に応じてサポートするという大切な役割があります。エコラボ社のマーサ・ゴールドバーグ・アロンソンがある上司との経験を話してくれました。その上司は、彼女をサポートする一方で、彼女に現状の守備範囲以上の仕事をさせようとしていました。彼女が新しい職務に就いたときに、上司は次のように言いました。

いつかある日、君はずいぶんと枝の先のほうまで来てしまったと感じるだろう。そして、風が吹いて、その枝が上下に揺れていると感じるだろう。枝が折れる音がして、落ちてしまうかもしれないよね。そんなとき、私が下にいてちゃんと受け止めてあげる。

それは、アロンソンがカテーテルの新商品の品質問題に直面する少し前のことでした。彼女の言葉です。「枝が何回か折れました。そのときボスは本当に私を受け止めてくれました」

物事がうまくいかないときに、リーダーが支えてくれるとわかっているだけで、とても力が湧いてきます。そして、自分だけが取り残されていないことがわかれば、重要な課題を引き受け、誰かに足元をすくわれるのではないかと心配せずに、堂々とゴールを目指せるのです。

メンター支援で、マーク・ザッカーバーグの成長が加速

フェイスブックの創始者でＣＥＯのマーク・ザッカーバーグは、自分たちのアイデアを１０００億ドル以上の市場価値に転換した稀有なひとりです。ザッカーバーグが辿った道は数人のメンターに支えられていました。中でも、ワシントン・ポスト紙のＣＥＯドン・グレアムからは多大なサポートを受けました。

2005年の初め、ザッカーバーグはドン・グレアムに会いました。グレアム一族は50年以上ポスト紙を支配してきました。グレアム個人のメンターがウォーレン・バフェットです。バフェットがアドバイスし、手を貸してポスト紙を長期的な価値創造にフォーカスする会社へと変革させました。

最初の面談で直ちに、グレアムとザッカーバーグは意気投合しました。ザッカーバーグはグレアムを見習いたいと思ったと振り返っています。そして、グレアムは、フェイスブックの創業者が大変気に入ってその場でフェイスブックに投資すると申し出ました。ザッカーバーグは、ポスト社から600万ドルの投資の申し出を受け入れると口頭で表明したのですが、その後アクセル・パートナー社から一段と高額な投資の提案があって、グレアムの申し出を断る結果になりました。ところがこの一件が実際には、ザッカーバーグとグレアムの仲を一段と近づけました。グレアムが感動したのは、ザッカーバーグがフェイスブックの株主への義務と、グレアムと一緒に良い仕事をしたいという希望との間で、二者択一の選択をしたそのやり方についてでした。

その年の後半にザッカーバーグは数日間、グレアムにぴったりと同行し、CEOはどう時間をやり繰りすべきかを学びました。グレアムはザッカーバーグの重要な意思決定にアドバイスを提供しました。たとえば、シャリル・サンドバーグをCOOに採用するなどです。グレアムはまた、サンドバーグに、彼女よりもかなり若いザッカーバーグの部下になるように勧めました。ふたりの関係はますます深くなり、グレアムもまた、ザッカーバーグにオンラインでポスト紙の読者を取り込むためのアドバイスを求めました。

ザッカーバーグのメンター・リストは、会社が成長するにつれて、数を増していきました。最初の頃、彼はショーン・パーカーを頼りにして、自分が会社をコントロールしながら自己資本を増やすにはどうすればよいかを教えてもらっていました。最近では、ビル・ゲイツやシリコン・バレーのベンチャー投資家のマーク・アンドレッセンにも相談しています。それでもなお、グレアムとの関係は依然変わらずに続いています。現在、グレアムはフェイスブックの役員会の筆頭取締役です。

コーチ・キャンベル[28] シリコン・バレー有数のメンター

インテュイト社の会長ビル・キャンベルは、シリコン・バレーのメンターの長老です。北部カリフォルニアのベンチャー・キャピタルや企業の取締役会で、キャンベルの意見を聞かずに新しいCEOを採用する事例は少ないでしょう。「コーチ・キャンベル」は表面にはあまり出てきませんが、シリコン・バレーで最も尊敬されている経営者のひとりです。

キャンベルはこれまでに何十人もの起業家やビジネス・リーダーのメンターを務めました。その中には、私たちがインタビューしたランディ・コミサー、ドナ・ドビュンスキー、ブルース・チゼンの3人も含まれています。その無私の精神が幸いしてキャンベルは、彼の精神は若いころフットボール競技で培われのですが、メンティー（メンタリングを受ける人）、サポートする人、友人たちとの強い絆のネットワークを作り上げています。人々が彼にひきつけられるのです。というのは、彼は自分が出会う人たちのリーダーとしての才能を解き放ってくれるからです。

キャンベルはコロンビア大学で、（アメリカン・フットボールの）オフェンス・ガードとして活躍し

28 2016年4月18日に癌で死去。

ました。その頃の強い輝きが今でも彼の両目に宿っています。一見すると彼は、広い肩幅と締まった顎を持ち、そして力強い話しぶりで、まるでタックルをかけるようです。

ところが外見のいかつさに反して彼は、純粋に周りの人たちを気にかけています。コミサーは、「ビル・キャンベルと一緒にいると、彼は自分自身のことにはまるで関心がないようだ」と言います。

アップル社の経営陣のひとりだったキャンベルは1987年に、スピンオフ事業としてクラリス部門の立ち上げを主導し、そこに有能な人材を採用しました。その中に、コミサー、ドゥビンスキー、チゼンがいたのですが、彼ら全員がやがてCEOの職に就きました。3人それぞれが、クラリス時代のことを大変懐かしがっていて、キャンベルに深い愛情を抱いています。彼らは今でもキャンベルと定期的に連絡を取って知恵を借り、むずかしい意思決定事項へアドバイスを求め、友情を交わし、一緒に笑える仲です。強い絆で結ばれた家族のようです。

キャンベルとメンティーたちとは強い互恵関係が結ばれています。ドュビンスキー、コミサー、チゼンは、キャンベルが自分たちのスキル向上に力を貸してくれることを知って、クラリス事業の立ち上げを助けました。ドュビンスキーは、こう話してくれました。「ビル・キャンベルが私たちに教えてくれたのは、チームの構築、会社経営、そして従業員とのコミュニケーションのやり方でした」

キャンベルは、3人が本物のリーダーシップを発見できるように、そのロール・モデルになってくれました。ドュビンスキーは、キャンベルが人に対して常に敬意を払っていたことを憶えています。

「ビルは出社すると、受付の担当者と毎日数分間言葉を交わしていました。彼女の人生問題を知っていて、そのことが彼女の子どもたちの行動に影響するのでは、と心配していました」

キャンベルはまた、愛のムチの使い方を知っていました。経営チームには、狭い視野で物事を考えるのではなく、それを越えて会社全体の利益にフォーカスするように強く指導しました。ドュビンスキーの述懐です。

「私にはよくプレッシャーをかけていましたよ。私がチームの代表だと思っていたようで、会社全体としての最善の利益を見極めるように強調していました」

最も重要なのは、キャンベルが3人を力づけるために、つねに彼らに助言を求め、自分の弱みもさらけ出したことです。コミサーが回想しています。「ビルはひとりの人間として、私たちに彼自身のありのままの姿を見せていました」

彼はよく社員全員に、「これをやりとげるぞ!」と激励するスピーチをしていました。それから、私達は彼の部屋に呼ばれ、ドアを閉めてから、「本当は心配なのだ。どうだろう、君たちはできると思うかい?」と言うのです。私の目の前にいるのは、ひとりの弱い人間でした。彼が落ち込んでいるときに、私はサポートできたのです。

弱さを隠さず、自分の部下をアドバイザーにしたキャンベルは、コミサー、ドュビンスキー、チゼンに自信を持たせ、本物のリーダーへの許可証を与えたのです。コミサーはこう言いました。キャンベルのメンタリングを受けて気持ちがとても楽になったと。

ビル・キャンベルは会議の席では、大変な博識と経験を披露してくれます。彼が魚を釣ってくれるのではなく、どうやったら魚を釣り上げられるのかを教えてくれます。そのビルの姿から、彼がどれだけ私たちに信頼をおいて、私たちの今後を気にかけてくれているのかが伝わってきます。それは、最高の愛情表現なのです。

最高のメンターは、メンティーの利益を優先させます。その結果、彼らの関係は人間同士の友情関係に発展していくのです。ウォーレン・ベニスと私の関係がまさにそうでした。そして、強いメンタリングのおかげを受けた人が今度は誰かのメンターになっていく、というようにこの循環が続いていくのです。

真の友情関係

近しい友人関係は年月をかけた共有の経験から生まれます。お互いが相手を純粋に尊重しています。両手で足りないほどの親友を持っている人はあまりいませんが、その友人たちと定期的に連絡を取り合っているはずです。

親友は、リーダーが落ち込んでいるときや、背中を押して欲しいときに、力づけてくれます。友情が深まるのは多くの場合、互いの弱さを見せ合うからです。ありのままの自分でいる、それが友情を育む必須条件なのです。メンタリングと同様に、友情もまた双方向の関係で、両者にとって有益なのです。もしも、一方が与えるばかりで他方が受け取るばかりの状態になったら、その友情は長続きしないでしょう。

ダヴィータ社[29]のCEOケント・サイリーは、セコイアの樹をたとえにして、近しい関係を作る方法を説明します。

「森の中で、セコイアの樹は最も背が高く、力強く長生きします。どうしたら、大きく、強く、長生きできるセコイアを育てられると思いますか？　それには時間がかかるのです」

大学を卒業した後、サイリーは一所懸命に、数人の友人とのコンタクトを続け、彼らを訪ね、同期会を開いていました。彼はまた、彼らとの友情がどれだけ大切なのかを伝えました。「別の樹を育てはじめることもできるのですが、ゆうに10年はかかってしまうでしょう。ただ、飽きたからといって今まで育ててきた樹を勝手に切り倒すのは許されません」

長年つきあった友人との間には、さまざまに人生を共有した特別な絆が育ちます。しかし、その関係には栄養を与えなければいけませんし、当たり前だと思ってはいけません。さまざまな慣例イベントが友情を長続きさせてくれます。メドトロニック社の執行副社長クリス・オコネルは、ビジネス・スクール時代の同級生7人とグループを作っています。その7人は彼の親友です。「1年に一度、一緒に4日間の休暇を過ごします。12年続いていますが、これまで誰ひとりとして、ただの

29 ダヴィータ・ヘルスケア・パートナーズ（DaVita HealthCare Partners Inc.）は、コロラド州デンバーに本社を置く、慢性腎不全患者のための透析サービスの供給を行う企業。

一度も欠席していません」

人生のさまざまな段階を共有して成長すると、私たちはお互いを一段と深く理解できるようになります。人生を一緒に過ごしてきたからこそ、親友は些細なことにも気づいてくれます。たとえば、他の誰もそうとは気づかなくとも、今あなたに必要なのは身に染みる励ましだとかです。そして、あなたが道を踏み外しそうになったときには、ためらわずにそう教えてくれるのです。

トゥルー・ノース・グループ

深い本物の友情を育む方法のひとつとして、トゥルー・ノース・グループを利用するやり方があります。この命名は友人のダグ・ベーカーI世と一緒に考えました。トゥルー・ノース・グループとは、定期的に集まって、人生の重要な案件を話し合う友人たちのグループにちなんでいます。このグループでは、安心して心を開き、互いの弱さや難題をわかち合い、心が通う議論ができます。かなりしっかりとしたしくみになっているので、メンバーは信条や人間関係を掘り下げたり、直面している難問をじっくりと考えることができます。2011年、ベーカーと私は、自分たちのグループを作りたい人たち向けのガイドとして、*True North Groups* という本を書きました。

人生の予期できないできごとに備えるために、ウォーレン・ベニスはリーダーたちにこうアドバイスしました。「あなたに真実を告げてくれる人、そして、あなたが真実を告げられる人たちとグループを作りなさい」

自分の周りにそのような人たちがいれば、他に何が必要でしょうか？　もちろん、9・11に備えることは決してできませんし、これから何が起こるかわかるはずはありません。自分にできるのは、自分ひとりで知りえる以上の現実を理解する方法があるのだと確信を持つことだけです。

ベーカーと私は1974年のある週末を一緒に過ごしたことをきっかけに、男性だけのグループを作りました。それから40年たっていますが、いまだに毎週、ミネアポリスの教会で集まっています。心の奥の感情を共有できるグループ持つのはまさに神の恵みです。

私たちが話し合うテーマは、精神的あるいは宗教的な信条や疑念、仕事上の困難な問題、結婚や家族のトラブル、そして自己啓発上の問題といった点です。

毎週、メンバーのひとりが口火を切って、信仰あるいは自己啓発について議論をはじめます。原則としては議論を、本、詩、あるいは論説を参照して深めていきます。最近、あるメンバーから提案があり、通常のやり方を一旦棚上げにして、彼が直面している大いに個人的な問題についてアドバイスを聞くことになりました。

議論は白熱しましたが、白黒をつけるものでは決してありませんでした。私たちの誠実な取り組みは、メンバーをときには違う方向へと向かわせたりもしますが、お互いに気遣い、尊敬し合っています。

年月を重ねて私たちは、歴史を共有しているという感情を育くんできました。あるメンバーはアルツハイマー病で亡くなり、別のメンバーは薬物依存、離婚、反抗的な息子、子どもの死、失業、そして自身の健康問題で悩んでいます。私たちが決して話しつくせないテーマのひとつは、それぞれの父親との関係です。というのも、私たちのほとんどは父親と複雑な関係にあったため、いまだになぜそうなのか理解しようと努力しているからです。

このグループの一員であるおかげで、私は長年恩恵を受けてきました。自分が持つ多くの側面を、弱さも脆さを含めて、職場の同僚たちにもありのままの自分を見せることができ、自分の行動に確信が持てるようになりました。

私たちは全員、このグループが自分たちの人生に欠くべからざるほど大切なものだと思っています。自分たちの信条、価値観、極めて重要な問題の理解などを明確にすることができ、さらには、最も必要なときに互いに正直な意見を言い合える場でもあるのです。このグループが成功した鍵を私たちは、「正直な会話」だと呼んでいます。つまり、人の判断、批判、そして仕返しを恐れないで、自分が信じるままを話せるのです。

サポート・グループにはさまざまな形態があります。たとえば、ペニーと私は、3組の夫婦とグループを作って20年来のつき合いをしています。毎月の会合では、充実した議論をしています。信仰、人生、家族、自己啓発などについてです。また、定期的に一緒に旅行へも出かけます。

私のHBSでの講義「本物のリーダーシップ開発（ALD）」では、6〜8人一組でリーダーシップ開発グループを作っています。各グループが一単位になってクラスで学ぶのです。2005年に開始して以来ALDは、MBAの学生と管理者教育の参加者の両方にとって最も人気がある選択科目のひとつになりました。過去10年間で、6000人がこのグループに参加しました。すばらしい議論が生まれ、さらに重要なことに、強い絆がグループのメンバー間で育っています。1週間だけの経営者プログラムでも同様でした。それぞれのコースの最後に、何がコースの中で最も有意義だったかという評価をしてもらうのですが、例外なく、少人数のグループ・セッションが他のどの学習形態よりも高く評価されています。

リーダーシップへのあなたの旅路に紆余曲折はつきものです。人生には難題がいっぱい詰まっています。倫理的なジレンマ、中途でのキャリア変更とか燃え尽き症候群、手に負えそうもない人間関係の難題、結婚や家族の問題、失敗、そして孤独感などです。時には、方向を見失うとか、自分のトゥルー・ノースを踏み外してしまうでしょう。

ひとりで道に戻るのは大変むずかしく、おそらく不可能だとさえ言えます。そういうときにこそ、サポート・チームが必要です。重要なのは、こういう人間関係を人生の危機に直面するずっと以前に築いておくことです。こういった人間関係を作るのが、危機が起きるのを防ぎ、トゥルー・ノースを正しい方向に向け続けるための最善の方法だと実感しています。

演習

自分のサポート・チームを作る

次の演習問題に取り組んで、あなたはどんなサポート・チームを作りたいのか考えてください。

1 現在と過去おいて、あなたの人生で最も大切な人をリストアップしてください。

a 誰が、あなたの最も大切な人ですか?

b なぜ、あなたにとって、その人が大切なのですか?

c どういうふうに、あなたはこの人からサポートしてほしいと思っていますか?

2 生まれ育った家庭は、あなたがリーダーとして成長するのにどのような影響を与えたと思いますか?

3 リーダーであるあなたのメンターは誰ですか? あなたには特定の先生、コーチ、あるいは助言者がいて、その人があなたのリーダーシップへの関心とかリーダーとしての成長に影響を与えましたか? どういう風にあなたは、そのメンターを手助けして、互恵関係を作り上げたのでしょうか?

4 もし物事がうまく行かなかったら、あなたはどんな友達を頼りにしますか？　抱えている難題を隠さずに話せる友人がいますか？　相互に率直なフィードバックができますか？

5 あなたは、個人的な支援グループを持っていますか？　もしイエスなら、あなたとあなたのリーダーシップにとって、それはどんな価値や意義があるのでしょうか？

第8章
公私を統合する人生
Integrated Life

成りゆきまかせでは、
世間に流されてしまいます。
自分が望む人生を送りたければ、
意識した選択を重ねなさい。

ジョン・ドナホー、イーベイ社CEO

成功したリーダーには、複雑できつい人生がつきものです。コミュニケーションの頻度が増すにつれて、ビジネスのペースが速くなります。とはいえ、この新しい現実にどう対処していいのかを知っている人は必ずしも多くはありません。

誰にとっても時間は足りないのですから、その時間内でやりたいことをするしかありません。現実はますますリーダーを多忙の中に巻き込んでいくからです。人生のすべての側面で完璧なバランスを取ることもできなくなるでしょう。

人生には、仕事、家族、友人と地域社会、そしてプライベート・ライフの側面が含まれます。そうなれば当然、何かと何かをトレードオフしなければなりません。そのやり方次第で、充実して人生を送れるかどうかが決まるのです。

本物のリーダーは常に考えています、しっかりと大地に根を下ろすことが大切だと。だから、成功しているときにうぬぼれず、落ち込んでいるときに自分を見失うこともありません。家族や親しい友人たちと一緒に時間を過ごし、フィットネスをし、精神修養を行い、地域社会に貢献し、自分の育った場所に戻って行きます。このようにしてリーダーは大地に根を下ろしているのです。こういった根を下ろすやり方がリーダーたる者に相応しい条件です。だから本物のリーダーでいられるのです。

本物のリーダーは、際限なく仕事を引き受けてそれにすべての時間を取られてしまわないで、家族を優先させ、自分自身の世話もしなければなりません。健康、気分転換、心の問題、そして内省などです。そのための特効薬はありません。だからといって、人生の諸相のバランスをおろそかにすれば、脱線しかねません。

「公私を統合する人生」を送るためには、個人生活と職業生活の重要な側面をまずは同じ土俵に乗せなければなりません。その中には、仕事、家族、地域社会、友人が含まれます。そうすれば、どの側面であっても、そこでいつも変わらぬ自分でいられるのです。

本物のリーダーにとって本当の自分でいるためには、職場でも家庭でも同じ自分を貫き通さねばなりません。それには不断の努力が求められます。その見返りに個人的な達成感が得られるのです。その結果として、人生のどの側面においても、リーダーシップを有効に発揮できるようになるのです。

ジョン・ドナホー　人生を目いっぱい生きる

1983年秋、ボストンのある静かな夕暮れどきに、当時23歳だったイーベイ社のジョン・ドナホーは、婚約者のアイリーンとゆったりとしたディナーを楽しんでいました。大学卒業後ちょうど1年で、ドナホーは既にベイン社のコンサルタントとして大変に高い評判を得ていました。彼は、目を輝かせて、自分のキャリアの将来展望を話していました。

ディナーの途中、アイリーンが口にしたのは、ジョンが自分のキャリアに支払う人生の代償は何かということでした。彼女は心配したのです。長時間の労働、度重なる出張、それにストレスのせいで、彼がふたりの親密な関係を持てなくなるのではないかと。彼女はそのことをピンポイントで尋ねました。「それが本当に、あなたが欲しい人生なの?」。ジョンは「いや違う」とはっきり答えました。そして財布の中から1枚の紙、ショーマット銀行のレシートを取り出し、その裏に「僕は一介のマネジメント・コンサルタントの人生を送るつもりはない」と書き、署名しました。

「彼女が私に言いたかったのは、『私らしくいて欲しい』だったのです」と当時を振り返っています。

ドナホーは昇進を続け、ベインの全世界の代表（マネジング・ディレクター）になる一方で、自分らしい本物の人生を送れるよう努力しました。「私の究極のゴールは、影響力を持った本物のビジネスマンになること。それと同時に自分がこうありたいと思う父親、夫、友人、そして人間になること。人間的な側面こそが最高のゴールであり、究極の課題だと思うのです」

ドナホーには、「満足できる人生を生きるのは、追い求め甲斐のあること」です。そして公私を統合したおかげで、一段と成果を上げるリーダーに成長できたと思っています。「前もって約束された楽園はひとつもありませんね」

悪戦苦闘は終わりなく続きます。年齢を重ねてもトレードオフや選択が楽になることはありません。私の個人的そして職業人としての人生はゼロサムのトレードオフではありません。今、間違いなく言えます。子どもたちと多くの時間を過ごした私は、プロの職業人として、以前よりもはるかに高い成果を上げられるリーダーになっています。充実した子どもたちとの生活のおかげです。

公私の統合、それをどう実現するかが、リーダーたちが直面する最大の課題です。ドナホーは、本物でいるには努力を継続する必要があると言います。

さまざまな課題、つまり、本物の自分を維持し、自分らしさを保ち、学習し、成長を続けるなどの努力は、どこに居ようと、変わることなく必要です。成りゆき任せでは世間に流されてしまいます。自分らしく生きるには、意識的に選択をしなければなりません。ときに選択はとてもむずかしく、たくさんの間違いを犯します。

ドナホーが下した最初の大きな意思決定は、ビジネス・スクールの1年目のときでした。年度末試験の期間は彼の学校生活の中で最も過酷なものでした。最終試験の前日に、妻のアイリーンに最初の子どもの陣痛がはじまりました。彼は、子どもの誕生か成績か、どちらが大切なのかを自問しますが、その答えは明白でした。

それまで学業で優秀な成績を収めていたのですが、今回はトップの成績を目指すのを諦めざるを得ませんでした。「思いがけず、良い成績をとらなくてもよいのだという理由ができました。全科目でAはとれないと納得せざるを得ませんでした」。試験は近づいてきましたが、アイリーンと過ごす時間が増えました。同級生たちのストレスはだんだんと大きくなっていましたが、彼は不思議なくらいリラックスしていました。

彼自身が大変驚いたことに、ドナホーはその学期で最高点をとりました。「きっと、少しだけ広い視野で物事を見られたからだと思います。クラスで一番頭が良いわけではありません。同級生たちを見ていて、ストレスが高じて効率が落ちているとわかったのを憶えています」。この経験のおかげで彼は、個人生活を充実させれば、職業上の成功に繋がると気づいたのです。

数年後、ドナホーは新たな選択に直面しました。それは彼の信念、つまり、自分らしさを貫けば公私を統合できるという信念を確かめるものでした。アイリーンは、ロー・スクールを卒業後、連邦判事の書記の職をオファーされましたが、朝7時半までに出勤するのが条件でした。ドナホーに選択の余地はなく、彼は毎朝ふたりの子どもを学校に連れていくことにしました。

ところが、彼の仕事にとってさまざまな地域への出張が不可欠だったため、ベイン社のサンフランシスコ支社長のトム・ターニーに、辞職せざるを得ない旨を伝えました。するとターニーは、笑ってこう言いました。

「ジョン、何とか解決できるよ」。彼はドナホーを地元担当に配置換えして、子どもたちを学校に送った後に、クライアント企業を訪問できるようにしたのです。

ドナホーは、驚きました。担当するクライアント企業が彼の選択を評価してくれたのです。クライアントに対して、自分の状況を正直に次のように説明していました。「このプロジェクトは私にとって大切な仕事です。仕事は一所懸命やりますが、10時前までに貴社へ訪問する約束はできません」

> クライアントの反応は、ポジティブでした。私の熱意と貢献度合いをこれまで以上に評価してくれました。以前の私ならとてもじゃないけれど、こんなふうには考えられませんでした。ビジネスの世界ではおおむね強気の姿勢で振る舞い、すべてうまくいっているという印象を与えようとします。

ドナホーは気づいたのです。公私を統合して人間の幅を広げるとますます、リーダーとして成果を上げられるようになるのだと。彼はこう振り返っています。

「その年は、クライアント担当として最高の年でした。クライアントの理解が得られて私はのびのびと仕事ができました」

自分のチームとクライアントにありのままの自分をオープンにしたことで、チームの業績が伸び、クライアントとの関係も強化されたのだと、彼は考えています。

その翌年、ドナホーはベイン社のサンフランシスコ支社長に任命されました。6年間その仕事を続けた後に、速いペースの生活に疲れ果てたと感じた彼は、上の息子ふたりが10代になる前に、彼らと今まで以上の時間を持ちたいと思いました。それで、自分の仕事を同僚たちに任せ、3カ月の長期休暇を取りました。

「家族の絆を深めるいい機会になりました」と述べています。

まずは家族全員でヨーロッパに出かけ、それから妻と4人の子どもたち一人ひとりと別々に1週間の旅行に出かけました。充電してベイン社に再び帰った1年後、全世界を統括するマネジング・ディレクターに任命され、ターニーの後を継ぐことになりました。この辞令を受けたのが、2000年初頭で10年に及ぶ経済不況に入ったときでした。そして、子どものひとりに健康上の問題が見つかり、それまでに経験したことのない試練が訪れました。

「子どもの健康問題がわかったのは、マネジング・ディレクターになった後すぐでした。そして、コンサルティング業界も30年来の不況に見舞われていました」

これほどの厳しい試練に対処するのは、これまでの人生にはありませんでした。家族、友人、コーチや同僚たちに、信じられないくらい助けてもらいました。こういった現実の中で、否が応でも、本当の自分、そして自分の脆さといった感覚を職場に持ち込まざるを得ませんでした。人生はなまやさしくはありません。

個人的な状況を打ち明けたために、パートナーたちとの関係が深まり、皆で不況を乗り切ることができました。自分の脆さを受け入れることで、ドナホーは落ち着いていられたのです。「仲間たちを信用していました。どこに向かっているのか、どう進めば仕事がうまくいくのかを皆で話し合えたのです」。彼は信じています。彼が会社に貢献できたのは、苦しい環境の中でも、公私を統合することができたからだと。

情緒的なエネルギーの多くを家族に注いでいたので、個人的には経済不況だと実感していませんでした。だから、リーダーとして一段と成果を上げられたのだと思います。私がベインの仲間に残せる遺産があるとすれば、経済不況を乗り超える際のリーダーの振る舞い方だろうと思っています。

ベイン社でリーダーとしての職務をまっとうした後に、ドナホーはイーベイ社のCEOに就任しました。メグ・ウィットマンの後継者でした。そしてその会社をシリコン・バレーのハイテク産業界で競争力のある会社へと成長させました。彼は２０１５年にイーベイ社を引退しましたが、引退前には大成功したペイパル事業の子会社化を完了させました。

アイリーン・ドナホーは、ふたりで話し合ったあのボストンの夜から30年が過ぎた今でも、夫のジョンがサインしたショーマット銀行のレシートを忘れたことがないと言います。「まだ財布の中に入れてあるのですよ。これまでの年月で、何度となく取り出しては見ていました」。ドナホー夫妻は、人生のさまざまな難局をうまく乗り越え、自分たちに相応しい人生をふたりが一緒になって目指し続けています。このパートナーシップの関係はすばらしい見本で、意味ある人生を意図的に築く方法だけでなく、意味ある人生がどれほど大きな幸せを与えてくれるかも教えてくれます。

仕事と家庭生活を調和させる

最近、成長途上のリーダーたちはこんな悩みを持っています。「自分には、大きな仕事をし、かつ、充実した家庭の両方が得られるのだろうか?」

これは私がMBAの学生やメンタリングしている社会人から最も頻繁に聞かれる質問です。心理学者のエレン・ランガーがワーク・ライフ・バランスの概念について取り組んでいます。「私が思うに、理想的なワーク・ライフ・バランスは、仕事と家庭をそれぞれ独立したカテゴリーとして扱うのではなく、仕事と家庭を統合したものと考えるべきです。人は職場であろうが、遊びの場であろうが、基本的には同じ自分に変わりないのです」

仕事のプレッシャーが増え、時間のコントロールもままならず、そのうえに共働き世帯という入り組んだ現実の中で、仕事と家庭を両立するのはこれまで以上にむずかしくなっています。若いリーダーたちが目撃してきたように、彼らの両親の世代では、仕事のために家庭を犠牲にして破綻した結婚生活や離別関係の痛みを抱えて生きた人たちが多くいました。若い人たちは、自分たちは違う人生を送ると思い定めているのですが、多くの場合、どうすればよいのかがわからずにいます。

仕事と家庭生活の両立は、リーダーが直面する非常に難解な課題のひとつになっています。明確な解答がないため、トレードオフが常につきまといます。私たちのほとんどは、仕事での成功だけでなく、それにふさわしい結婚も家庭生活も手に入れたいと思っています。

そうできれば、確かにすばらしい。問題が起こるのは、自分自身や家庭を会社のために犠牲にすることが習慣になってしまうときです。何年かが過ぎ、出世の罠にはまりこんでしまい、そこから抜け出せなくなってしまうのです。なぜなら、贅沢になれて生活費が嵩みすぎてしまい、辞めるに辞められなくなっているからです。

それでも、このような罠があることに、まだ若いときには気づかないものです。私のアドバイスは、明確な基本原則を自分のワーク・ライフ・バランスの中に定め、それを守りなさいというものです。出世するためには何でもやるという習慣を身に着けないようにしなければなりません。

私がリットン社で働いていたころの直属の上司は、社内トップ5のひとりでした。彼はビバリー・ヒルズに豪邸を構え、いくつかの会員制クラブに所属していました。そのくせ私にはしばしば声をかけて、自分の仕事が好きではないと話していました。

ある日、私は彼にこう言いました。「そんなにこの仕事がいやなら、どうして辞めないのですか?」

すかさず彼は答えました。

「今の生活を続けるためには、辞めるわけにはいかない」

数年後、その上司は肺癌で亡くなりました。ストレスを解消するためのたばこが原因でした。

その微妙なバランスを知るには、仕事と家庭生活の間に明確な境界線を設けなければなりません。そうすれば、自分の人生を楽しく過ごす道が開けてくるでしょう。それ以外の道を選ぶと、お金をたくさん稼いでもそれを家族と共有できる時間を持てないとか、配偶者や子どもたちを顧みなくなって彼らと疎遠になってしまいます。

共働き夫婦の仕事と家庭の管理

10代のころから私は、大企業を率い、しかも、すばらしい家庭生活も送ると心に決めていました。友人の父親の中には、出世のために家庭を犠牲にした人たちもいたので、それが自分の身の上に降りかかるのではと心配していました。

ペニーとはデートを重ねているときから、どうすれば、お互いの仕事をサポートしながら、家族との時間を多く持てるかを話し合ってきました。子どもたちが生まれる前までは、両方のバランスを取るのは比較的楽でした。そして共働きをしながら、スケジュールを合わせて仕事を離れたふたりの時間を過ごせたのです。

ところが、息子のジェフとジョンが生まれてからは、すべてが一変しました。ペニーは心理学の修士号を取得したのち、心理コンサルタントをしていました。息子たちの出産時にはそれぞれ休暇をとり、その後はパートタイムの仕事をしました。その間に、私の仕事は多忙を極めるようになっていました。定期的に日本やヨーロッパに出張し、時にはそれが10日間に及ぶこともありました。私が留守をしたせいで、ペニーには子育てばかりか仕事のうえでも、大きなプレッシャーを与えてしまいました。

私はできる限り役割分担をしようとして、子育てや雑用、息子たちの学童保育やスポーツ教室への送り迎えなどをしました。ペニーの精神的負担を軽減させる努力もしました。うまくできたとは言えません。もちろん、私が頑張れば頑張るほど、ペニーの負担が増えてしまうことになっていました。とくに私が出張で留守にしているときがそうでした。最近では、成人した息子や彼らの家族が抱える問題について、当時に比べると一段と現実的に考えるようになっています。

家庭生活の諸問題

結婚生活は、決して安定した状態で続くものではありません。良好で長続きする結婚生活のためには、あなたと配偶者のたゆまぬ努力が必要です。隠すことなく、お互いの違いや心配ごと、そして弱みについて話し合わねばなりません。

ペニーがずっと私たちの関係のバロメーターでした。お互いの間に距離ができるときとか、自分だけの世界に囚われすぎているときなど、ふたりで問題を徹底的に話し合うように仕向けてくれました。これが、私がもっと心を開くための、とてつもなく大きな助けになりました。

当然のことながら、1980年代にハネウェル社で経験したプレッシャーは相当なもので、それを家庭の中にまで持ち込んでいました。そのころの数年間は、出張が相次ぎ、それがペニーにも私にも負担になっていました。仕事は以前よりも楽しくなくなり、それで会社の外に何か充実感を得られる活動を探しはじめていました。

一方では、ストレスが家族や自分自身に影響を与えているとは考えてもいませんでした。私が助けられたのは、ペニーが私の振る舞いやそれが彼女や子どもたちに与える影響を直言してくれたからです。私たちの結婚生活は苦しい時代を乗り越えたのですが、容易ではありませんでした。メドトロニック社への転職は私個人だけでなく、家族にとってもより良い結果をもたらしました。

大変強いプレッシャーを感じているときには、それがもっとも近しい周りの人たちに与える影響については気づかないものです。振り返ってみれば、職場ばかりか、家庭でも現実に向き合うのは苦痛でした。職業人生では方向転換を迫られ、そして人生で何が本当に大切なのかを考えさせられました。

公私を統合した人生、それが優れたリーダーの条件

良いリーダーとは何かを考えてみましょう。週80時間働く仕事人間で、会社の仕事をすべてに優

先させる上司でしょうか？　それとも、週に50～60時間一所懸命に働き、仕事と家族との時間のバランスをとっている上司でしょうか？　仕事と家庭が統合したリーダーは一段と健全な組織を作ります。適切に仕事の権限を移譲して、より熟考した決定を下し、一段と成果があがるようにリーダーシップを発揮します。社員もまた、より高いレベルで組織に貢献するようになります。そして、最終的により良い業績を上げます。

私自身のリーダーシップが大きく花開いたのは、仕事と私生活、そして会社の使命の調和が見事にとれたときでした。今日の新進のリーダーたちは、自分が育った家庭の経験から学んでいて、仕事と家庭を統合することが充実した人生を送るためには不可欠だとわかっています。仕事で卓越した業績を上げることにコミットしますが、それよりも大切なものが人生にあるとも思っています。

もちろん、リーダーシップを発揮する熱意に欠けているのではありません。むしろ逆に、彼らは仕事と家庭が統合した人生を送っているからこそ、一段と優れたリーダーなのです。

会社に魂を売ってしまえば、つまるところ、努力の甲斐がほとんどない結果になるかもしれません。もし所属する組織の中で、私たちが魂を育み、十分に人間らしく成長し、仕事と私生活が統合した人生を送れるのなら、達成感が得られるはずです。

選択とトレードオフを行う

エレン・ランガーだけでなく、ウォーレン・ベニスもまた、バランスという言葉を好んで使いました。

バランスとは工学用語のひとつで、両側に少しずつ重しを与えることです。もし、あなたが本当に賢明なら、両者を均衡できるでしょう。忘れてはいけません、私たちに浮き沈みはつきものです。だから人生は選択の連続であって、バランスではありません。

私たちは毎日何十回となく選択をしています。多くは無意識に、あるいは直観的に。そして、失敗に終わった選択から学ぼうとします。

「突き詰めて言えば、私たちの人生とは、自分が行う選択が表に現れたものです」

リーダーたちが自分の試練について話をしてくれたとき、その試練のおかげで、「人生で一番大切なものは何か?」を自問せざるを得なかったと言いました。自問すると、意識した選択ができるようになるのです。

ゼロックス社のアン・マルケイヒーが次のように述べています。

一所懸命に働いて、ちゃんとしたキャリアを築きたいと思っています。でも私の人生の中で一番大切なものは私の家族です。ゼロックス社には愛着があり、会社のために身を粉にして働くのもやぶさかではありませんが、でもそれは家族に対する愛情と同じ尺度で較べられるものではありません。

彼女の夫も、ゼロックス社に36年勤続のベテラン社員で、頻繁に出張に出かけていました。そこでふたりは必ずどちらかひとりが子どもたちと毎晩一緒にいるように決めました。そして転居しないという決めごとも作りました。そのために、仕事の都合で遠距離になろうとも通勤をしました。「ゼロックス社のCEOで、一度も転居したことがないというのは、とても珍しいことですが、それはできるのです。ゼロックス社では、社員の家庭が第一であって欲しいと思っています。だから、受け入れがたいトレードオフが、この会社の環境に存在してはいけないのです」

マーサ・ゴールドバーグ・アロンソン　追加責任を引き受ける

新進のリーダーの中には、一段と幅広いビジネス領域にわたってリードできる才能を持った人材が少なからずいます。そして会社は、さらにむずかしい課題で彼らを試そうとします。マーサ・ゴールドバーグ・アロンソンは、メドトロニック社で働きはじめてまだ間もないころに、優れた能力を持ったリーダーだとの評価を得ました。

彼女は、企業買収部門に配属された2年後には、会社のフェローに選ばれてビジネス・スクールに通いました。卒業後にプロダクト・マネジャーとして復帰し、すぐに昇進してスタートしたばかりのベンチャーの経営を任され、最終的にはそのビジネスのトップになりました。ビジネスが成功するにつれて、彼女のキャリア展望が明るくなっていきました。

ある日、家でふたりの子どもと過ごしていたとき、電話がかかってきました。メドトロニックの人事部長からの電話で、「海外勤務に興味はありますか？」と、尋ねられました。アロンソンはこう回想しています。

「咳払いしたり、口ごもったりして、異動の話を今日はあまり考えたくないと答えました」

彼女は、果たして国際部門への異動が自分のキャリアや個人生活に良いことなのか確信できませんでした。両親や兄弟たちから遠く離れサポートを得られない環境で、まだ幼いふたりの子どもを育てるのは彼女の計画にはなかったのです。また、手がけていた仕事が終わらないうちにそこから離れることにもとまどいを感じ、夫のキャリアへの影響も心配でした。

ヨーロッパでの勤務について夫のダンに相談したとき、ダンがすぐさま「行こう！」といったのですが、それは同時に彼のキャリアを中断することを意味していました。アロンソンは海外赴任を引き受けました。

海外で生活して仕事をすることは、ユニークな機会だと思えたのです。彼女はヨーロッパで開花しました。担当地域の多様な文化に日々接触して、職業人として、またひとりの人間としても大いに成長しました。彼女が率いた多国籍チームはすばらしい業績を上げました。彼女はリスクを承知でチャンスをつかみ、複雑な地理環境の中でどうチームを率いるかを学びたいと願いました。しかも自分の次のステップが見えていない中での選択でした。

ヨーロッパに移って3年後、3人めの子どもを身ごもっていることがわかってから、ミネソタ州にいる両親や兄弟の近くに戻り、仕事を続けながら、家族のサポートもしなければと思うようになりました。夫もまた仕事に復帰したがっていました。

彼女はメドトロニック社のCEOアート・コリンズズに連絡を取り、その葛藤を告げました。コリンズは即座に投資家PR部門の長のポジションを提示しました。そして1年後、彼女はさらに昇進し、経営委員会に人事部門の長として名を連ねるようになったのです。

ところがライン部門の管理に戻りたかったため、アロンソンは3年後にメドトロニック社を辞めてシカゴに本拠を置く医療会社の国内営業部長に就任しました。たびたびの出張で家族から離れている時間が長くなってきたために、この医療会社への転職も見直して、ミネソタ州にあるエコラボ社へ移り、発足まもない医療事業の構築をする仕事に就きました。今は、彼女は仕事でも家庭でも大変充実した生活を送っています。

アロンソンの経験から、いくつかの大切な教訓を得られると思います。リーダーは誰しも、仕事と家庭を統合するという難問に直面せざるを得ません。彼女のヨーロッパ赴任は、結果として彼女自身のキャリアと家族にとってプラスの経験になりました。

しかし、キャリアのためにあまりにも大きい犠牲を払うことは、自分自身のバランスを崩す兆しかもしれません。もちろん、仕事と家庭の間に完全なバランスというものはありませんが、職業上の意思決定をする場合、どこかに境界線を設けておかなければなりません。そうしないと、どこか

図
8-1

人生を統合する

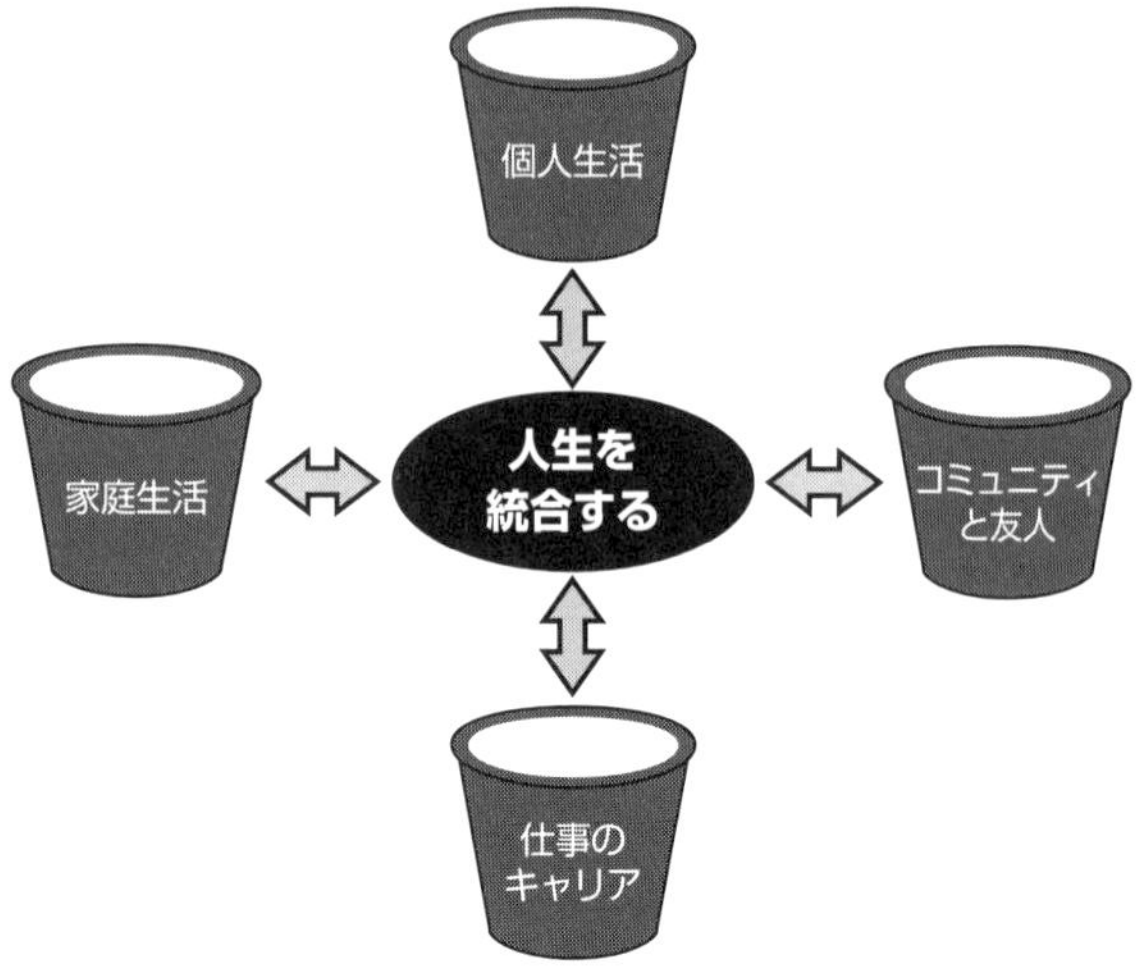

であなたの人生が仕事に占拠されてしまいかねません。そうなると、どちらにもいい結果をもたらさなくなるのです。

人生のバケツ

多くのリーダーは、人生の主要な側面を一緒にまとめるのが人生を統合することだと考えます。人生の側面には、家族、仕事、友人や地域社会、自分ひとりの時間が含まれます。クリアポイント社のフィリップ・マックリーは次のように述べています。「私は4つのバケツを持っていて、その中には自分の人生で大切な部分がそれぞれ入っています」(図表8-1参照)

ひとつのバケツには自分の仕事。ふたつめには家族。3つめにはコミュニティ活動や個人的な友。そして4つめには私が個人的に楽しむ活動。現在、3つめと4つめからは離れています。それでも不満を感じてはいません。

なぜかというと、最初の2つが大変充実しているからです。40歳までに、もっと能力を磨いて、3つめと4つめを満たせるような自分になりたいと思っています。つまり、コミュニティ活動や友人との交流、そして個人の楽しみですね。長期的には、現在ついている仕事は、興味が無くなれば辞めるつもりでいます。


スウェーデン生まれの妻アニカは有望なコンサルタントですが、マックリーは彼女とふたりで悩んだ末に意思決定をしました。思い切って会社を立ち上げたのです。ちょうどふたりで家庭を築こうしていた時期でした。

マックリーは、サンフランシスコに住みながら、大陸の端から端までを横断するような出張にほとんど毎週出かけていました。クライアントは大手の製薬会社が多く、東海岸に所在していたからです。

やがて、厳しい選択のときが来ました。家族との生活を諦めるか、それとも、家族をクライアントに近いニュージャージーに転居させるか。ふたりは後者を選びました。アニカが勤務先の会社を説得して、コネティカットにある本社へ異動できたのです。近年、マックリーと家族はストックホルムに移り、3年間滞在しました。10代になった子どもたちはスウェーデンの言葉と文化を学び、またアニカは勤務先会社のスウェーデン本社で働くことができました。

リーダーシップには、かなりの犠牲を強いられるときがあります。仕事が立て込んでいるときはとくにそうで、どちらかの「バケツ」を満たす時間が減っていきます。アメリカ赤十字社のCEOゲイル・マクガバンは、そのことを次のようにまとめています。

> 多くの人たちが、果たして充実した私生活とやりがいのある職業生活を同時に送れるだろうかと質問してきます。私ははっきりと言います、間違いなく可能だと。
> ただ、知っておかなければならないのは、すべてに110%は望めないということ。人生には諦めなければならないことがたくさんあります。そのときは、潔く諦め、後悔しないようにしなければなりません。

プレッシャーを軽くするために、マクガバンは、子どもの世話には人を雇い、家の中が多少散らかっていても気にしないようにしています。彼女の結論はこうです。

「スーパー主婦でスーパー職業人、スーパー・ママ、そしてスーパー妻になれるはずはない。そうとわかれば、逆にあなたはすべてになれるのです」

子どもたちが成長した今、マクガバンは米赤十字社のCEOとしてキャリアの頂点にいます。彼女はアメリカの最大の宝のひとつである赤十字社を現在、統治の行き届いた、活気のある組織へと作り変えているところです。

人生を統合して自分らしさを保つ

人生を統合するには、本当の自分をしっかりと確立させていなければなりません。社会全体が混とんとしているときには、なおのことです。確立したリーダーはぶれない自信を持っています。こころころと意見を変えたりしません。

人生を統合するには、自制心が必要です。苦しいときほど必要です。人は苦しいとき、周囲に流され易く、悪い習慣に堕してしまいがちになるのです。

リーダーの役割はストレスの多い仕事です。ストレスを避けようにも、社員、組織、業績、そして不確定要素の多い環境にも責任を負うときには、避けようもありません。グローバル・リーダーにとって、長期の海外出張もまたストレスが高まる原因になります。地位が上がるにつれて、自分の運命を一段とコントロールしやすくはなりますが、一方、ストレスの度合いが増していきます。問題はストレスを避けられるかどうかではなく、どうストレスを管理し解放して、自分の平衡感覚を保てるかなのです。

メドトロニック社のクリス・オコネルはストレスに陥ると、次のようになるのだと言っています。

自分がネガティブな気持ちの中に滑り込んでしまうと感じます。大変調子がいいときには、とてもポジティブで、仕事でも家庭でも何でもできるように感じます。ネガティブになると、リーダーシップも発揮できず、家庭でもうまくいきません。ポジティブとネガティブの両方の感情を、仕事と家庭の両方で引きずっているのです。

家族を優先する

フェイスブック社のCOOシャーリー・サンドバーグは、ひとつの根本的な信念のもとに人生の4つのバケツのバランスを取っています。その信念とは、成功したいのであれば仕事と家庭で本当に必要なものの優先順位をつけ、そして、誰しも全部はこなせないと認めなさいというものです。

自著の『LEAN IN（リーン・イン）女性、仕事、リーダーへの意欲』（日本経済新聞出版社、2013年）の中で彼女は、成功を次のように定義しています。成功とは「最善の選択をして、それを受け入れること」です。彼女がリーダーたちに奨励しているのは、とりわけ仕事と家庭のバランスを取ろうとしている女性に対して、「イカルスの逸話に学んで高みを目指しなさい。でも誰しも限界があると心に留めておくように」と、言い添えます。

夫のデイビット・ゴールドバーグはサーベイ・マンキー社のCEOですが、毎週シャーリーはデイビットと一緒に翌週のふたりのスケジュールを調整します。子どもたちの送り迎えをどちらがするとか、出張の予定を確認してどちらか一方が必ず家にいるようにするとかです。ふたりとも夕食時に間に合うように優先して退社します。週末の時間はもっぱら子どもたちと過ごしていますが、シャーリーは時々メールをこっそりやり取りしながら、地元のサッカー競技場で子どもたちのゲームを観戦していると言います。いくら慎重に人生を計画しても、完全に両立はできないのですが、「毎日、どうやって仕事と家庭をやりくりするかの闘いです。きっと女性は皆そうだと思いますよ」と述べています。

◆選択と集中

シャーリーがマッキンゼー社で経営コンサルタントだったときに、上司から仕事のコントロールを強化するように言われました。「マッキンゼーでの仕事は、時間のきりがないから、自分できちんと線引きして欲しい。何時間働いて、何日間出張するのか、自分で決めなさい」と。息子が生まれた後、彼女は、グーグル社の事務所での勤務時間帯を調整して、朝9時から夕方5時半までと決めました。それで息子の世話ができるようになりました。その代わりに、朝早起きをしてメールをチェックし、子どもが寝た後に家で仕事をするようにしました。時間を集中して使うことを学び、12時間も会社で過ごす必要はないのだと気づいたのです。

本当に重要なものに集中して一段と効率を高め、本当に必要な会議にだけ出席しました。家の外にいるときは最大限の成果を出そうと心に決めていました。そして、私の周りの人たちの勤務時間数についても気を配るようにしました。不必要な会議を削って、彼らの時間もムダにしないようにしました。

シャーリーは、家庭生活と職業生活を上手にミックスさせています。フェイスブック社の初期のころ、CEOのマーク・ザッカーバーグは戦略会議を毎週月曜の夜に自宅で開いていました。家族との夕食を諦める代わりに、彼女は子どもたちを事務所に連れて行っていました。そのときのことを楽しそうに話してくれました。

フェイスブック社は、信じられないくらい家族にやさしい会社で、私の子どもたちにとっては天国みたいでしたよ。ピザはあるし、お菓子は食べきれないくらい。そして若いエンジニアたちと一緒に山のようなレゴで遊ぶとか……。私もすごくうれしかった。子どもたちが同僚たちとお互い仲良くなっていたのですもの。

リーダーの多くは仕事と家庭生活を一緒くたにするのを好ましく思っていません。でも、ふたつを一緒にできるのであれば、個人的にも職業的にも、もっと生産的で充実した人生になりうるのです。

自分のルーツを大切にする

自分のルーツに戻るのも、自分らしさを貫くための重要な方法です。ハワード・シュルツがブルックリンに時折戻っていくように、ビル・キャンベルもペンシルバニア州のホームステッドの旧友たちと定期的に交流しています。それがシリコン・バレーでの生活にしっかりとした展望を持てる一助になっています。

アスシャタ・ムルティは、インフォシス社の創業者ナラナヤ・ムルティの娘でバンガロール育ちですが、彼女もまた定期的にインドに戻り、旧友や親類に会っています。彼女はいつかインドに役立ちたいと考えています。

自分らしさを取り戻し、大局観を保てるように、リーダーは家族とともに週末や休暇に出かけられる特別な場所を確保しているようです。多くの著名なリーダーたちは、どこか別の「離れた」場所にいると、一段と明確な思考ができると言います。たとえば、トーマス・ジェファーソンはポプラ・フォレスト[30]と呼ばれる別荘を、ウィンストン・チャーチルはチャートウェル[31]というカントリー・ハウスを所有していました。

また、元国務長官のジョージ・シュルツと夫人は何十年もの間、マサチューセッツ州に彼らが所有する家庭農園を訪れています。

「大統領に、『そこが私のキャンプ・デイビットです』と言ったことがあります。そこに行くと、

30 ポプラ・フォレストと名づけた別荘もジェファソンの設計による。それはベッドフォード郡の農園に建てられた八角形の建物。
31 ケント州のウェスターハム近くにあるチャートウェルは、第二次世界大戦時の有名な首相ウィンストン・スペンサー・チャーチルの生涯愛した住居と庭園。

使い古したズボンと靴に履き替えます。とてもリラックスできて、頭を空っぽにできるのです」

私もまた同じリラックス感を味わうために、ペニーとコロラドの別荘に滞在します。ほとんどの本はそこで執筆しました。山々の美しさに触発されたのです。別荘を所有するほどの経済力がない場合には、私の息子ジョンがするように、どこか近くの公園やスターバックスに避難して、誰にも邪魔されないで読書し、考えごとをすればよいのです。

ひとりになれる時間をつくる

リーダーシップのストレスを管理するためには、自分と向き合う時間が必要です。第4章で述べたように、一部の人たちは瞑想やヨガを行って、センタリングを行い、不安を解消します。祈りをして心を癒す人もいます。また長時間の仕事を終えた後にジョギングをして緊張をほぐす人もいます。その他では、友人と笑い合う、音楽を聴く、映画を観るなどさまざまに息抜きをします。

何をするかは重要ではありません。ストレスを解消し、人生、仕事、個人的な問題をすっきりした頭で考える習慣を作ればいいのです。大切なのは、そういった習慣を多忙さにかまけて止めてしまわないことです。忙しいときだからこそ、ストレスを軽減してくれる手段が必要です。

精神修養と宗教実践

世の中に対する自分の役割を理解する。つまり、「私の人生の意義や目標は何か」「私はなぜこの世に存在するのか」といったことを自問する。これがリーダーとして成長するうえで、最も個人的でかつ核心を突くポイントでしょう。リーダーの多くは積極的に宗教実践や精神修養をして、このような問題に、自分ひとりで、あるいは、同じような考えの人たちと一緒に取り組んでいます。内省することで答えを見つけようとする人もいます。また親しい人たちと語り合うことで答えを探す人たちもいます。

インタビューしたリーダーで信仰心の篤い人たちが、祈りの持つ力について話してくれました。教会のグループに属し、教会で癒しを得ていると言います。ベンチャー投資家のデニス・オリアリーは、いくつかの著名企業の取締役会に名を連ねていますが、彼女は地元の教会でグレゴリオ聖歌を聴き、一方、夫であるダヴィータ社のCEOケント・ターリーはセンタリングのために仏教の経を読むと言います。

「教会は本当の癒しが得られるところです。子どものころからこういった聖歌が大好きでした。それが私の瞑想であり、内省をうながしてくれるのです」

コミュニティ

恵まれない人たちと直接関わることで、リーダーは、自分の周囲で何が起こっているかについて貴重な展望を得ることができます。ダヴィータ社の地域担当業務の責任者であるリサ・ダウが力説しています。

エイズのホスピスで接する患者との人間的な交わりのおかげで、彼女自身は現実とつながっていられると。「一人ひとりとつながるのが極めて大事で、非営利組織の資金集めをする計画を立てるだけではないのです」と、述べています。

> エイズの犠牲者と接して、自分が人間であると感じられるようになりました。ベッドのそばにいて、お一人おひとりが亡くなっていくのを目の当たりにしました。自分にその時がきたらどうすればよいのかわからせてくれました。そして、今の自分がどれだけ運が良いのか気づかせてくれました。人間らしさの本当の意味を教えてくれました。

自分の成功を測る方法

あなたは人生の成功度合を測る明確な方法を持っていますか？　もし、持っていなければ、計量的に金、名声、権力で一面的な評価をするリスク、あるいは、他人の評価に任せてしまうリスクを犯してしまいます。

クレイ・クリステンセンは、著書 *How Will You Measure Your Life?* の中で、違和感があるのですが、ある真実を次のように認めています。「追加で仕事に費やした一時間毎の投資収益を計算するほうが、小さな子どもと一緒にすごす同じ時間の投資収益を計算するよりも、はるかに簡単です」。ですから、無意識に家族への投資を犠牲にするのです。

家族をおろそかにしているからでなく、得られるベネフィットが目に見えづらいからなのです。こういった選択の代償が明らかになった時点では、失った貴重な時間をとり戻すことはできません。クリステンセンは自分の学生を厳しく指導しています。一生を通じた目標を定めた後に、それを達成するための優先順位を決めるようにと。人生でとても重要なものは何かを定義できて初めて、正しい優先順位がつけられ、公私の統合ができるリーダーとなるのです。

人生のすべての側面を統合する

自分らしくいることは、職場で見せる姿だけではありません。人生すべての側面に自分らしさが反映されます。残念ながら私たちは、社会や職場からのプレッシャーを受けて、人生のさまざまな局面で、つまり、職場や家庭で、社会的にも精神的にも、それぞれ違った振る舞いをしてしまいます。その結果、人生を別々に区分けしてしまうのです。

想像できますか、職場では強気で成熟したリーダーであり、どんなプレッシャーにも屈さない自分を？　地域のコミュニティの有望なリーダーである自分を？　自宅でのんびりとくつろぐ自分を？　そして精神修養する自分を？　これは全部、私が30代だったときの姿です。

これらすべての役割をこなすために、役割に合わせて自分の心を区分けし、それぞれの場面での期待に応えるように行動していました。でも、私をよく知る人たちは、すべての役割での私は「本物ではない」と気づいていました。

1974年に、ペニーと私は、精神的な修養会に週末を利用して出かけました。それが人生を変えるような経験になりました。週末期間中に、参加者と愛情を分かち合えたことに深く感動する一方で、初めて自分がバラバラな人生を送っているのだと気づいたのです。

自分には勇気が欠けていて、自分のすべてを、そして、自分は何者なのかを、それぞれ違う環境の人たちにわかってもらおうとしていませんでした。会社の上司にはなおさらでした。リットン社での上司に私はどこへ出かけるのかを正直に言えないまま、秘書には、修養会に参加している間に私のボスから呼び出しがあったら教えてくれと頼んでいました。上司に私がどんなイメージで見られるかの方が、自分らしくいることよりも気になっていたのです。私の頭の中では、私はゴルフに出かけているとボスに伝えるのはいいけれど、精神の修養中だとは言えないと思っていました。

その週末を境に私は決心して、不自然な壁を壊して人生を区分けするのをやめました。家でも職場でも、地域社会、そして教会でも、同じ自分でいようとしました。そう努力している間、ペニーは私の「チェック機関」でした。外で人と接しているさまざまな場面で、私らしくない振る舞いをしていると彼女は厳しく注意してくれました。これはけっこう大変なことでした。何年もかかってやっと、さまざまな側面で交わる人たちに、ありのままの自分を見てもらうのがとても気楽になりました。

首尾一貫した人生を送るのにどんな意味があるのでしょうか？　真の一貫性とは、自分の人生のすべての側面を統合した結果として生まれてくるものです。そうすれば、どの場面であってもありのままの自分でいられます。人生を一軒の家にたとえてみましょう。寝室は私生活のために、書斎は職業人生のために、居間は家族のために、そして客間は友人のために……。

それらの部屋の壁を取っ払っても、同じ自分でいられますか？　もし、どの場所でも同じ自分でいられるなら、本当の意味で一貫性のある人生を自分なりに送っていると言えるでしょう。そのような人生を送るのなら、本物のリーダーとして充実した人生をまっとうできるでしょう。

本物の人生を送るためには、人生のあらゆる側面に心を開き、人生の流れに従う意思が求められます。こういう人生の豊かさを、人生の早い時期に探すことが大切です。まだ成長途上で、幅広い経験に大きく心が開く時期なのです。驚くかもしれませんが、若いころの経験が契機になって、新しい探索の道が切り開かれ、興味深い人たちに出会い、職業人生ばかりかプライベートな人生についての考え方も形成されるのです。

人生の終わりになって孫たちにこんな話ができるようになるでしょう。「勇気を奮って人生の荒波に乗り出し、その喜びも悲しみも経験した。世界は以前よりは良くなっているよ」

演習

公私を統合させるリーダー

1 何が、あなたの私生活で最も重要ですか？　どのように精神生活を豊かにしていますか？

2 どうすれば、しっかりと地に足をつけて仕事が続けられるでしょうか？　その秘訣は？　家庭生活、個人生活、友人関係、コミュニティとの関係は、あなたの職業人生にどのようにプラスに働いていますか、あるいはマイナスに働いていますか？

3 どうすれば、職業人生の中で生じる誘惑やストレスに対処し、かつ、トゥルー・ノースから外れないようにできますか？

4 これまでの人生であなたが、さまざまな局面で選択ないしはトレードオフをした中から、最もむずかしかったものを述べてください。これからは違った選択やトレードオフをしますか？　現在、直面している最も困難な選択あるいはトレードオフは何ですか？

5 どのように、あなたは人生の成功を測定しますか？　あなた個人のスコアカードには何点がついていますか？　長期的にはどのような業績を達成したいと思いますか？　何が、あなたに最大の幸せをもたらすと思いますか？

第3部
成果を上げるリーダーへ
Your True North Meets the World

第1部と第2部では、自分の心の内にわけ入って、リーダーへの旅路と本物のリーダーに成長していく道筋を探りました。第3部では自分を取り巻く外部世界へと視点を移します。自分自身のトゥルー・ノースを定めた後、どうすれば組織内で一段と成果を上げるリーダーになれるのかを考えます。

リーダーは、無風状態では機能しません。つまり、リーダーシップが働くのは、実社会で重要な課題に取り組むときなのです。自分がリーダーとして成果を上げられるかどうかを正確に評価するには、人生の軸足を固めて部下たちをリードし、彼らが課題を持続的に解決できる力を持てるようにする指導能力が問われます。こういう状況下でこそ、リーダーとしての全能力が開花するのです。視点を自分自身のためにから、他人のためへと移す。「私から私たち」へ転換するのです。そうすれば、自分のために他人をリードするのと、組織の目標に整合するリードの仕方との違いがわかるようになります。この違いがはっきりとわかれば、部下たちに自信を持たせ、共通の目的と共有する価値観に沿って彼らをリードできるようになります。

最後に、今日のグローバル社会の本物のリーダーに必要なプラス・アルファの資質についても検討します。

第9章
「私」から「私たち」へ
I to We

人生の旅路の半ばで、
暗黒の森の中で目覚めると、
正しい道を踏み外していた。

ダンテ・アリギエーリ、神曲

これまではリーダーとして成長するために欠かせない分野に重点をおいてきましたが、いよいよリーダーの旅路の最大チャレンジに取り組む段階になりました。つまり、「私」から「私たち」への転換です。若いころは、まずは個人の業績で評価されます。そのため新進のリーダーにとってはわかりづらいのですが、リーダーシップとは、リーダー自身やその能力で部下を魅了するのではなく、彼らが最大の力を発揮できるように支援することです。私たちリーダーは奉仕する人（サーバント・リーダー）[32]なのです。

私が最初に「サーバント・リーダーシップ」の概念に出合ったのは１９６５年でした。ロバート・グリーンリーフを招き、この概念について彼の考えを披瀝してもらいました。ビジネスとキリスト教倫理についてのマッサー・セミナーでのことです。グリーンリーフはその後、彼の考えを、１９７９年に出版した著書『サーバント・リーダーシップ』（英知出版、２００８年）の中で、次のように記述しています。

32 米国のロバート・グリーンリーフ博士が提唱。

サーバント・リーダーとは、サーバント（奉仕する人）なのです。相手に奉仕し、その後に相手をリードします。リーダーであることを優先する人とは明らかに違います。リーダー優先の人たちには、おそらく自分の権力に対抗する予期せぬ動きを抑え込むとか、物質的な財産を得たいとかを考える必要があるのかもしれません。

サーバント・リーダーが重要視するのは主として、人々とそのコミュニティの成長と幸福に自分が役立つかどうかなのです。サーバント・リーダーは相手と権限を分かち合い、相手のニーズを優先させ、相手が成長してできる限り良い成果が挙げられるように手助けをします。

ジェイミー・リックは、ジェネラル・エレクトリック社の期待の星でウェスト・ポイント（アメリカ陸軍士官学校）の出身です。彼がこの転換が実際どういうことかを説明してくれました。「リーダーシップは自分のためじゃないと気づくべきです」

ウェストポイントやジェネラル・エレクトリック社に入るには、とにかくベストでなければなりません。それは自分に何ができるかで決められるのです。たとえば、全国共通テストで好成績を取る能力、類まれなアナリストとかコンサルタントになれる能力とかです。

しかし、リーダーになれば、人を触発するとか、彼らを育てるとか、彼らと一緒に変化を起こす、とかの能力が問われます。もし、リーダーになりたければ、頭を切り替えて、仲間たちに奉仕するのがリーダーシップの本質だとわかる必要があります。簡単なコンセプトですが、多くの人が見落としています。気づくのが早ければ早いほど、リーダーにも早くなれるのです。

ネルソン・マンデラ　報復ではなく、和解を求めた

ネルソン・マンデラの「私」から「私たち」への転換は、他に類をみないほど説得力のある例だと言えます。長いときを経て彼のすべての苦しみが終わりました。27年もの間、重労働、人種差別主義者からのあざけり、最悪の生活環境の中での大病、そして無実にもかかわらず政治犯として投獄されていたのでした。最後は彼の努力が実り、南アフリカを内戦から救い、世界中のリーダーたちの手本となりました。

1990年2月11日、マンデラはロッベン島の刑務所の独房から出て、1963年以来ようやく自由の身となりました。そのときのことを次のように述べています。

私が刑務所の門のほうへと群衆の中を歩いて行き、右のこぶしをかざすと、どよめきが起こりました。27年間、これができなかったのです。そのどよめきは私に力と喜びを与えてくれました。

その晩、マンデラはケープタウンのグランド・パレード（市庁舎前の広場）に集まった大群衆に語りかけました。簡潔で慎重に言葉を選んだスピーチの中で、彼が描く南アフリカの将来計画を打ち出しました。

今、皆さんの前にいる私は預言者ではなく、国民の皆さんの忠実なサーバントです。皆さんがこれまでに払ってくれた不断の、そして勇気ある犠牲のおかげで、私は今日ここに立っていられます。だからこそ私は、これから先の人生を皆さんの手にゆだねたいのです。

短いスピーチの中で、マンデラは宣言しています。彼の目標は南アフリカのすべての人のためにサーバント・リーダーになることでした。彼の言葉には敵意のかけらもありません。マンデラはすべての人のための民主主義を望んでいました。南アフリカの黒人のためだけではありません。著書『自由への長い道―ネルソン・マンデラ自伝』（ＮＨＫ出版、１９９６年）の中でくわしく述べています。「人々が私に白人への怒りをぶつけて欲しがっているのは知っていました。しかし、私には怒りはまったくなかったのです」

私は南アフリカの人たちにわかってもらいたかった。私は敵でさえも愛しており、私が憎んだのは、私たちに互いに敵意を持たせるように仕向けたシステムだったのです。国を解放する前に、崩壊させたくはありませんでした。白人を追い払えば国が荒廃します。白人もまた、同じ南アフリカ人です。私たちはできる限りの努力を払って白人の同胞を説得し、新しい人種差別のない南アフリカを、全国民にとって、今以上に良い国にしなければなりません。

リーダーになったマンデラ

アフリカーナー（白人民族）が１９４８年に南アフリカで権力を握ってアパルトヘイト政策を打ち立てたとき、マンデラはアフリカ民族会議（ＡＮＣ）のユース・リーグ（青年部会）の創立メンバーになりました。同時に若きリーダーたちと手を結びました。その中にはウォルター・シスルとオリバー・タンボがいて、何年か後にはターボ・ムベキも加わりました。最終的にユース・リーグがＡＮＣを併合しました。

１９５０年代、マンデラは怒れる若者で扇動を理由に繰り返し逮捕されていました。やがて南アフリカ共産党に入党し、アフリカーナーのアパルトヘイト政府を倒すために、武装組織を設立しました。マンデラはボイコットやデモをたびたび起こして、暴力に訴えるアパルトヘイトに対抗していました。

１９５６年、アフリカーナー政府はマンデラを、暴力を引き起こしたとして反逆の罪で逮捕しました。彼は国家転覆罪に問われた4年間の裁判に耐え、無罪を勝ち取りました。ところが無罪を不服としたアフリカーナー政府は、１９６２年にマンデラを政治犯として逮捕しました。その後行われたリボニア裁判の中で、マンデラは最も重要な演説を行っています。その演説の中で、彼はＡＮＣの行動を擁護し、30年後の南アフリカの民主主義の礎を敷きました。３時間にもおよんだ演説を次のように締めくくっています。

私は自分の人生を、アフリカの人たちの闘いに捧げました。私は白人の支配とも、黒人の支配とも戦いました。私が理想として掲げてきたのは、民主主義で自由な社会です。そこではすべての人が、互いに仲良く、機会均等に暮らしていけます。

それは私の生きがいとなる理想であり、それが実現されるのを見届けたいと思っています。そして同時に、その理想のために私は死ぬ覚悟もできています。

ところがその演説が功を奏することはありませんでした。1964年6月12日、ネルソン・マンデラは終身刑を宣告されました。

刑務所で過ごした長年の間に、マンデラは怒れる男から、リーダーへの転換を遂げました。彼は自分のより大きな目標は国家に奉仕することだと気づいたのです。そのためには、国を内戦から救い、国民全員を再度団結させねばなりません。リーダーとしての目標を、南アフリカの黒人たちを先導する「私」から、「すべての国民」のサーバント・リーダーへと再定義しました。黒人と白人を和解させて新しい南アフリカをつくり、全国民すべてに向けて社会正義と機会均等を政策の柱にすることをリーダーとしての目標にしたのです。

サーバント・リーダーとして、マンデラは差別、不正、そして憎悪を克服しました。もしも、自分を逮捕した人や自分が不正に扱われたことに仕返しをする権利を持つ人間がいるとしたら、それは間違いなくマンデラでしょう。

いったいどうやって彼は、自分を監視した看守に敬意を払い、自分に終身刑を宣告した裁判官を許すことができたのでしょうか？　どうやって彼は、少数派の白人政権のリーダーと交渉できたのでしょうか？　その政権こそが、執拗に国民を打擲し、殺害して政権を維持していたのです。マンデラが大統領に選任されたとき、どうやって、復讐を求める声を脇に置いて、反対勢力に対して和解を申し出ることができたのでしょうか？

こういった質問に答えるためには、マンデラの気持ちになってその魂に触れなければならないでしょう。

２００４年に私が個人的に彼に会ったときには、彼は情熱家でありながら穏やかな雰囲気を漂わせており、もはや30代のときのような怒れる活動家ではありませんでした。彼は人種差別との和解という使命に心血を注いでいました。彼の思想に私は深く感銘を受けました。マンデラのリーダーシップに、私たちは触発され、人々に奉仕しリードすることが偉大な行為だと気づかされます。

◆「英雄の旅路」から「リーダーの旅路」へ

いざ実務の現場に入ると、私たちの多くは自分たちを、世界を変革させるヒーローの姿に重ね合わせるようです。これはリーダーへの旅路へと乗り出すごく当たり前の出発点です。つまるところ、初期の段階で収める成功は個人の努力によるものが多いと言えます。学校や個人競技の成績から、会社での最初の仕事に至るまでがそうです。入試や採用の担当者は、成績を審査基準にして人々をふるいにかけます。

個人としての役割からリーダーに昇進するにつれ、自分が評価されるのは部下を自分に従わせる能力次第だと、思うようになります。もし、リーダーシップとは部下を従わせることで、そのようにして組織の梯子を登って行くのだと考える人がいたら、その人は道を踏み外す危険を冒しています。いずれ限界にぶち当たり、目の前をふさがれてしまうか、それまでの世界観がひっくり返る羽目に陥ったりするでしょう。それがきっかけで、自分の人生やリーダーシップの目標を再考するようになります。

本物のリーダーになるには、リーダーシップの神話を捨てなければなりません。自分が権力の頂点に近づくほど多くのサポーター軍団がついてくる、という神話です。そして初めて、本物のリーダーシップとは、部下たちに奉仕することだとわかるのです。ひとつは彼らに共通の使命と価値を持たせることです。ふたつめは、彼らが将来のリーダーに成長する力を吹き込むことです。

この「私」から「私たち」への転換が本物のリーダーになる最も重要なプロセスと言えます。組織の力を存分に発揮するには、彼らのモチベーションを高め、彼らのあらゆる可能性を引き出してあげるのが最善の方法です。サポーターが単なるリーダーの追随者であれば、彼らの能力はリーダーが持つビジョンの枠内に閉じ込められてしまいます。

リーダーが自分個人のニーズを重視することをやめ、部下に奉仕する役割を担っていると自覚し

図 9-1

「私」リーダーと「私たち」リーダーの違い

「私」リーダー	「私たち」リーダー
権力と地位を手に入れるリーダー	他の人たちに奉仕するリーダー
自分の利益のための意思決定	目標に沿った意思決定
「ひとりでできる」	「補完能力を持ったチームが必要」
ペース・セッター：「私が前に立つから、ついてくるように」	権限委譲：「一緒に使命を達成しよう」
ルールを守る	価値観を共通する
傲慢な	謙虚な
リーダーによる直接指示	リーダーによるコーチと指導
大切なのは短期的な結果	大切なのは顧客や社員への奉仕
燃える眼差し、極端な信念	触発と鼓舞
忠実なフォロワーを育てる	リーダーを養成する
リーダーが高い評価を受ける	チームが高い評価を受ける

て初めて、後に続くリーダーを育成できるようになります。才能ある同僚や部下に対する競争心が薄れ、よりオープンに意見の交換を行い、一段と優れた意思決定ができるようになります。

リーダーがすべてを自分がコントロールするという気持ちを捨てれば、部下たちはこれまで以上にリーダーと一緒に働きたいと思うようになるのです。若いリーダーたちが、その無限の可能性ある力をひとつにして共通の目的に向かっているのを見れば、明るい展望が広がります。

図表9-1で、「私」リーダーと「私たち」リーダーの違いをみてみましょう。

果敢に転換する

「私」から「私たち」への転換は容易ではありません。それまでのリーダーシップを考え直すだけでなく、行動の変革も求められます。また、自分ではなく周りの人たちに奉仕することに重点を移さねばなりません。以下で何人かのリーダーの事例を検討しましょう。苦労しながらも転換をして、類まれなリーダーへと生まれ変わった人たちです。

ゲイル・マクガバン「フェアじゃない！」

米国赤十字社のCEOゲイル・マクガバンがリーダーシップに関して決して忘れられないのは、最初に通信担当のマネジャーに昇進したときのことです。彼女の述懐です。「一カ月も経たないうちに私は、ペンシルバニア・ベル社で、最高のプログラマーから最悪のマネジャーになっていました」

私は信じられないくらい駄目なマネジャーでした。どうやって人に任せるかがわかっていませんでした。誰かが仕事について質問してくると、その仕事を自分でやってしまっていました。私のグループは何も達成できずにいました。

私が仕事の流れをすべて止めていたのです。上司は内部分裂が起きているのを承知のうえで、びっくりするような仕事の与え方をしました。すべての新規プロジェクトを私に廻してきたのです。ありえないことでした。4時半になると私のチームは退社してしまうので、私だけが昼夜問わず、プロジェクトに取り組まなければなりませんでした。

もう耐えきれなくなっていました。上司のオフィスに行って、まるで5歳の子どものように地団太を踏んで、「フェアじゃない。私は10人分の仕事をしているんですよ」と、言いました。そうすると彼は穏やかにこう言いました。「周りを見てごらん。ちゃんと部下が10人いるじゃないか。彼らにやらせればいい」。目からうろこが落ちました。私は素直に「わかりました」と、答えました。

ダグ・ベーカー　心を呼び覚ます

リーダーにとって大変、むずかしいのは、自分を客観的に見ることです。厳しい評価を受けたときの最初の反応は、往々にして自己防衛的で、その評価ないしは評価をした人物自身を疑ってしまいます。しかし、批判を客観的に処理できれば、それが建設的な評価として自分のリーダーシップの根本的な見直しのきっかけとなり、「私」から「私たち」への転換に向けて背中を押してくれるでしょう。

ダグ・ベーカー・ジュニアがそのことを学んだのは、ミネソタ州に拠点を置くエコラボ社で出世街道を駆け上がっていたころでした。ドイツで3年間マーケティングの仕事に就いた後、ノース・カロライナ州に移って、新しく買収した企業の副代表に就任しました。社員を一体化するために、コーチを雇い入れて、360度評価[33]とグループ・セッションを手伝ってもらいました。「インパクトの大きいリーダーシップ訓練のプログラムを実行する最初の経営者になりたかったのです」

34歳でベーカーは、自分は期待の星だと自覚していました。リーダーとしてある部署から次の部署へ短期間で異動していました。「傲慢になっていて、自分の計画をどんどん押しつけていまし

33 上司や部下・同僚や仕事上で関連する他部署の人など各方面の人が被評価者を評価する手法。360度評価の導入の目的は、複数の評価者が評価することで客観性・公平性を実現すること。

た」。同僚たちの彼への評価結果はまさにその点をついていて、しかも、それはかりではありませんでした。「思いもおよばないほどの厳しい批判でした」

この評価プロセスの一環として私は、5日間会社を離れて、初めて会う他社の12人の人たちに評価内容を一緒に検討してもらいました。この検討の仕方について私は知り尽くしていたので、彼らが次のように言うのを待っていました。「あなたの同僚たちが、なぜあなたは自己中心的だといったのか、理解できない」。ところが、彼らの評価も同じく批判的でした。まるで誰かが私の目の前で、私の最悪の部分に鏡を向けているようでした。私が直面したのは、ぞっとするようなものでしたが、とても大きな教訓でもあったのです。それからは、自己分析を何度も行い、どんなリーダーになりたいのかを考えました。エコラボの同僚全員と自分が学んだ教訓の話をし、こう伝えました。

「話し合いをしましょう。あなたの助けが欲しいのです」

そのころベーカーが担当する部門は課題を抱えていました。自社よりも大手の競合社が現れて、売上の大半を依存していたマクドナルド社との取引を奪おうとしていたのです。当初の損益計画予測が大きく下回ることがわかって、本社のCEOがノース・カロライナに飛んできて現状視察をしました。CEOは、マクドナルドのビジネスを新たな強敵から守り抜くと確約するよう指示したのですが、ベーカーは頭を縦にふりませんでした。CEOの怒りをかったのですが、ベーカーは一歩も引きませんでした。達成できるかどうか確信がもてない業績を、無理やりに確約させられたくはなかったからです。力ある上司との衝突を思い返しながら彼は、「悪い人生を送るよりも、悪いミーティングのほうを私は選びますね」と話してくれました。

もしわが社がマクドナルドのビジネスを失っていたら、私は困ったと思います。でも本当に傷つくのは、自社の工場で働いている人たち全員だったはずです。他社の多くの工場が閉鎖していて、ノース・カロライナ州ではどこでも失業が深刻化していました。

この会社での仕事がなくなったら、働くところはないのです。おしまいです。突然に心の底に届く声がして、今、何をすべきかを悟りました。

マクドナルドとの取引を守るのに大変多くのエネルギーを使いましたが、幸い取引を継続できたのです。精神的に大変苦しい時期でしたが、結果的には、私にとっては大きな勉強になった経験でした。

ベーカーはタイミングよく、「私」リーダーである自分に対する批判的な評価を受けたと言えます。まさに自信過剰で、リーダーシップと自分の成功がつながっていると思いはじめていたときだったのです。批判を受けて彼は現実を直視しました。そのおかげでリーダーの役割が理解できたのです。それは、共通の目標に向かって人々を組織内でひとつにまとめることです。マクドナルドとの取引を守るという目標が、チームが一丸となる要でした。

短期的な結果を求めるＣＥＯの圧力があったにもかかわらず、ベーカーは自分の部門の重点目標は長期的な事業構築にあるという信念を曲げませんでした。この経験がのちに、エコラボ社の次期ＣＥＯになる道へとつながりました。

そしてリーダーとして10年後、彼のリーダーシップ振りを物語る業績を上げます。エコラボ社の株価は3倍になりました。エネルギー分野でのタイムリーな買収が功を奏したのです。彼はまた財界でも、重要なリーダーの役割を担っていて、ミネソタ・ビジネス・パートナーシップやグレーター・ＭＳＰの会長も務めています。

ザック・クレイトン　業績で達成感は測れない

ザック・クレイトンもまた、達成志向を持つ多くのリーダーと同様に成果の大きさで自分の価値が決まるという考えで成長しました。彼は、「13歳のときに、大学への願書が完璧に書けるようイメージし、それを実現するために、猛烈に努力をしました」と打ち明けてくれました。高校時代は、クラスの級長に選ばれ、卒業生総代に指名され、９・11後の若者の政治に関する本も書き、全米学生自治会の共同会長に選任されました。

クレイトンは、最終的にノース・カロライナ大学チャペルヒル校に、モアヘッド・カイン奨学金を得て入学すると決めました。在学中には、政治に関する2冊目の本を書き、ソフトウェア・ビジネスを立ち上げました。22歳で、ハーバード・ビジネス・スクールへ最年少で入学が認められ、ベーカー奨学生としてトップの成績で修了しました。

卒業後は、マッキンゼー社からの誘いを断って、スリーシップス社というデジタル・マーケティングの会社を立ち上げることにしました。２００９年の金融危機が最悪のときで、著名な会社から採用の誘いを断るのはとても悩ましいことでした。でも当時はこう考えました。「いつか20人を雇い、数百万ドルの売上を上げる会社にしよう。だから、今断る価値があるのだ」

その日が来たときには、すでに目標を２０００万ドルに上げる準備ができていて、それも達成できました。「なんだかランニングマシーンのようだな。でも次の大きな目標が達成できたら、きっと満足できるはずだから」と自分に言い聞かせています。今は5度目のサイクルの途中ですが、もう一度繰り返そうかと思っています。

この期間中、私はクレイトンとたびたび話す機会があったのですが、彼は自分の人生を業績で評価しても何の達成感もないと思うようになっていました。

２０１３年に壁にぶつかり、そのおかげで、スリーシップス社と離れたところに自分らしさを求めなければいけないと気づきました。業績だけを求める自分に、決して満足できていない。自分の人生の理想に近づく一筋の糸を無視して、働くことばかりに気を取られていました。

それに気づいた後は、クレイトンは自分の理想とビジネスの目標を結びつけようと決心しました。スリーシップス社の社員を全員巻き込んで、事業の目標と価値を文書化しました。狙いのひとつは、彼らを信頼して自信をもたせ、その持てる能力を存分に発揮してもらおうというものでした。2015年、彼の会社はスリーシップス大学を設立して、社員と顧客に対して、専門知識の教育と自己啓発のトレーニングを提供しています。

「日々、『私たち』リーダーへの転換を目指して努力しています」とクレイトンは言います。「でも、外面的な成功を願う自分を乗り越えるのは、一夜にして起こるものではありません。360度評価から得たフィードバックにそれが現れていました」

転換の前後を振り返ってみると、今のほうがより活力に満ち、やる気も起こり、そして幸せを感じています。部下たちの関与度が高まり、彼らも自信をつけています。私自身の取り組みの重点を彼らの成長に置くにつれて、顧客や社員に対するスリーシップス社の価値も強化されました。そして、ビジネスも一段とうまくいっています。

成功することに囚われすぎて、成功するかどうかはすべて自分のリーダーシップ次第だと思ったことはありませんか？　本当のことを話してくれる人たちが周りにいましたか？　受け入れがたい意見であっても、その意見がきっかけになって、自分重視を転換して、どうすれば部下たちが成果を上げるのに役立つリーダーになれるのかがわかるようになるのです。マクガバン、ベーカー、そしてクレイトンがそうでした。そのためには部下に任せ、彼らを信頼しなければなりません。

試練が転換の引き金になる

よくある話ですが、試練を経験すると否が応でも、人生を見直して「私」から「私たち」への転換を余儀なくされます。まさにスティーブ・ジョブズやジョン・マッケイが辛い経験の中から学んだ通りです。

スティーブ・ジョブズ　野にくだって得た教訓

スティーブ・ジョブズが、かつて悲しげに尋ねたことがあります。「自分が作った会社に首にされるなんてことがあるのでしょうか?」。これがまさに、ジョブズの身に起きたのです。アップルのCEOジョン・スカリーとの権力争いで敗れたからです。アップルの取締役会が出した結論は、ジョブズがプロジェクトを進める際に、あまりにも破壊的で故意に周りを困らせようとしているということでした。数十年がたち、ジョブズはそのときの経験を2005年のスタンフォード大学の卒業式の演説で語っています。

アップルを首になったのは、これまでの私にとって最善の経験でした。成功しているという重圧が、またビギナーに戻れるという気軽さに変わり、何事に対しても以前ほどの確信を持たなくてよくなりました。私は精神的に開放されて、自分の人生で最も創造性に富んだ時期を過ごすことができました。

それから5年の間に、ネクストという会社を立ち上げ、さらにピクサーという名の会社をはじめ、そして後に妻となるすばらしい女性にも巡り合いました。ピクサーでは、世界初のコンピュータ・アニメーションの長編映画「トイ・ストリー」を制作しました。今では世界で最も成功しているアニメーション制作会社です。

アップル社がネクスト社を買収したときに、ジョブズはアップル社へ戻りました。野にくだっていた間にジョブズは、すべてを自分でやる必要がないこと、そして、自分の最良の才能は、革新力を持った人材を触発してすばらしいプロダクトを創らせることだと気づいたのです。

ピクサー社では、世界でも最優秀クラスの創造力を持ったふたりのリーダー、エド・キャットマルとジョン・ラセターと一緒に仕事をしたことで、仕事ができる人材を育てることの利点を理解しました。彼らと仕事をしながらジョブズが学んだのは、自分の競争心を和らげることでした。ジョブズの言葉はこうでした。「こういった一連のことは、アップルを首にならなかったら、何ひとつ起きなかったでしょう。ひどく苦い薬でしたが、私という患者には必要だったのだと思います」

ジョブズは1996年に、以前にも増して賢い成熟したリーダーとしてアップルに戻りました。

11年間の不在の後でした。彼はその間に、優秀な人材を育成して彼らの貢献を認める方法を学びとっていたのです。彼の直属の部下のひとりが、私にこう話してくれました。「スティーブはまだバカな行動に走ることがけっこうあったのです。でも会社に戻ってからは、ティム・クック、ジョニー・アイブ、ロン・ジョンソンといった高いEQを持つリーダーたちを周りに置いていて、彼らがスティーブの周囲への影響を和らげてくれました」

ジョブズには毎朝、鏡を見て自問自答する習慣がありました。「今日がもし、人生最後の日だとしたら、自分は今日の仕事を予定通りするだろうか？」。答えがノーの日が何日も続くときは、必ず変えなければいけないと考えました。「生きられる時間には制限があるのだから、他人と同じような生き方をして時間を無駄にしてはいけない。自分の心と直観に従う勇気を持ちなさい」

彼は自らの声に賢明に従って、毎日を精一杯生きていきました。しかし、がんが彼の命を縮めていました。アップル社を世界に誇る最強の会社に育て上げた後に、バトンを後継者のティム・クックに託してこの世を去りました。クックは、自尊心を持ちジョブズを真似ることなく、自分の経営スタイルを貫いています。

◆ジョン・マッキー　経営権を共有する

ホールフーズ・マーケット社の共同創業者であるジョン・マッキーは、1978年に大学を中退して、家族と友人たちから4万5000ドルの借金をして、健康食品店のセイファー・ウェイ[34]を立ち上げました。ビジネスは動き出し、彼は店の上階に住んでいました。2店めの自然食品店を買収

34 名称は、当時オースチンにも開業した大規模スーパーマーケット・チェーン「セイフウェイ（Safeway）」をもじったもの。

して、社名をホールフーズ・マーケットに変えました。

一連の買収の後、ホールフーズ社は健康食品店から、健康食品を扱うスーパーマーケットへと脱皮しました。企業価値は170億ドルに達したのですが、マッキーは給料もボーナスもなく、自社株の0・2%を保有しているのみでした。

ジョン・マッキーに会って話せば、彼こそが本物のリーダーだとわかるでしょう。献身的な資本家で、このうえなく熱心に健康食品や不健康な食生活からの転換に取り組んでいます。顧客や社員に献身していて、自分の意見を率直に話します。「もしホール・フーズ社がリーダーシップを取って、健康に良い食生活について人々を教育しなければ、他にする者はいないでしょう」

私が初めてマッキーの考え方に触れたのは、彼がノーベル経済学賞のミルトン・フリードマンとすばらしい論争をしていたときでした。企業の目標とは、顧客に奉仕してその使命を果たすことなのか、それとも、株主の収益を最大化することなのか、についての論争が繰り広げられていました。彼はこう述べていました。

「私たちは利益のために健康食品を販売しているのではありません。健康食品を売るために利益を稼いでいるのです」

彼の著書『世界でいちばん大切にしたい会社 コンシャス・カンパニー』（翔泳社、2014年）の序文を書くように頼まれ、私は大変うれしく思いました。著書の中で彼はこう書いています。

「私たちは約束します。自らの心に従い、自分たちが最も愛着を持てる、かつ自分たちに最も意義のあることを実行します」

マッキーは持続的な成功のために、多くの障害を乗り越えなければなりませんでした。2008～2009年にかけて、彼は仕事人生で最も大きな問題に直面しました。それは、マイケル・ポーランがホールフーズ社を、評判の著書『雑食動物のジレンマ――ある4つの食事の自然史』（東洋経済新報社、2009年）の中で批判したことからはじまりました。その後、ホールフーズ社によるワイルド・オーツ社の買収が、連邦取引委員会（FTC）から自然食品市場の独占になるのではという疑義をかけられました。また、FTCの調査の最中、証券取引委員会が明らかにしたのですが、彼は8年にわたって、ラホベッドの匿名でワイルド・オーツ社への批判をヤフー・ファイナンスの掲示板サイトに書き込んでいました。

著しい成長を続けていたホールフーズ社も既存店売上が減速しはじめました。このプレッシャーで、2008年の12月までに、株価が38・7ドルから4・72ドルまで88％下落しました。この下落が原因となり、ヘッジファンドの買収家ロン・バークが、ホールフーズ社の株式の7％を買って、経営トップの交代を声高に要求しました。その結果、ホールフーズ社の取締役会が介入し、会社を存続させるために必要な処置をすることになりました。

マッキーは、一匹狼で率直な物言いをする人物だと評されていましたが、自分自身が変わらなければならないことに気づきました。彼は徐々に取締役会の建設的なインプットを歓迎するようになり、さらに、自分のリーダーシップ・スタイルを、ひとりよがりでなく、一段と「私たち」のリーダーシップへ変えるべきだと考えるようになっていました。最終的に、取締役会はFTC訴訟を解決し、店舗が重複する市場エリアでワイルド・オーツの32店舗を売却することに合意しました。取締役会は、マッキーから会長職をはく奪し、長年取締役を務めてきたジョン・エルストロットを後継者に任命しました。さらに、マッキーにその声明を公表しないよう命じました。翌年、ホールフーズ社のベテラン社員ウォルター・ロブがマッキーと並んで、共同ＣＥＯに就任しました。

これらの変革以来、ビジネスはこの上なくうまく推移しています。ホールフーズ社は店舗数を２８４店から４００店へと増やし、売上高は２０１４年までに80億ドルから１４０億ドルへ、株価は２００８年の最安値から10倍急騰して48ドルになりました。ホールフーズ社の共同ＣＥＯ体制は順調で、マッキーとロブはお互いを尊重し合うことですばらしいパートナーシップを築いています。

マッキーの辛口が時折問題を起こすこともあるのですが、それは、彼が単なる熱い起業家以上の人物だと認められている証拠です。現在、彼はホールフーズ社の偉大な「私たち」リーダーです。そのことは、私が２０１２年にホールフーズ社で２日間を過ごしたときに、この目で確かめてきました。

リーダーシップの経験

キャリアも中盤になるとよくあることですが、逃れられない状況にはいり込んでいると気づくことがあります。自分の「盲点の窓」（図表4-3参照）が原因で、何が起こっているのかが、その最中に気づかないのです。まさにダンテが『神曲』の冒頭に、「人生の旅路の半ばで、ふと気づくと暗黒の森の中で、正しい道を踏み迷っていた」と記した通りです。

あなたはこのように感じたことはありませんか？　私はそう感じました。読者の皆さんもキャリアの中盤の試練の真っただ中にいて、「私」から「私たち」への転換の必要性に気づいていないのかもしれません。

私のキャリアの最大の苦渋のときが、少しも予期していないときに訪れました。

1980年代半ば、私はハネウェル社のトップへの階段を登っていました。最初は大きな昇進をしたと思ったのに、それが自分のキャリアそのものを見直し、別の道に向かう意思決定につながってしまったのです。1988年までに私は数回昇進をして、ハネウェル社で最もむずかしいとされたビジネスの責任を担っていました。当時、私の責任下にあったのは3つのビジネス・グループの9部門、1万8000人の社員、そして多くの問題でした。

社内では「修理屋さん」と呼ばれ、ハネウェル社の問題を抱えたビジネスを再生させる人物と評価されていました。私は「どうすれば」ビジネスを再生させられるかわかっていましたが、いつもその成果を味わう前に次の問題に取り掛からなければなりませんでした。

最後の担当部門では、5億ドル超の損失があるのを発見しました。見落とされていたか、適切に計上されていなかったかのどちらかでした。それは、ハネウェル社の取締役会と株主を多いに驚愕させるものでした。すべての問題を明らかにしてそれを是正していく以外にしようがありません。

そのころの私のお気に入りの口癖は、「問題を起こしたのは私じゃない。私はただそれを正す人」でした。

この間に私は疑問を持つようになっていました。ハネウェル社で働き続けていいのだろうか。それまでは、自分は成長志向のリーダーで、事業再生の専門家ではないと考えていました。問題を提示されれば、自分から大変意欲的に解決に取り組んではいましたが、実のところは持続可能な成長ビジネスを構築したいと切望していたのです。

美しい秋の午後、家の近くの湖の周囲をドライブしているとき、バックミラーにみすぼらしい人物が映っているのが見えました。それが私自身の姿でした。表面的には、エネルギッシュで自信があるように見えても、内面では大変不幸でした。ハネウェル社の仕事に熱意を持てず、その悠長な企業文化と合わない自分に気づいていました。さらに悪いことに、自分の関心が外観や服装を飾ることに向いていて、以前目指していたはずの価値重視のリーダー像を疎かにしていました。明らかに他人の舞台で踊っていた自分があり、その明示的なシンボルは、カフスをつけはじめたことでした。不本意でしたが、突き付けられた現実は、私がハネウェル社に変革をもたらすよりも、会社が私を変えていたのです。そして、自分の変化した姿を好きになれないでいました。

車で家に戻り、ペニーに自分が感じたままを話しました。彼女は私を思いやるように言ってくれました。「ビル、そのことをこの1年ずっと言いたかったのだけど、あなたは聞いてはくれなかったのよ」。その夜、私たちは時間をかけて、自分たちの人生やキャリアについて話し合いました。私が仕事で達成感を得られないでいるために、それが、結婚生活、息子たち、そして友人との関係にも悪い影響をもたらしていることがわかりました。

ペニーのおかげで気づきました。私はダンテのように「暗い森の中」にいたのです。私は大企業のCEOになることにあまりにも固執していて、自分の心に従って、価値ある目標に向かっていなかったのです。しぶしぶでしたが、自分のエゴが価値ある生き方の邪魔をしていたと認めざるを得ませんでした。もしも私が、本当に罠に嵌っていたとしたら、それは自分自身が作った罠でした。私はあまりにも外面的な成功の評価に気を取られ過ぎていて、周りの人たちを助けて、彼らを光り輝かせたいという熱意を失っていたのです。

そのような状態では、物事を明確に判断することが困難になり、次にくる機会を見逃すこともあります。1978年来長年にわたって、私はメドトロニック社から3度のオファーをもらっていました。3度とも断ったおおかたの理由は、メドトロニック社が私が思い描いていた大企業ではなかったからでした。

なにしろハネウェル社で私が預かっていた部門のわずか3分の1の規模でした。それでもそのオファーがしつこく頭から離れませんでした。私は正しい選択をしたのだろうか？ そのときようやくわかりました。大企業の経営に携わりたいという気持ちに囚われていたために、私の心は壊れそうになっていたのです。そして、私はメドトロニック社を過小評価し、そして多分自分自身に対しても、そうしていたのだと気づきました。

翌朝、私は男子会グループに話をして、率直な意見を求めました。彼らはこれまでに、私に何が起きていたかを目撃していたので、私がリーダーシップの目標を見失っていたと気づいたことを喜んでくれました。リーダーシップのビジョンは10代のころから考えていました。それは情熱を注いで使命を重視し、かつ、価値を基軸にする会社をリードすること。そして会社の製品を通して人々に奉仕することでした。

この時点ではまだ、「私」から「私たち」への転換は十分ではありませんでした。そうするためにもっとふさわしい企業は、メドトロニック社の他にはないと思いました。メドトロニック社のCEOウィン・ワーリンに連絡をとり、改めて彼のオフィスを訪ねました。数カ月後、ワーリンと創業者のアール・バッケン、そして取締役の何人かとインタビューをした後に、メドトロニック社の社長兼COOに就任しました。

ようやく自分に相応しい場所が見つかりました。あるいは彼らが私を探し出したとも言えます。そこには、私が望んでいたすべてがありました。つまり、価値観、熱意、そして慢性疾患で苦しんでいる人たちを助ける機会などです。メドトロニック社の「人々の健康を回復させる」という使命をバッケンが話してくれた瞬間に、私は奮い立ちました。キャリアの中盤で幸運に恵まれ、メドトロニック社のニーズと私自身個人のそれが一致したのです。

メドトロニック社での13年間は、私のキャリア人生で最高の経験でした。人々の健康回復という企業の使命を全面的に受け入れ、リーダーシップの目標を見出し、患者や2万6000人の社員に生きる力と献身する力を吹き込む努力を重ねました。もしキャリア中盤での試練がなければ、決してこんな光明を見出せなかったでしょう。自分らしい道を進んでいく中でこそ、生きる力が湧き、ついに「私」から「私たち」への転換が可能になったのです。

「私」から「私たち」への旅に出る

「私」から「私たち」への転換には、内省と認知の再構成が求められます。先ず、基本的な質問を自分にしてみてください。

・あなたは、自分の人生を大切にしていますか？　誰に向けて大切にしているのですか？
・あなたは、自分の人生とリーダーシップにどんな目標を定めていますか？
・あなたは、どんな遺産をこの世に残していくと思っていますか？

これらの内省をすれば、あなたの人生の目標が、物質的な富、名声や人に勝る権力を持つことだという結論にはならないと思います。結局のところ死に際して、物質的な財産を連れてはいけません。物質的な富は内因的な価値を持たない通貨で、外因性のリスクをはらんでいます。そのため、あなたはトゥルー・ノースを踏み誤るかもしれません。名声は、はかないものです。水銀のようなもので、名声は築き上げるのに何年もかかるのに、一瞬にして指の間から零れ落ちてしまいます。人を支配しようとするのは、人格の究極の堕落だと言えます。

友人のペブ・ジャクソンがある金持ちの話をしてくれました。その金持ちは40代後半で、個人資産を1億ドル以上蓄えていました。しかし彼はジャクソンに、「自分の人生には達成感や満足感が欠けていて、むなしい」と言いました。そしてその後に、「これが人生のすべてなのだろうか？」と、問いかけてきました。ジャクソンは同情しながら、正直に答えました。「金だけを追い求めているのなら、これで全部だよ」

この話から何を学べばいいのでしょうか？　人生とは、自分を超えた何か、あるいは誰かに奉仕することです。つまり、社会的に価値あることや、自分にとって大切な組織、家族や大切な友人に奉仕することなのです。私の経験では、自分の人生の大切さを知るには奉仕が一番だと思っています。サーバント・リーダーになって、「私」から「私たち」への道を突き進むのです。

自分のトゥルー・ノースを固めておけば、人生の目標を見つけてそれを達成する道が開けてきます。それは、自分独自の能力を世の中で発揮する道なのです。

「世界に自分が生きた証しを残すには、どうすればいいのだろうか？」と自問してみてください。その質問に対する答えは、こうでしょう。人生の目標を明確に定め、その目標に向けて自分のリーダーの才能をどのように使うのか、そしてその方法次第だと。

演習

「私」から「私たち」への転換

第9章を読んだ後、自分のこれまでの人生を振り返り、あなたの旅路のゴールをヒーローからリーダーへと変えた経験を思い出してください。

1 あなたは、自分自身が人生行路の主人公だと考えていますか？

2 「私」から「私たち」への転換ができていますか？　それなら、どういった経験がその転換のきっかけになりましたか？　取り上げる経験は、複数でもかまいません。

3 もし、転換がまだできていない場合、自分の人生やリーダーシップを「私」から「私たち」へ転換するには、どんなきっかけが必要だと思いますか？

第10章
目標
Purpose

あなたが辿る糸がある。
それは、移り変わるものの中を進んで行く。
だけど、その糸が変わることはない……。
しっかりと糸を持っていれば、
道に迷うこともない……。
だから、決してその糸を手放してはいけない。

ウィリアム・スタフォード、「あるがままで（The Way It is）」

「私」から「私たち」への転換に重点的に取り組んだ後、今度はリーダーシップの目標を見定めます。これまでに人生経験、試練、そして「私」から「私たち」への転換を検討しました。そのすべてが、目標を見定める助けとなります。本物のリーダーとして、目標は慎重に選択しなければなりません。なぜなら、その目標に向かうあなたの熱意の度合いが、人々にとって、リーダーとしてのあなたの魅力になるからです。もし、あなた自身が目標を明確に持っていなければ、周りはあなたについてこないでしょう。

リーダーとしての目標は、あなたのトゥルー・ノースをよりよい世界を作る方向へと向けるためです。組織の中でリーダーが定める目標は、組織のメンバーを結集させて、組織全体で共通のゴールへと向かうための動機づけになります。社会に対しては、その目標はリーダーと組織が世の中の人たちのより良い生活に貢献する道筋となります。

ケン・フレイザー　人々に尽くす医療

ケン・フレイザーは、自分のトゥルー・ノースを明確に定めた人生を送ってきました。現在は世界有数の製薬会社のCEOで、自分のトゥルー・ノースと会社の使命がしっかりと同じ方向を向いていると実感しています。

メルク社の創業者ジョージ・W・メルクは、次のように表明しました。「医療は人々のためであって、利益のためではない」。組織図の上では私が統括しているように見えますが、実は全社員が創業者のその言葉をそらんじていて、私の行動がそれと整合しているかどうかをいつも観察しているのです。この言葉は私自身の気持ち、つまり、私はどういう人間でありたいのか、そして世界にどう貢献したいのかという気持ちと一致しています。

フレイザーはこれまで長い旅路を歩んできました。フィラデルフィアの都心にあるスラム街で生まれ、人生の道すがらさまざまな困難を乗り越えてきました。祖父はサウス・キャロライナで奴隷として生まれました。父親は13歳のときに北部に送られました。年季奉公から逃れるためでした。正式な教育を受ける機会は全然ありませんでした。

「私の父は、私が知る限り、この上はないほどの影響力のある人物でした」。そして、「父は独学で学び、日にふたつの新聞を読み、訛りのないきれいな英語を話しました」と、フレイザーは語ってくれました。
フレイザーの両親は敬虔なクリスチャンで、その信仰が困難な時期に彼らを、そしてフレイザー自身を支えてくれました。彼の母親が予期せぬ死を迎えたのは、フレイザーがまだ13歳のときでした。そのときのことを次のように話しています。

私たちの生活はひっくり返ったようになって、もっと自立しなければならなくなりました。母が埋葬された日、父が兄弟や私に言いました。「今日はいい日なんだよ。もう母さんは苦しまなくていいのだから」。これが信仰に生きることだと私は思います。

彼の父親は用務員として働いていたため、フレイザーと兄弟たちは自分たちで放課後を過ごさなければなりませんでした。ただし家の外の道路にたむろしている不良たちとは関わらないようにしていました。「幼いころから、父にしっかりと教えられていました。自立心を持ち、世の中の人たちとうまくやっていかなければいけないのだと」

父は、私の人生で最も大切な教えを授けてくれました。「ケニー、現在お前が持っている自由と自立の道を切り開いた人（祖父）の孫としてお前がやるべきことは何かを考えなさい。正しいと思うことをやりなさい。他の人がお前をどう思うかにこだわってはいけない」と。

人気者になる必要はありませんでした。それに不良の仲間に入る気もありませんでした。差別は経験ずみでしたから、人生はフェアじゃないこともわかっています。でも、自分は犠牲者だと思うと、間違った方向へ強く引っ張られます。誰でも苦しみに支配されたくはないはずです。それは、自分の人生に責任を持つのとは真逆のことです。

15歳のとき、フレイザーはウェスト・ポイント入学の指名を受けたのですが、入学を取り消されました。若すぎて陸軍に正式入隊させられないという理由からです。その代わりに、奨学金を得て、ペンシルバニア州立大学に進学しました。

そこで彼が決めたのは、「サーグッド・マーシャル[35]のような偉大な弁護士になって、社会に変革をもたらしたい」というものでした。しかし、ハーバード・ロー・スクール時代、彼が痛切に感じたのは同級生との出身階層の違いでした。苦笑しながら、「ロイド・ブランクフェイン（ゴールドマンサックス社のCEO）と私は数少ない『裕福な家庭生まれ』ではない学生でしたよ」と語ってくれました。

「メルクの科学」を守る

卒業と同時にフレイザーは、公共に奉仕するという信念をもって法律事務所に就職し、30歳のときにパートナーに昇格しました。しかし彼はそこでも、社会的な壁にぶつかっていると感じて、「スラム街出身のアフリカ系アメリカ人が、フィラデルフィアの上流階級出身者が働く法律事務所の中

35 アメリカ合衆国のアフリカ系アメリカ人初の最高裁判所判事。彼の祖父は奴隷だった。

にいる」ようだったと言います。

法律事務所に勤務している間、フレイザーは多くの無料奉仕の仕事をしました。南アフリカにアパルヘイトのさなかに行って、ロー・スクールで黒人弁護士たちに教えたこともあります。

彼は、「私が最も誇らしいと感じたのは無実の死刑囚の裁判で勝訴したときです。その人はアラバマで20年死刑囚として捕らわれていました」と、話しはじめました。

私は、見知らぬ土地に来たよそ者でした。法廷での初日に廷吏がこう言いました。「ここではブルーのスーツは着ません」。ブルーのスーツは北軍を連想させると言うのです。次回からはグレーのスーツを着るようにしました。

最初のクライアントは、それまでに私が会った誰よりもすばらしい人物で、私にとってはヒーローとも言える人でした。彼は死刑囚として20年間の刑に服したことに対して、反訴することもありませんでした。その状況の中だと、人は苦しみに圧倒されてしまうとか、異なった意識状態になってしまうのが普通なのですが。

1992年フレイザーは、メルク社にアストラ社との合弁事業の法務担当者として入社しました。そこで彼の目標は変わりました。自分の法的スキルを使って、人命を救う医薬品開発を目指す企業に貢献したいと思うようになったのです。わずか1年でフレイザーは、メルク社のCEOロイ・バジェロスから広報担当の上席副社長のポジションを提示されましたが、その昇進を断っています。

しかし、単に弁護士としてではなく、メルクにもっと大きく貢献して欲しいとバジェロスに説得されてそのポジションを受け入れました。6年後、フレイザーは法務担当役員へと昇進しました。そしてメルク社が医薬品のヴィオックスを自主回収した後、それを服用した患者たちによる5万件の訴訟に取り組みました。

これらのケースは、企業はどうあるべきかの核心をつくものでした。原告側は次のように申し立てました。メルク社は安全よりも利益を優先させている。低レベルの研究能力しか持っていない。会社の誠意や人類への献身の標語は疑わしい。私たちはなんとしてもメルク社の研究開発能力への攻撃を防がねばならないと思いました。

テキサス郊外で行われた最初の裁判は、敗北に終わりました。陪審から、あるひとりの患者に2億5300万ドルという記録的に高額な損害賠償金の支払いが言い渡されました。翌日の『ニューヨーク・タイムズ』が書きました。メルク社は「破産」するだろう、すべての責任は弁護士の「無能さ」にある。いい日じゃなかったですね。

その経験から学び、それからは勝訴しはじめました。8つくらいのケースで連続して勝訴した後、裁判官から双方に残りのケースについて和解をするよう言い渡されました。最終的には和解に応じましたが、原告が求めていた300～500億ドルには到底およばない48億5000万ドルで解決できました。『ニューヨーク・タイムズ』は凄い訴訟戦略だと書きましたが、そうではありません。私たちはただ、自分たちの研究開発、社員、そしてメルク社の使命を守ったのです。

フレイザーはメルク社のグローバル・ヒューマン・ヘルスのトップをしばらく勤めた後、2011年1月1日の取締役会で、CEOに選出されました。彼は即座にメルクの使命を再確認しました。それは「世界中の人々の命を救い、そのQOL（生活の質）を高めるために、革新的な製品とサービスの発見、開発、提供を行うこと」です。

その使命を達成するために彼が採った戦略は、アンメット・メディカル・ニーズ[36]に特化した革新的医薬品とワクチンの開発でした。フレイザーが最低でも年間80億ドルを研究開発（R&D）への投資にコミットしたのは、まさに最大のライバルであるファイザー社をはじめとする競合社が、R&Dのスタッフの削減を行っているときでした。R&Dコストの削減を求める株主のプレッシャーに抵抗しながら、糖尿病のためのジャヌヴィア、ヒトパピローマウイルス・ワクチンのガーダシル、黒色腫のためのキートルーダの開発を進めました。メルク社の使命に重点を置くためにフレイザーは、消費者向け製品事業を140億ドルで売却し、抗生剤メーカーのキュービスト製薬社を80億ドルで買収しました。

フレイザーは次のようにまとめてくれました。

「メルク社には、人類のために目に見える貢献ができるチャンスがあるのです」

誰しも心の中に、何か意味のあるものを後世に残したいという願いがあると思います。こ

36 いまだに治療法が見つかっていない疾患に対する医療ニーズのこと。生活習慣病やガン、認知症などの重篤な疾患のほかに不眠症や偏頭痛など、生命に支障はないが、QOL改善のために患者から強く求められている疾患に対する医療ニーズを指す。

の世で私たちが持てる時間はとても短いのです。メルク社は私に機会を与えてくれます。今から20年後、50年後、いや100年後の人たちに何かを残す機会です。それには今、正しいことをしなければなりません。メルク社のCEOとしての私の目標は研究開発の環境づくりです。それができれば世界的な研究者たちが、人類が直面している最重要課題、たとえば我が社が取り組んでいるアルツハイマー患者の末期治療などに集中して取り組めるのです。製薬業界においては、勝者と敗者は科学の質で決まるのです。

フレイザーは父親から受けた影響を決して忘れていないと語ってくれました。「父と一緒にテーブルを囲んでいるとき、私の記憶では、父はこんなふうに話してくれました。『自分を信じて、誰かに役立つための朝を迎えなさい』。もし今父が生きていたら、『お前はやるべきことをやってくれたな』と言ってくれるでしょう」

ケン・フレイザーは自分のルーツを誇りに思い、その中にトゥルー・ノースを発見しました。それは世の中に尽くせ、という声でした。フレイザーは複数の役職でリーダーとしての目標を重視し、その目標に沿って、世界で有数の製薬会社に活力を与えてきました。彼の数々の貢献はまさに人類へのギフトです。そして彼の人生経験から私たちは、希望を持って学んでいく勇気と力をもらっているのです。

助言者の物語

メルク社でフレイザーのメンターだった前CEOのロイ・バジェロスは、創業者ジョージ・メルクが人命を救う薬剤の開発に注いだ情熱を引き継いで、20年にわたって、その遺志を実践しました。彼は医学研究者として19年間過ごした後に、シカゴ大学、ペンシルバニア大学というふたつの名門医学部の学部長就任の要請を受けましたが、断っています。学部長になれば、それで行き止まりになると思ったからです。

「学部長になるなんて、ぞっとしましたね。教えることも研究もできないということでしょう。書類をめくって、人を動かす仕事だけで」と、説明してくれました。その後メルク社で研究開発をリードして欲しいとのオファーを受けました。

自分のバイオ化学の知識を使って新薬を発見できたら、人類の健康に関して、臨床医でいるよりも遥かに大きなインパクトを与えられるし、新薬発見の技術革新もできそうだと思っていました。私は自分自身がリーダーになるとは思ってもいなかったのですが、一方では、現在の医療に対してどんな貢献ができるのだろうかと、自問したのです。

私が初めてバジェロスにあったのは、彼の米国ビジネス殿堂入りが決まったときでした。糸状虫症として知られているアフリカの風土病を駆除する活動でのリーダーシップが評価されたのです。メルクは治療薬のメクチザンを発見したのですが、市場調査でアフリカの住民にはその薬の購買力がないとわかっていました。

バジェロスが下した英断は、治療薬の開発を完成させて、アフリカ中に、糸状中病を撲滅するまで無償で提供するというものでした。「1800万人の人々を失明から救える薬を提供する。このひとつの決断のおかげで、その後10年間メルク社は、欲しい人材は誰でも採用できるようになったのです」と、説明しています。

1980～1990年代初期にかけてメルク社は、どの競合社にも勝る記録的な数の救命効果がある新薬を開発しました。それが実現したのは、メルク社の研究者たちが大いにバジェロスの熱意と目標意識に触発されたからだと言えるでしょう。当然のことながら、メルク社の株価は10年間で10倍に上昇しました。

現在バジェロスは80代半ばを超えていますが、いまだかくしゃくとしています。バイオテクノロジーのリジェネロン社の会長として、過去10年間、モノクローナル抗体を使った数多くの画期的な新薬の開発を指揮してきました。企業価値は670倍増の420億ドルになっています。

「生計を立てるためだけに働くか、世界の人々の役に立つために働くかという選択があれば、大多数の人は後者を選ぶでしょう」と、バジェロスは最後に語ってくれました。

リーダーシップの目標を定める

リーダーたちのほとんどは、リーダーシップの目標を自分の人生経験の中から見いだしています。人生の主要なできごとの意味を理解してそれを再構成すれば、リーダーシップの目標を定められるのです。目標を理解するのは決して簡単ではありません。抽象的な理解ではだめで、本心から理解するには、内省と実社会での経験を組み合わせる中で、自分のエネルギーをどこに注ぎ込みたいのかが見えてこなければなりません。

一部のリーダーたちは、人生の転換となるひとつのできごとに触発されます。そしてそれが目標に向かう道を照らしだしてくれます。たとえば私もそうでしたが、別のリーダーたちは、リーダーとしての経験を積み重ねた後に、ようやく自分の目標と組織のそれが共鳴して、本格的にその目標を達成できるようになります。目標がより明確になれば、共鳴できる組織を見つけるか、自ら組織を作るかのどちらかです。そうすれば、世界をよりよくするために、あなたがリーダーシップを発揮できる準備が整ったと言えるでしょう。

若手のリーダーたちにありがちですが、昇進や役職にこだわりすぎて、根気よく目標を見いだすことがおろそかになっています。エイボン社の執行副社長アンドレア・ジュングは39歳のときに、CEOの候補から外されました。そのとき、同僚の取締役でもあったタイム社のCEOアン・ムーアが貴重なアドバイスをくれました。「自分の羅針盤に従えばいい、自分の時間軸に惑わされないように」

ジュングはエイボン社に残ることを決め、2年後にCEOに任命されました。彼女の目標は明確で、女性の地位向上を実現したいというものでした。「私の仕事の目標は、女性を鼓舞して、彼女たちが力をつけ、ビジネスの経営能力を持ち、そして教育を施せる経済的な手段を獲得できるように支援すること。それが結局は、すべての切り札になります」と、語ってくれました。

公務に人生を捧げる

ハーバード大学の学部生時代のセス・ムルトンを知る人は、全員、彼が公職につくと断言していたのを憶えています。卒業スピーチで、同級生たちにも公職につくよう駆り立てましたが、そのスピーチに突き動かされる者はいませんでした。彼は卒業後、海兵隊に入隊し、イラク戦争に歩兵将校として4回派遣されました。

リベラル派の両親はムルトンの選択に驚かされただけでなく、怒りさえ感じたことでしょう。両親は、ベトナム戦争に反対でした。自分たちの息子のひとりが軍隊に入隊したいと思っていることを知り、大変ショックを受けました。ましてやアフガニスタンやイラクの最前線で戦うなど、もってのほかでした。ムルトンは彼のメンターであるピーター・ゴメス師の言葉を思い返しました。「正しいことを信じるだけでは不十分で、それを実行に移さなければいけない」

私が最初にムルトンの存在に気づいたのは、ドキュメンタリー映画「No End in Sight」（マグノリア・ピクチャーズ）に、彼が登場していたからです。この映画は2007年までのイラク戦争のやり方を批判していました。私が心打たれたのは、彼は軍に対して大変忠実でありながら同時に、民間人が戦争を指導している状態を素直に批判したのです。後にムルトンをよく知るようになったのは、彼がジョージ・リーダーシップのフェローだったときです。

当時、彼はフェローとしてハーバード・ビジネス・スクールとハーバード行政大学院の共同学位課程に3年間通っていました。それまでにすでに、5年間の兵役を終了して、その後はデイビッド・ペトレイアス将軍の直属として働いていました。将軍はイラクにおける米国軍全体の指揮官でした。ムルトンは熱心で、思慮深く、母国への奉仕に全力を傾けていたのです。

大学院を終えた後、彼はテキサスの高速鉄道のベンチャー企業でプロジェクト・マネジャーの職に就きました。その理由を、「民間企業でも、軍務の中で経験したのと同じ使命感が欲しかったから」だと説明しました。しかし、プロジェクトは海外投資家の都合でたびたび延期されたため、1年後に別の機会を求めて辞職しました。

自分自身をすべて打ち込める大儀を切望して、彼は下院議員への立候補を決めました。その理由は、「変革を起こせるような仕事がしたかった」からでした。2012年の選挙のわずか6カ月前に、一か八かのキャンペーンを張ることを考えはじめました。競争相手は、彼の地元であるマサチューセッツ州ノース・ショア地区に根強い基盤を持つ民主党の現職者だったため、党の長老の多くがそのような選挙戦は避けるようにと助言しました。「残念でした。多くの人たちから、民主的な手続きでの参戦に反対されたのです。この民主主義のためにこそ、私たちは毎日イラクで戦っていたのですから」

短期間のキャンペーンではだめだとわかり、その選挙戦は辞退しましたが、2014年の選挙に立候補を検討するという考えに大いに傾いていました。ムルトンは2013年7月に立候補の公式発表をし、その後の12カ月間不断の努力を重ねました。選挙区の市民との交流を図り、演説では政策を表明し、地元と全国の両方で資金を調達しました。

そういった努力にもかかわらず、6月下旬の予備選投票では現職者に30ポイントもリードされる結果でした。続く2カ月の間、さらに努力を重ね、選挙区の有権者たちに政策を訴えました。そして9月9日、ムルトンは11ポイントの得票差で勝利しました。2014年初めには53ポイントもリードされていた状態から、まさかの勝利でした。彼の当選は、2014年の民主党予備選で唯一の逆転勝利となりました。

総選挙でムルトンが対戦したのは、経験も資金も豊かな共和党員で、しかもゆくゆくは共和党の全国的な幹部になると考えられていた人物でした。世論調査では僅差の勝負が予想されたのですが、投票日には彼が56%対41%の票差で勝利しました。勝利演説の中で彼は、熱意を込めて声高に、「下院は軍隊を誤解している。退役軍人の支援が不足している」と訴えました。そして宣言したのです。「私はワシントンに行き、これを変えます」

下院では最年少議員のひとりでしたが、彼は、迅速に変革を実現することに集中しました。退役軍人省を復活させて、アフガニスタンやイラクで戦った退役軍人の支援をはじめたのです。アメリカで、今後ますますムルトンが話題になるでしょう。議会には彼のように、公共セクター[37]に対して明確な目標を掲げられる本物のリーダーがもっと必要です。

37 警察、国立や公立の学校、貧しい人向けの医療など、政府が所有していたり、または運営する経済活動の分野。

チャンスの扉を開ける

バクスター・ヘルスケア社のミッシェル・フーパーがまだ子どものころ、近所に親友がいました。ある日、彼女の家を訪ねると、戸口に彼女の父親が立っていました。「私の娘は、今後は、黒人の子どもたちとは遊ばせない」とその父親が言いました。このことが私に大きな影響をおよぼしました。ひどいできごとでした」

その露骨な差別が与えたショックは、フーパーの心から消えることはなく、彼女がリーダーシップを身につける強い動機になりました。その苦い経験の後は、学業で秀でようと必死に勉強したのです。「自分の知力を踏み台にして、前に進もうと考えました」と語っています。

ところが企業では彼女のお手本となる人物はおらず、経済学と経営学で優秀な成績を収めていたので、彼女自身がリーダーになろうと決めたのです。

バクスター社で、フーパーは最初の総合的な経営を任されるチャンスを手に入れ、カナダの事業の再生を指揮することになりました。ところがその仕事は大変ストレスが多くて、ジンマシンとニキビに悩まされました。「それでも辞めるわけにはいきませんでした。私はそのような組織の運営を任された最初の黒人女性で、かつ家族の中では初めてこんな高い役職に就いたのです。失敗するわけにはいかなかったのです」

バクスター社の昇進階段を登る中で、彼女は自身の目標を発見しました。後に続く人たちのロールモデルとなり、彼ら彼女らに機会を提供しようと考えました。フーパーは、才能ある多くの人たちが、その可能性を認めてもらえず、与えられるべきチャンスを逃していると思っています。「私が友達の父親に拒否された時代までさかのぼったような話ですよね」

ありのままの相手を受け入れなければなりません。世の中には多くの優秀な人たちがいます。彼ら彼女らに必要なのはチャンスと舞台です。私は周りの人たちによって、仕事をする中でチャンスと舞台を与えられました。そして身の丈を越える仕事に挑戦し、自分ひとりでは不可能だったやり方をして成長してきたと思っています。

彼女の経験談には苦労と満足感の両方が含まれています。リーダーが目標を見いだすまでの艱難辛苦と目標を見つけ、それを周りの人たちと共有できる満足感との両方です。アン・ファッジはリーダーシップとは奉仕であり、利己的であってはいけないと考えています。彼女が次のような質問をしてきました。「どうやったら、自分の能力を少しでもよい方向に還元できるのでしょうか?」

2年間ビジネスを動かし、船いっぱいのお金を稼ぎ、別の仕事をはじめることくらいは、誰にでもできるでしょう。でも、それはリーダーシップではなく、ゲームにすぎません。リーダーシップとは持続する何かを残すことです。それは人をどう扱うかであり、問題にどう対処するかなのです。

目標を実行に移す

リーダーシップの目標が意味を持つのは、それが現実の課題の具体的な解決に役立つときです。そのためには、共通目標の下にチーム全員を結集しなければなりません。

ジム・ウォリス　信仰を役立てる

雑誌『ソージャナーズ』[38]の創業者ジム・ウォリスとのインタビューは、彼がミズーリー州ファーガソンから戻った直後でした。ウォリスは、ファーガソンで起きた警察の人種偏見への抗議を先導する若者や、彼らを支えようとする宗教指導者たちに会ってきたのです。そして警察側の話を聞き、双方を引き合わせました。ウォリスはアメリカを代表する宗教指導者のひとりで、社会正義の促進に努めています。新著ではアメリカの人種問題を取り上げる予定です。目標は実行に移されない限り意味を持たないと、彼は確信しています。

私の天職は現実の世界で信仰を役立たせることです。仕事に、近所の人たちに、国家や世界のためにです。もし、信仰が人生の推進力にならないのなら、それは長続きしません。神はキリストを遣わしてこの世の中に現れました。宗教は現実の世界に役立たなければなりません。私たちはいくらでも宗教の話ができるのですが、宗教が現実の問題を何ひとつ変えら

38 クリスチャン進歩主義と社会的大儀を促進する雑誌である。論調は福音主義者の視点から貧困、戦争などの社会的矛盾など、積極的にその解決にかかわるべきだというもの。

れないとしたら、そのインパクトはほとんどありませんね。ジョージタウン大学の私の講義では、学生たちにこう尋ねています。「あなたの信仰はどれだけ実際に役立っているのですか？」

ウォリスはデトロイトの白人地区で育ちました。10代のころ、彼を悩ませていたのは、2、3ブロック先にある黒人地区とのさまざまな格差でした。そして彼がたどり着いた結論です。「この町やこの国では何かがとても間違っていると思いました。だから、答えを探しに町なかに出て行ったのです」

デトロイト・エジソン（電力会社）で管理人をしているときに、黒人の若者たちと友達になり、すべてが変わりました。ある日、地元に戻って教会に行ったとき、その教会の長老から、「ジム、キリスト教は人種差別とは何の関わり合いもないと理解しておくように。それは政治的なもので、私たちの信仰は個人的なものだから」と言われました。

その夜、私はまだ10代の子どもでしたが、その教会を脱会しました。人種問題で私の心や気持ちは消耗していました。何かが間違っているとわかっていましたが、誰もこのことについて話してくれませんでした。だから自分自身に話しました。

「もしキリスト教の信仰が人種差別と無関係なら、キリスト教に求めるものは何もない」と。

ミシガン州立大学に通っている間、ウォリスは市民権と反戦運動に深く関与し、20回逮捕されました。正義と平和を求める非暴力の不服従運動が逮捕の理由でした。彼はこう言いました。「急進的な学生活動家だった私は、2時間もあれば1万人の人たちを路上に集められたのです」

1970年、ベトナム戦争とケント州立大学での学生3名の射殺事件で緊張が沸騰点に達したとき、彼は学生ストライキを先導し、そのため、一時期ミシガン州立大学は閉鎖されました。44年後、彼の母校はウォリスに名誉学位を授与しました。社会正義にゆるぎない献身したと称えられたのです。

大学時代、ウォリスは神との対話を体験したと言います。それはマタイによる福音書にあるイエスの言葉[39]に出会ったときでした。

「はっきり言っておく。わたしの兄弟であるこれらの最も小さい者のひとりにしたのは、すなわち、私にしてくれたことなのである」（日本聖書協会訳）。彼は次にように説明してくれました。

神の御子がここにいて言うのです。「あなたがどれだけ私を愛しているのかを、私は、あなたがたがどう彼らを扱うかによって知るのです」と。彼らは、社会の下層にいる人、弱者、貧困者、蔑まれた者たちです。これはカール・マルクス、ホー・チミンとチェ・ゲバラの3人を合わせたよりも過激です。

私たちがどう貧困者や弱者を扱うかで、私たちの信仰が試されるのです。私は残された人生を使って、信仰がどう一般社会に意味を持つのかを探し続けています。

39 マタイ25章40節。

トリニティ神学校[40]でも、ウォリスは社会正義への関与を続けました。そして1970年代初めに『ソージャナーズ』を立ち上げました。信仰をベースにした社会組織です。そしてネットワークを作り、「社会正義のために信仰を実践する」という使命をもって活動しています。過去40年間、ウォリスは活発にその使命を遂行していて、ゆるぎない信念をもって社会の弱者への支援に献身し続けています。

ウォリスは、キャリアを積むことと天職を続けることをはっきり区別していて、次のように述べています。「キャリアというのは、自分のスキルと資産を履歴書に書き入れながら、成功のはしごを登っていくこと。天職とは、才能と天命を分かつものです。天職はトゥルー・ノースであり、なすべく神に命ぜられた天命です。そうでなければ、何かの職に就いて昇進を目指しながら、せいぜい余暇として天職に係わるだけになってしまうのです」

Vocation（天職）は、ラテン語のvocari（神によって召し出された）が語源で、世の中で強く求められている事項と自分の才能が交差するところにあります。昇進の機会を求めるより、自分に与えられた天命は何かを自問してください。自分の天職が、単なる課外活動のようなものなら、それは問題です。

このキャリアと天職の違いこそがリーダーシップの中核なのです。リーダーはそのリーダーシップを毎日、仕事や人間関係の中で発揮しています。トゥルー・ノースと天職を発見す

40 イリノイ州ディアフィールドにある福音主義の神学校。トリニティ国際大学を含む。アメリカ福音自由教会の活動のひとつ。

るにはどうすればいいのかと質問されたら、私は「疑念を抱く自分を信じて、それがどこに向かっていようと、追いかけていきなさい」と、答えています。

ウォリスは自分の天命を忠実に実践に移しました。南アフリカに行き、ニューヨーク州のシンシン刑務所[41]の収容者たちに会い、ワシントンDCのスラム街では極貧の居住者と話し、そして執務室でバラク・オバマ大統領にも会いました。社会の恵まれない人々を支援する努力は尽きることはありません。ウォリスはとてつもなく大きな勇気を発揮して強力な組織を動かしてきました。

しかし、どんな場合でも政治的な意味合いと関連づけられるのを拒否しています。世界経済フォーラムで、ひとつの新しい社会的誓約を主張しました。その誓約の一部で彼は次のように呼びかけています。「いかなる分野でも、変革を実現させる、そして価値観に基づくリーダーシップが求められます。そのための人材を集めなければなりません。その人たちが、より公正で寛大で、そして持続可能な世界を作り上げ、それを後世に残してくれるでしょう」

ペニー・ジョージ　リーダーになるのに遅すぎることはない

私の妻のペニーは、自分がリーダーであるとは思ったこともなく、両親からリーダーになるよう励まされたこともないと言います。まったく逆に、人をリードするリスクを避けるように言われていました。彼女は有能な組織心理学者となり、クライアントからの評判も良く、有能な人たちがその才能を発揮できるように手助けをしてきました。ところが、ペニー自身は組織のリーダーの役割

41 シンシン刑務所とは、アメリカ合衆国ニューヨーク州オシニングにある刑務所である。警備レベルは最高度であると言われる。ニューヨーク市から北へ48km、ハドソン川に面したところにある。

を担うとか、たとえそれが非営利団体の理事であっても、断っていました。

悲劇は1996年に訪れました。彼女は心理学で博士号を取得してまもなく、パートナーと一緒に新しい心理コンサルティングの会社を立ち上げようとしていました。彼女は次のように当時を思い出しています。「定期健診のマンモグラムを終えて職場から家に戻ると、留守番電話にメッセージが残っていました。『ペニー、乳ガンの疑いがあります。外科医とアポイントをとるようにしてください』と」

担当のがん専門医からは「目標は完治」と言われたにもかかわらず、ペニーは情緒不安定な状態に陥り、自分は死ぬのだという思いに悩まされました。彼女が選択したのは、非定型的乳房切除、そして、その後7カ月間の化学療法と5年におよぶホルモン治療でした。その間彼女はずっと、ガンの再発を恐れていました。受け身でいるよりも自ら望んで、彼女は多くの補完的療法の実験を受けました。ライフスタイルを厳格に変えるために、新しい食事療法、運動療法、ストレス軽減療法を実行し、ハーブ治療も受け、さらには、心理療法も取り入れました。それは彼女が10代のときに経験した苦しみを再構成する療法でした。自分の健康は自分の責任で取り戻すのだと思い切った彼女は、心が大いに癒され、平常心を取り戻しました。

手術後に間もなく息子のジョンが春休みの計画をキャンセルして帰省し、母親と過ごしました。そしてこの経験が、彼に医学部に進学することを決意させたのです。現在彼は頭頸部の優秀な「ガン」専門医として、カリフォルニア大学サンフランシスコ校の大学病院で活躍し、日々患者のために献身しています。兄のジェフもまた医療分野の道を選び、現在は眼科の分野で世界をリードしているノバルティス社傘下のアルコン社で、グローバル部門の責任者として活躍しています。

彼女の回復プロセスのひとつとして、ペニーはコロラド州フォー・コーナーズで開かれた11日間のビジョン・クエスト[42]に参加しました。それには単独で行う4日間の断食も含まれていました。戻ってきた彼女は、自分のエネルギーを集中して統合医療（インテグラティブ・メディスン）に取り組みたいと決意しました。医学に対する彼女の新しい取り組みは、伝統的な西欧医学の最善療法と補完的な療法を組み合わせて、人間を丸ごと治療するという考え方で、彼女が自分自身に施しているのがまさにその治療でした。

ある日、コロラドへ向かう車の中でペニーは決然として言いました。「医学教育やその実践の方法を変えたいと思っているの」。彼女の提案は、1994年にふたりで設立した家族財団を自分が運営することでした。有能な財団理事の助けを得て彼女は、基金の半分を統合医療に向けました。彼女と理事は一緒になって革新的なアイデアを思いつきました。それは統合医療のリーダー的医師たちとその分野で資金を提供する慈善家たちを引き合わせることでした。それがブレーブウェル・コラボレイティブの設立につながり、現在25の財団が資金をプールして、医療の変革をサポートしています。

彼女のリーダーシップをコラボレイティブのメンバーは歓迎したのですが、彼女自身はかたくなに「私はリーダーではありません」と言い続けました。見方の違いはどこからくるのだろうかと考えました。力強く前面に出るリーダーとは違い、彼女は背後から静かに、グループのメンバーたちが積極的に周囲をリードするように仕向けるリーダーシップを発揮していたのです。メンバーたち

42 もともとネイティブアメリカン（インディアン）の儀式の名称である。「スピリチュアルガイダンスを探す」ことを目標とする。人里離れた場所で、飲まず食わずの数日間を過ごすのだが、大人になるための儀式のこと。今では、ビジネスマンの精神修業。

を触発したのは、協同活動の価値と相まった彼女の情熱とビジョンの力でした。彼女の経験が教えてくれます。自分の情熱を傾けられるものを発見すれば、人は力を得て積極的にリーダーシップを発揮し、その目標を見つけ出せるのです。

◆スティーブ・ロスチャイルド　天命を知る

キャリア形成の途上で、自分の仕事がリーダーシップの目標と合っていないと思うときがあるでしょう。この時点で、ひとつの選択をしなければなりません。何とかして仕事と目標を整合させるか、またはやり方を変えて、仕事の中で自分の目標を達成できるチャンスを見つけるのか、のどちらかです。これがまさにスティーブ・ロスチャイルドが迫られた選択です。

ロスチャイルドは、ゼネラル・ミルズ社の希望の星として期待されていました。アメリカでヨープレイト[43]事業を立ち上げ、それを軌道に乗せ10億ドルのビジネスに育て上げました。執行副社長に昇進したのはまだ30代のときで、多くの新しい課題に取り組んでいましたが、そのポジションを8年続けると、どうも気持ち落ち着かなくなってきたのです。中途半端で、自分のチームをリードする満足感も得られずにいました。また会社の方針にも賛成できず、会社はもっとグローバルに展開しなければと考えていました。

ロスチャイルドの不満がはじけたのは、取締役会で海外事業戦略をプレゼンするように頼まれたときでした。「私の結論はこうでした。会社はもっと海外事業を拡大すべきで、国内の成長だけに頼ってはいられません」。スペインに出張中、社長から興奮した様子の電話を受けました。電話の

43 乳製品を製造・販売するフランスの企業、またヨーグルトのブランド名。

内容は、ＣＥＯが海外事業拡大の提案を受け入れる、とのことでした。ロスチャイルドは、「自分にはできません、ＣＥＯが本気だとは思えないのです」と答えました。そしてこう言いました。「ＣＥＯは私を支配下に置きたいのでしょうが、私に直接話しかけることは全然ありませんでした」

その後まもなくしてロスチャイルドが直面したのは、自分が会社とは足並みが揃わず、自分の仕事も楽しくないという現実でした。しばらく考えたのちに、ゼネラル・ミルズ社を辞める決意をしました。「楽しくもない仕事で行き詰っていました。もう一度生きているという実感が必要でした」

ゼネラル・ミルズ社を退社したのは、神様の思し召しだったと思います。そのことで、私の心を悩ましていたものに気づき、また妻や家族との生活に集中できるチャンスができました。退職後は家族との関係がより親密になり、かつ深くなりました。この行動を起こしたおかげで、人間として成長でき、一段と幸せで充実しています。

ゼネラル・ミルズ社の酷い状況から脱出したロスチャイルドは、今後は「一難去ってまた一難」にはならないように決意しました。時間と自由を得た彼は、何に情熱を注ぐのかを考え、また何か自分自身に意義のあるテーマに取り組みたいと思うようになりました。その過程で優先順位が変わり、恵まれない人たちが立ち直るための援助へと向いていきました。

ある職業に長い間集中していると、そこから離れるのが怖くなります。大きな輪の内側に両手で捕まって立っているようなものです。少しだけその輪から離れようとして、先ず片手だけを放します。両手を放すと一気に輪から落ちてしまうのが心配だからです。ばったりと落ちて顔を打ちつけるかもしれません。しかし、私の場合は、一度に両手を放さざるをえませんでした。

自分が情熱を傾けられる仕事は、恵まれない人たちが経済的に自立して、強い絆で結ばれた家族を作れるように支援することだと気づきました。そのために自己資金で、ツイン・シティーズ・ライズを立ち上げました。その組織の使命は、雇用主に熟練した働き手を送り込むことです。そのために、成人の失業者にそれなりの賃金が得られるだけのスキルを身につけさせました。

ツイン・シティーズ・ライズをはじめるという決意は、自分が何か意義のある問題解決をしたいという思いから生まれました。恵まれない有色人種が直面している難題は、その多くが投獄された経験の持ち主ですが、これまで十分に取り上げられていなかったのです。問題の本質は、ビジネスを立ち上げるのではなく、人生を築くことでした。

組織目標とチームの目標を一致させる

リーダーは孤立しては活動できません。リーダーの責任は、人々を結集し、共通目標を追求することです。ある目標に向けて人々を団結させるのは、リーダーにとって最大の課題なのです。ケン・フレイザーのような本物のリーダーは、自分の目標に注ぐ情熱をうまく伝えることができるので、その使命感が周りの人たちをつき動かすのです。

皮肉屋は言うでしょう。もしメルク社のように人命を救う会社なら、目標意識を持たせるのは簡単だと。では食品小売業のビジネスならどうでしょうか？　クローガー社のCEOデイブ・ディロンは、会社全体で共有する目標を持つという信念の持ち主です。クローガー社は、人命は救わないかもしれませんが、社員全員が何か大切なものの一部を担っているのだと思える会社です。ディロンは「クローガー社が提供する顧客価値」の下で社員を一致団結させました。顧客価値を提供する、つまりサービス志向の食料雑貨ビジネスを通して人々を助けるのは、尊い誇りの持てる職業なのです。

「人間は誰しも自分の人生に意義を見つけたいと思っています。私たちの目標は社員にその意義を与えることなのです」と、彼は言います。

私たちは、お客様に一段と楽しい暮らしを提供するチャンスを与えられています。私たちが好意をもって接すれば、お客様は今の世界はなかなかいいのもだと感じてくれます。人のちょっとした親切に触れることで、1日が変わってきます。
もし、私がそんな親切をしてあげられたら、私自身も気分がよくなります。そうすれば、自分のキャリアを終えるときに、振り返ってこんなふうに言えるでしょう。
「私も何か特別なことができたんだ」

ペプシコ社の会長兼CEOであるインドラ・ヌーイは、何が良い会社を作るのかについて明確なビジョンを持っていて、良い会社の4つの特徴に言及しています。
①株主へ価値を還元する、
②人と社会を育成する、
③環境への影響を最小にする、
④従業員を大切にする。
彼女は多面的な目標として、組織がすべての利害関係者に対してどのように価値を増やせばよいのかを掲げています。「どんな会社にも企業魂はあります。その企業魂は会社を構成するすべての人々が作り上げているのです」

社員は自分らしさを殺して会社で働きたいとは思っていません。つまり、自分らしさを活かした仕事ができる会社で働きたいと思っているのです。世の中をちゃんと気遣える会社とも言えるでしょう。優秀なCEOであれば誰しも、自分のトゥルー・ノースに集中しておかねばなりません。

ヌーイはインドのチェンナイ生まれで、マドラス・クリスチャン大学とインド経営大学院カルカッタ校に在籍した後に1976年アメリカに移住、エール大学経営大学院で修士号を取得しました。いくつかの有力企業で戦略部門を担当した後、1994年にペプシコに入社しました。

2006年、CEOに選出されたとき、ヌーイはすでに見越していました。今後は健康危機が取りざたされ、人々の関心が健康食品と健康飲料へとシフトするのだと。そのために彼女がはじめた戦略は、ペプシコ社の商品構成を拡大して、もともとの砂糖ベースの飲料と高脂肪食品の他に栄養バランスの良い健康商品を導入することでした。たとえばクエーカー・オーツ、ゲータレード、トロピカーナ・ジュースといった商品の他にも、新たに健康志向の商品を多く取り入れました。

ヌーイは、その戦略を「目標に沿った業績」と呼びました。短期の業績達成の重要性を強調する一方で、会社としては長期目標に向かって進んで行きました。この戦略遂行のために彼女は、いくつかの重要なステップを踏んでいます。その中には新興国市場での企業買収も含まれています。彼女が出席したすべての会議で、そして彼女が与えたすべてのスピーチで、ペプシコの社員27万5000人に対してこの共通の目標の下での結集を呼びかけました。

一方、トルコ生まれのムーター・ケントが率いる最大のライバルであるコカ・コーラ社は、もともと、コークの伝統的なソフト・ドリンクのブランドに集中していました。2009年にコーク・

ブランドが、ソフト・ドリンク市場でトップの1位と2位のシェアを取って優位に立ったため、ヌーイが批判される羽目になり、彼女はペプシのソフト・ドリンクでの伝統的な強さを無視したと言われたのです。

これまでの戦略を撤回することなく彼女は、ペプシのソフト・ドリンクのマーケティングを強化しながら、2006年にスタートした多角化戦略も続け、トップ・マネジメントの数名を交代させました。彼女の戦略は2011〜2014年の好業績を生み、ペプシコ社は一度失ったシェアを回復しただけでなく、ビジネスの多角化も実現したのです。その3年間でペプシコ社の成長はコーク社を容易に上回り、株価は主要ライバル社の倍を超えて上昇しました。

ペプシコ社の業績回復とヌーイの戦略の成功が明確に定着した後に、アクティビスト・インベスター（物言う投資家）のネルソン・ペルツがペプシコ社の株式の0・7%を取得し、ヌーイに彼女の戦略を断念するよう提言しました。その代替として、クラフト社の海外ビジネスから別会社になったモンデレス社を買収して、ペプシコ社の食品事業と合併させるよう、また飲料ビジネスは別会社にするように要求しました。

ヌーイはこういった攻撃に対して準備ができていました。ペプシコ社の社内分析によると、スナックと飲料の組み合わせで年間10億ドルの利益が生み出せることがわかっていたのです。ヌーイは一歩も引かずに、自分の目標に向けた戦略を推進させました。2015年初めにペルツが同意したのは、彼が会社分割の主張を取り下げ、ヌーイはH・J・ハインツ社の前CEOをペプシコ社の取締役にするという交換条件でした。

ヌーイが例示するように、明確なミッションを固持して、全社員がそのミッションの下に団結することが重要です。このことが、戦略が機能する必須条件です。もちろん、ペプシコ社が経験した2009年の短期欠損のような後退もあるでしょうし、またペルツがしたように代替戦略を要求する声も上がってくるでしょう。これらは、リーダーとして目標や組織にどれだけ強い信念を持ち信頼を置いているかの試金石なのです。

トゥルー・ノースに目標を一致させる

リーダーシップの目標は、トゥルー・ノースを活用して、より良い世界作りを目指すことにあります。もし、組織を新しくはじめるのなら、その目標に自分のトゥルー・ノースを反映させなければなりません。他方では、すでにある使命をもった組織で働くのであれば、組織の使命と自分のトゥルー・ノースが一致していなければなりません。そうでなければ、仕事をしても達成感は得られないでしょう。

ケン・フレイザーの話を振り返ってみればわかります。人々に奉仕するという彼のトゥルー・ノースと、「人々のために」医学を役立てるというメルク社の使命が一致していたのです。同じように私も、メドトロニック社に入ったとき、この会社の人々の健康を回復させるという使命が自分の天命だと感じました。どちらのケースでも、私たちが入社しようとした企業は、私たちが信じていたことを企業の確固とした使命に掲げていたのです。

一方、さほど強い一致をみないケースもあるでしょう。インドラ・ヌーイはペプシコ社でこのことに気づいたため、CEOに就任した際に、厳しい決断でしたが、企業理念と戦略を変えました。そしてペプシコ社の企業目標の重点を、リーダーシップを取って、健康によい食品と飲料の提供へと移行させました。私もキャリアの初期段階では、ハネウェル社の使命に同調できずに悩みつつも、経営者の責任として会社の改善に努めました。しかし気づいた時には、私がハネウェル社を変革するよりも、私自身が会社によって変えられてしまっていたので、メドトロニック社への転職を決めたのです。

ときにはリーダーは、自分の仕事と組織の使命が、自分のトゥルー・ノースと相容れないと思えるでしょう。たとえば、セス・ムールトンが鉄道会社を辞めたのは、社内のリーダーシップ体系が麻痺状態に陥り機能不全な企業文化が蔓延していたのがその理由でした。スティーブ・ロスチャイルドがゼネラル・ミルズ社を去ったのも、自分と会社の使命を結びつけられなかったからでした。

私たちの多くにとって、自分の目標をいかにどこで生かすのかは、生涯を通して変わり続けます。この章のはじめで紹介したウィリアム・スタッフォードの詩にかかれた「糸」と同じです。目標の源泉にある変わらぬもの、つまり自分のトゥルー・ノースは変わることはありません。人生に変化や新しい機会はつきものです。トゥルー・ノースから外れない限り、信念と情熱を持って人生を立ち止まることなく歩み続けられるのです。

演習

自分のリーダーシップの目標

この演習では、自分のリーダーシップの目標と、その目標をどのように見定めるのかに集中してください。目標の源泉は、自分の人生経験、情熱、やる気と能力などにあります。

1 早い時期の人生経験（第1章と第3章の演習問題で取り上げた）を思い出して、その経験の中から、自分の本心から湧き出る情熱の源泉を特定してください。

2 人生体験を見直してみて、自分の情熱をより明確に整理できますか？

3 あなたのリーダーとしての目標形成を先導した情熱を説明してください。それはどんなふうに影響しましたか？

4 あなた自身に手紙を書いてみてください。内容はリーダーシップの長期的な目標についてです。直近のリーダーとしての目標は何ですか？　そのリーダーシップの目標は、今後の人生にどのように関係していると思いますか？　その目標とあなたの人生は不可分ですか、それとも、別のものですか？

第11章 エンパワーメント

Empowermeut

ボートを漕いで得られる
精神的な価値とは何だろうか?
完全に無私になること、だから、
クルーが一丸となって協力し合える。

ジョージ・ヨーマン・ポコック[44]
ボートビルダー
1936年オリンピックの金メダリスト（設計したボートで獲得）

「私」から「私たち」への転換が終わり、リーダーシップの目的を見定めたリーダーは、仲間たちと心のつながりを築けるようになります。心のつながりがリーダーへの信頼感を生むのです。

リーダーには組織の中で使命や一連の価値観を共有して、仲間たち、とくに第一線の仲間たちを、エンパワーする（自主・自律行動をする裁量権を委譲し支援する）力量が必要です。

かつてリーダーの多くは、地位の上下関係による権力に頼りながら、業績を伸ばしてきました。ところがそういった階層的なアプローチは現在の社員にはほとんど通じなくなっています。とくにミレニアルズ[45]と呼ばれる若い世代は上司からの指図にかなり抵抗します。その代わりに彼らが求めているのは、自分たちを鼓舞し、結果を出す方法を自由に決めさせてくれるリーダーたちなのです。

本物のリーダーは、人間同士の関係を構築することを重要視して、社員がそれぞれのやり方で仕事ができるようにエンパワーします。長期的にはそうすることで、昔ながらの階層的なアプローチよりも一段とうまく、リーダーを育成し、健全な組織文化を構築し、持続可能な業績を上げることができるのです。

44 20世紀を代表するボートビルダー。1936年のほか、1948年、1952年にもデザインしたシェル艇（競技用の軽量化したボート）でメダルを獲得している。
45 1980年代から2000年までに生まれた世代を指す言葉。

アン・マルケイヒー　危機の中のエンパワーメント

アン・マルケイヒーは類まれなリーダーのひとりです。彼女は、ゼロックス社が創業以来最大の危機に直面していたときに、会社を先導してほしいとCEOに指名されました。CEOになるとは予想すらしていなかったにもかかわらず、彼女は卓越した能力を発揮して、ゼロックス社の社員9万6000人を共通の目標に向けて結集させたのです。

彼女のエンパワーするアプローチは、倒産を回避させたばかりでなく、健全な企業文化を築きました。そして現在、その企業文化は後継者であるアーシュラ・バーンズが引き継いでいます。

さかのぼって、2000年のことです。それまでゼロックス社のCEOになるなど、マルケイヒーは夢にも思ってもいませんでした。ある日、彼女が日本への出張の準備をしていると、会長のポール・アレールがオフィスにきて告げました。現任のCEOを退任させ、彼女をCOOにし、追ってCEOにしたいと取締役会で提案するつもりだと。彼女は大変驚き、一晩家族と相談したいと言いました。翌日、その会長の申し出を受けました。

取締役会の決定は、マルケイヒーだけでなく周囲の全員をも驚かせました。ゼロックス社での25年の間に、彼女は社内に強固で信用できる人間関係のネットワークを築いていました。現場でのセールスや本社のマーケティング部門の経験はありましたが、財務、R&D、製造部門での経験は皆無でした。当時彼女は、初めての経営管理の任務を楽しんでいました。ゼロックス社の主流ではないものの、どちらかと言うと小規模な関連事業の経営を任されていたのです。

何だか出征するような気分でした。会社のためには正しいことだけど、大きな賭けだともわかっていました。この任務は、私の人生を劇的に変えるだろうし、ありったけの力を振り絞らなければならないと思いました。CEOになりたいなどと、かけらほども思っていなかったし、心の準備もできていませんでした。

社内の誰も理解していなかったのですが、当時のゼロックス社は巨額の流動性リスクに直面していて、倒産寸前の状態でした。売上高は減少を続け、販売部隊は解体状態、そして新製品を生み出すパイプラインも枯渇していました。しかも180億ドルの負債を抱え、クレジットライン（与信枠）もすでに使い果たした状態でした。

社内の士気は大きく低下していて、株価も底知らずに落ちていました。手持ち現金はわずか1週間分しかなかったため、社外のアドバイザーたちは倒産を考えるように勧告していました。さらに悪いことに、CFOは証券取引委員会による売上計上法についての調査の対応に追われていました。状況はさらに悪化していき、マルケイヒーは倒産の危機が迫っていることを思い知らされました。

私はとても怯えていました。自分がまるでタイタニック号のデッキにいて、船を海底に沈めてしまうのではないかという思いでいました。一瞬たりとも何かを誇りに思える状況ではありませんでした。あんなに怖く感じたことはありません。それは、夜中に目が覚めて、9万6000人の社員と退職者のことを心配し、そして、もしことがうまくいかなかったらいったいどうなってしまうのだろうと、思いめぐらせていたときでした。

財務の経験もないのに、マルケイヒーはどうやってこの危機を乗り切ったのでしょうか？　彼女にはこれまでに築き上げてきた強固な人間関係と、社内組織に対する完璧な理解がありました。彼女が会社の現状に心痛めていると社員全員が知っていました。彼女は自分の経験不足を補うために財務部門に教えを請い、多様な人材を周囲に集めました。

会社が抱える問題の深刻さが見えてくるにつれ、マルケイヒーの目標はより明確になっていきました。それは、ゼロックス社を倒産の危機から救い出し、以前の偉大な会社に建て直すことです。彼女の課題は、やる気を失っている組織をまとめ上げ、会社中のリーダーたちを立ち上がらせることでした。彼女はこう言っています。

「物事を達成させるためには、社員と一体になり、彼らを信用しなければなりません。私が最も重視するのは良いチーム作りで、それがこの会社を引っ張っていくのです」

マルケイヒーは100人のトップ経営陣と個別に面談し、これから多くの難題に立ち向かわなければならないが、会社に留まる覚悟があるかどうかを尋ねました。「協力的ではない人たちがいるのはわかっていたのです」

それで、私はそういった非協力的なふたりに正面切って言いました。

「これは駆け引きではない。ちゃんと話をしましょう。楽しい話ではないかもしれない。もし会社に残るのなら、ちゃんと協力してほしい。会社を去るのであれば、それは残念だけど仕方がありません。私は今のままの状態の会社を経営する意欲が湧きませんしね。これは会社の命運にかかわることだから」


最初に面談したふたりは、両方とも大きな事業部門を統括していましたが、退社を決めました。しかし、残りの98人は会社にとどまると約束してくれました。マルケイヒーを信頼していたからでした。彼女もまた、彼らの人柄や愛する会社を救いたいという強い気持ちに訴えたのです。

アーシュラ・バーンズもその内のひとりで、これまでの会社の恩に報いたいと、彼女の忠誠心を表明してくれました。彼女は、2009年にマルケイヒーの後を継ぎました。


私はこれまでに、世界中のほとんどすべての国を訪問したと思います。自分が想像していた以上に、すばらしい人生と立派な友人たちに恵まれています。これらはすべて、この会社と私自身のパートナー関係を通して手に入れたものです。

会社が困難な状況にあるときに、どう言えばいいのですか？

「お世話になりました。さようなら、またいずれ」ですか？　こんなふうには私は母から教わってきていません。

マルケイヒーと最初の面談を終えた後、経営チームが結成され、素早く一丸となり、そして会社にとどまった多くの同僚たちがチームを支えました。バーンズは次のように語ってくれました。「私たちはカフェテリアではなく会議室で一緒に夕食をとりました。みんな周りを見渡して、これだけの仲間が残ったことを喜んだのです。『ＯＫ。さあ、みんな、一蓮托生です。どうやれば生き残れるのかを考えよう』」

本社で終わりの見えない会議を重ねる代わりにマルケイヒーは、顧客企業を訪問し、販売担当者に同行しました。そして、どうすれば顧客離れと現場のセールスマンたちの離職の流れを喰い止められるのかを見極めようとしました。販売部隊にはこう告げました。「私は、ゼロックス社のお客をつなぎとめるためなら、どこにでも、いつでも出かけます」。彼女の顧客への関与度合いは、前任のＣＥＯとは真逆でした。前任者はほとんど本社から動きませんでした。彼女自身が動くことで重要なメッセージが伝わりはじめていました。ゼロックス社の販売組織が団結し、顧客からの信頼も回復したのです。

加えてマルケイヒーには、積極果敢さと厳しさの二面がありました。社員に対しては結果の説明責任を求めました。当時、会社はとてつもないプレッシャーに押し潰されそうになっていたのですが、彼女は実現可能な目標を設定していました。彼女はこう言いました。「良い業績を上げる方法はありません。たとえば株式市場で高い評価を90日間続けるという目標を定めても、自分の首を絞めるだけでしょう。まぁ、みっともない話ですよね」

マルケイヒーは上席のマネジャーたちに、お互いに直接協力し合うようにうながしました。「私たちは何でも話しあいました」とバーンズは言います。「アン（マルケイヒー）の指示は、実にはっきりしていました。それはずばり、『必ず成果を出すように』でした」

マルケイヒーはすべての話し合いをリードするわけでなく、どちらかと言うと、バーンズがオーケストラの指揮者と表現した取りまとめの役を担っていたのです。「彼女は人の心を読むのがとても上手で、私たちが協力して働くよう仕向けていたのです」とバーンズは語ってくれました。

倒産の危機は2000年10月、頂点に達しました。その月のはじめに、マルケイヒーは株主たちに素直につげました。ゼロックス社の現行のビジネス・モデルは継続不可能であると。翌日、株価は26％下落しました。彼女は、「私は砲火の洗礼をうけました」と述べています。

以前のマルケイヒーは、同僚たちと互恵の関係にあり協力し合っていました。しかし、今の職位では、彼女が持つ個人的な思いに反して、会社は生き残れるとチームに自信を持たせなければなりませんでした。

「私はスキンシップを重んじながら、他人とうまく付き合うタイプの人間なのです。その私にとって今の職位で一番むずかしかったのは、慣れないながらも、周りとある程度の距離を保たなければならないことでした」と語ってくれました。しかも、マルケイヒーは不確実性やストレスへの免疫力が弱かったのです。

日本への出張を終えてオフィスに戻った日は、とても憂鬱でした。夜の8時半ころ、家へ帰る途中にメリット・パークウェイで車を停めて、独り言をいいました。「どこに行けばよいのかわからない。家には帰りたくない。どこにも行く場所がない」

あなたはそのような感情に襲われたことがありますか？　私の経験から言うと、孤独や絶望といった感情に陥るのはリーダーにはごく当たり前なのですが、大抵のリーダーはそうとは認めません。そのようなときには仲間からのサポートが必要です。マルケイヒーは、次のように説明しています。

「留守番電話に残っていた主席ストラジストのジム・ファイアストーンからのメッセージを聞きました。『今日は最悪の日だったかもしれませんね。でも私たちはあなたを信頼しています。この会社にはすばらしい未来があると思っています』」

たったこれだけのメッセージのおかげで彼女は家へ帰り、翌日はやる気十分で出勤できたのです。

「チームは私にとって、かけがえのない支えと力になってくれました。諍いをしたり、賛否両論に割れたりしましたが、最後には彼らはこの上ないくらい忠誠であり、支えになってくれたのです」

外部のアドバイザーたちは、ゼロックス社は破産宣告の準備をして、180億ドルの負債を軽減すべきだと言い募りました。そのときマルケイヒーは、激怒しました。

彼らにはこう伝えました。

「あなた方は、この会社の社員がどんな気持ちでいるのかわかってないでしょう。戦って、勝とうとしているのですよ。倒産したら絶対に勝てないじゃないですか。最後の最後になるまで倒産の準備などをするつもりは一切ありません。まだまだ切れるカードがたくさん残っているのです」

私はとても憤っていました。なぜなら、熱意とやる気をなくして会社の成功はないことも、倒産すれば社員がどんなひどい目にあうのかについても、彼らはてんで理解していなかったのです。社員は勝てると信じて戦っていたのです。

最後にアン・マルケイヒーは勝ちました。倒産は免れました。そのためR&Dやセールス部門の費用を削ることなく全体経費を数十億ドル削減し、かつ、債務を60%減らしました。新しい色調やデジタル技術を使った60の新商品を導入し、売上と利益の成長を回復させたのです。

マルケイヒーの傑出したリーダーシップは、人々をエンパワーする彼女の能力に由来しています。そのリーダーシップの下で、彼らは難題に立ち向かい、会社を守り、復活させるという共通の使命に向かって自分たちの力を結集したのです。

マルケイヒーのような本物のリーダーは、エンパワーメントを受けた人々が持つ集団の力が、いかなる人物ひとりの力よりも優っているのだとわかっているのです。だから、そのチームを共通の目的に向けて結集させられるのです。

現場に関与するリーダー

緊密で持続する関係を築く力というのは、人々に裁量権を与えて支援する能力をもったリーダーの証拠のひとつです。残念ながら、大企業のリーダーたちの多くは、自分の役割は、戦略を立案し、組織機構や組織プロセスを構築することだと考えています。それがすめば、仕事を委譲してしまい、実際に仕事をする現場の人たちから離れていきます。

現場から離れたリーダーシップは、もはや21世紀には通用しないでしょう。今日の社員は、与えられた仕事に取り組む前に、リーダーとより深い個人的な関係を求めています。そしてリーダーとコンタクトできるチャンネルが必要です。というのも、オープンで深い関係を持てるかどうかで、リーダーに対する社員の信頼感と献身度が左右されるからです。

ビル・ゲイツ、スティーブ・ジョブス、ジャック・ウェルチは大変成功したリーダーたちです。なぜなら、彼らは社員たちと直接繋がりながら、社員たちから仕事への強い責任感と会社への高い忠誠心を引き出していたからです。とくにウェルチの場合は、興味深いケースです。彼は社員に難題を与え、かつ厳しく当たります。

しかし、そういった難題を与えることこそが、社員に成功してほしい、そして、キャリアを積んでほしいと思うウェルチのメッセージなのです。

デビッド・ガーゲンが著書 *Eyewitness to Power* の中にこう記しています。

「リーダーシップの中心にあるのは、仲間たちとの関係です。人が自分の希望や夢を他人に託すのは、その人が信頼できる大きな船だと思えるときだけです」

本物のリーダーは、組織内の人々と信頼関係を築きます。こういった有形、無形の関係から生まれる見返りは、長期にわたって続いていきます。

ウディ・アレンはかつて、次のようなコメントを残しています。

「成功の80％は、現場に出向くこと」。驚くことに、多くのリーダーは多忙なことを理由に、現場で働く人たちに会う時間を作っていません。彼らは邪魔くさがって、授賞式、会社のピクニック、あるいはセールス・ミーティングに顔を出そうとはしません。さらには、社内や工場、研究所、セールスやサービス・センターの現場を覗くこともありません。往々にして、重要な顧客との会議に出席し、見本市に参加することに忙しいのです。その結果、社員たちはリーダーと個人的に知り合うチャンスが全くありません。リーダーと接触するのは、人間味が伝わらない媒体、たとえば、演説、ボイス・メール、ビデオテープ、そして会社行事のウェブの動画などに限られてしまいます。

ターゲット社[46]のCEOブライアン・コーネルは、国中の店舗を頻繁に訪問しています。ひとりで頻繁に、かつ予告なしで出かけていき、握手を交わすなど、現場の人たちと接しています。もちろんのことですが、店の訪問時には自分の観察力を利用して、ターゲット社の社員たちがどれほど効果的に顧客と接しているのかを確認しています。

店舗訪問を重ねることで、コーネルは自分の新しい勤務先企業への理解を深め、また今後の改善

46 アメリカ第2の規模を誇る急成長中のディスカウントストア。

点を見いだしています。そして、こういった訪問を重ねた結果、彼は「自分のキャリア人生の中で最もむずかしい決断」をしなければならなくなりました。それは前任者が決断したカナダ進出の失敗を整理することでした。

コーネルは幾種類もの経営分析をして、次の一歩を踏み出す準備をする一方で、クリスマス前の週なのにほとんど客が入っていない店舗を訪問してみて、ターゲット社は収益性が高いアメリカ市場に努力を集中すべきだという考えに至りました。

同様にハワード・シュルツも、ある土曜日の朝、スターバックスの店舗を訪問したときの話をしてくれました。

私は店に入りました。誰も私だとわからないような装いをしていました。腰を下ろすと、マネジャーがやってきて、「ハワード、あなたでしょう?」と聞くので、「そうです」と答えました。

それから彼女は私に、スターバックス株を受け取ったこと、それが自分や家族に大いに役立ったと話しました。そして、涙を流しながら、「あなたが今このお店にいらっしゃってとても感激しています」と言ってくれました。後日、彼女からのボイス・メールで、あのとき彼女は大変力づけられたとのメッセージが届きました。

私はすぐに彼女に折り返し電話をして、私もあなたと時間を共有できてうれしかった、と伝えました。

このような人間同士のちょっとした交流の話には、実は人を動かす強い力があります。コーネルやシュルツは、現場に顔を出すだけでよかったのです。重要なイベントに出席するとか、あるいは、思いがけないときに仕事の最前線に出かけるとかのリーダーの行動が、現場の人々に大きな意味を持つのです。つまり、リーダーたちを偶像としてではなく、実在する人物としてみられるようになるのです。

敬意を払う関係　エンパワーメントの基盤

自分のチームのメンバーから最大の力を引き出すには、本物のリーダーは、お互いに敬意を払って信頼関係を築き上げねばなりません。これにとって代わるものはありません。忠誠心と同様に、敬意を払うのがエンパワーメントの基盤です。

リーダーは、周りから敬意を払われる自分を作らねばなりません。以下にあげるのは、エンパワーするリーダーが仲間たちの敬意を集めるためのポイントです。

・人々を対等に扱う
・聞き上手になる

・他の人から学ぶ
・人生経験を共有する
・同じ使命感を持つ

人々を対等に扱う

私たちは自分を対等に扱ってくれる人に敬意を払います。とくにその人が成功した投資家であれば、たとえばウォーレン・バフェットの場合は、なおのことです。バフェットは相手が誰であろうと、普段食べているサンドイッチとチェリー・コークで食事をします。

目を輝かせた学生たちだろうが、親友のビル・ゲイツであろうが、それは変わりません。バフェットは自分のイメージを利用して、相手に重要人物だとか権力があるとかと思わせようとはしません。彼は純粋に人々に敬意を表し、そして人々もバフェットに敬意を払います。バフェットは彼の投資家としての才能と同様に、その哲学の面でも尊敬に値する人物です。人々と本気で交流することで、バフェットは、彼らもまた本気でリーダーシップを発揮するようにうながしているのです。

聞き上手になる

私たちは、人が自分の話を誠実に聞いてくれると感謝します。聞き上手は、エンパワーするリーダーに欠かせない才能のひとつです。というのは、リーダーが自分たちに純粋な関心を持ってくれているのか、ただ単に自分たちから何かを吸い取ろうとしているのかを、人々は感じ取るのです。

ウォーレン・ベニスは世界でも屈指のすぐれた聞き上手のお手本でしょう。彼は、相手が自分の考えを説明するのを辛抱強く聴き、それから、彼の持つ深い知恵と経験から湧き出る洞察力に富んだ所見を思慮深く提供します。

他の人から学ぶ

私たちが尊敬されていると感じるのは、相手が私たちから何かを学べると信じてくれているときや相手が私たちの助言を求めるときです。私が教育について、それまでで最高のアドバイスを得たのは、ハーバード・ビジネス・スクール（ＨＢＳ）の同僚ポール・マーシャルからでした。ＨＢＳで最高の教授のひとりにも選ばれた彼はこう言ってくれたのです。

「ビル、ＨＢＳでは、自分も学生たちから純粋に学びたいと思わない限り、教室の敷居を一切またいじゃいけないよ」。このアドバイスを12年間、私が教えたすべての講義で実践しました。ＭＢＡの学生や幹部教育の参加者にこう伝えてきました。

「私は確信しています。皆さんが私から学ぶよりも、もっと多くのことを私は皆さんから学ぶでしょう」。学生たちは、最初は信じがたいと思うのですが、すぐに納得します。彼らの率直な意見のおかげで、今日のリーダーやＭＢＡの学生たちの思考方法についての私の理解が進んでいるのです。

人生経験を共有する

リーダーが自ら心を開いて、個人的な人生経験や弱点を話せば、周囲の人たちにも自分の経験や心の中の不安を話す勇気が湧いてきます。1996年の感謝祭の前日に、私はメドトロニック社の社員全員にEメールを送りました。

妻のペニーが乳癌と化学療法で苦しんでいたときに、私たちふたりを支えてくれたことへの感謝の気持ちを伝えたかったのです。すぐさまに多くのメールがきて、驚きました。多くの人たちが自らの経験を私たちと共有してくれました。

同じ使命感を持つ

最も力がみなぎっている状態というのは、組織全体がその使命を共有し、人々の熱意や目的が互いに同期しているときをいうのでしょう。この状態に至るのはなまやさしくはありません。組織の中に斜に構える人や不満をいう人たちが多くいる場合は、とくにそうです。それでも、どんな苦労をしてでも、使命に賛成しない人たちを排除するのを含めて、足並みのそろった環境を作り出す価値はあるのです。

人は自分を突き動かす情熱を持つのが普通です。リーダーが、社員が組織の使命を果たし、かつ自分たちの目的も達成する方法を示せば、全員の足並みが揃います。本物のリーダーは人々をエンパワーします。つまり、裁量権を委譲して、彼らが才能を駆使してリーダーに成長できるように支援します。組織におけるタイトルや役割には関係なくそうするのです。

数年前、私は南カリフォルニアにあるメドトロニック社の心臓弁工場を訪問しました。そこでは、人の機能不全の心臓弁と交換するために、豚の心臓弁を再形成しています。そのプロセスには大変高度に熟練した職人が必要です。

というのも、科学というよりは芸術に近い作業なのです。工場内で、トップの職人と会いました。彼女はラオスからの移民で、年間に1000もの弁を作っています。彼女にプロセスの中で何が鍵となるかを聞いてみました。彼女は目に情熱をたたえながら私を見て言いました。「ジョージさん、人の命を救う心臓弁を作るのが私の仕事です」

完成した弁に自分のサインをする前に、この弁を自分の母親か息子に入れても本当に大丈夫なのかを判断します。その基準に合わなければ、合格ではありません。もし、私が作る弁にひとつでも欠陥品があったら、誰かが亡くなってしまいます。

会社にとっては、99・9%の品質で許されるかもしれません。でも私は、自分のせいで誰かが亡くなれば、きっと一生自分を許せないでしょう。夜家に帰って、眠りにつく前に考えるのです。5000人の人たちが、私が作った弁で今日も生きているのだなって。

彼女は同僚の中では紛れもないリーダーでしょう。彼女の仕事に対する情熱は会社の使命と直接つながっていて、自分に高い基準を設け、周りの模範になっています。これこそが、職位を問わず、私たちが求めるリーダーの姿なのです。

エンパワーメント文化を創る

リーダーはどのようにして、組織全体にエンパワーメントの文化を浸透させるのでしょうか？それにはまず、トップ・リーダーたちの日々の行動が肝要です。口ではエンパワーメントを説きながら、実際には地位を利用した行動をとって短期的な成果を求めてはいけません。さもなければ、同僚からの信頼を失ってしまいます。また、トップ・リーダーは権力志向のマネジャーを褒めるとか許容してもいけません。そういったマネジャーは、強引に結果を得ることや組織内で政治的なゲームにやっきになっています。こういった人たちを組織から排除して、エンパワーメントの文化を根づかせなければなりません。トップはまた、同僚や部下たちをエンパワーするリーダーたちを、その職位に関係なく、称賛して公表することも必要です。

裁量権を委譲して支援する能力を備えたリーダーは、積極的に同僚たちと関わろうとします。そして、助言を与えたり、提案したり、あるいは彼らが行う大切なビジネス・コンタクトの支援をします。

たとえば、メルク社のCEOロイ・バジェロスは、社内のカフェテリアで定期的に食事をして、その場で社員たちに仕事や直面している課題について質問をします。会話の要点をメモにとり、2、3日間その問題について思い巡らしてから、その社員を呼んで自分の考えを提供するのだといいます。

想像してみてください。メルク社の研究員たちが電話に出ると、受話器の向こう側からバジェロスが先日の問題について返事をくれているのです。彼らは、どう感じたでしょうか？　次はパジェロスの言葉です。

「彼らに電話して、こう言います。『なかなかむずかしい問題だね。でも君が試せることを2，3考えてみたよ』」

そして、パジェロスはこうも話してくれました。

「みんな、リーダーに関与して欲しいと思っているのです。彼らは、私が手助けしたいと思っているとわかっているのです。手助けをすれば問題の半分は解決します」

こういった交流が研究者たちの仕事の重要度をさらに高くし、社員たちに幾重にもプラスの影響を与えたのです。

マリリン・カールソン・ネルソン　ブラック企業からエンパワーメント企業へ

カールソン社[47]の会長兼CEOであるマリリン・カールソン・ネルソンは、彼女の父カーティス・カールソンが創業した会社を、実に劇的に変革しました。父親のカールソンは究極のセールスマンであり、タフで要求レベルが高いボスでした。娘であるネルソンがある晩、7時半に退社するのを見て、会社に対する熱意が冷めてしまったのかと尋ねました。そして口癖のようにこう言っていました。「月曜から金曜までは競争相手に負けないように働き、土曜日に相手を出し抜くのだ」

父親のカールソンは彼女に、ビジネスについて教えはしましたが、彼女の子どもが大きくなるま

47 カールソン・カンパニーズ 。ホテルと旅行の関連事業を世界各地で展開している。

で会社に入れとは勧めませんでした。母親である娘にとって、会社勤務はふさわしくないと思っていたからです。彼女は最初の子どもを出産した後に、カールソン社の社内新聞の発行人として在宅で働き、その部門長に昇進しました。

彼女が父親にそのことを伝えると、彼はぶっきらぼうに言いました。「仕事に関わりすぎている。家で子どもたちの面倒をみていなさい」。「父はその場で私を首にしました。目から大粒の涙が流れ落ちました」と彼女は語ってくれました。

家庭に入っている間にネルソンは、ミネアポリスの地域活動に深く関与するようになりました。ミネソタ・オーケストラ協会の会長に就任し、「スカンジナビア・トゥデイ」というイベントを立ち上げています。さらに1992年のスーパー・ボールのミネソタ州への誘致を、その年の一番寒い週末に実現させました（そして、2018年の誘致も）。

彼女はまた複数の主要な地元企業の取締役会に初めての女性役員として出席し、地方銀行の共同所有者にもなりました。ところがこういった彼女のビジネス界での活躍にもかかわらず、父親は彼女のカールソン社への関心を、繰り返し跳ね返していました。

末の子どもが大学に入学したとき、ネルソンは48歳でようやくカールソン社に再入社しました。再入社したその月に、父親に同行してミネソタ大学カールソン・スクール（カールソン経営大学院）で行われたMBAの学生たちによるプレゼンテーションを聴きに行きました。プレゼンテーションの内容は、カールソン社の企業文化についての研究発表でした。彼女は、学生たちにカールソン社をどう見ているかについて質問したときのことを話してくれました。誰も質問に答えようとはしませんでした。ようやくひとりの学生が口を開きました。「カールソン社は、社員を大切にしないブラック企業だと思われています。教授たちもカールソン社への就職を薦めていません」

彼女は強いショックを受けました。「そのことが私に火をつけました」と述べています。カールソン社の企業文化を、父の独裁的なスタイルのトップダウン方式から変えなければならないと気づいたのです。

その2年後に義兄が突然、CEOを辞任し、80歳になる父親がマネジメントの現場に戻りました。彼女は一段と重要な役職に就いたのですが、まだ後継者に指名されてはいませんでした。その間、主要な経営幹部たちが辞めていきました。父親の指揮命令スタイルへの不満が原因でした。彼女は徐々に主要部門の責任も担うようになり、会社のリーダーシップと戦略の再構築をはじめました。

創立60周年記念日に行われた父親のための祝賀会で、彼女はようやくCEOに指名されました。周囲の目をものともせず、カールソンは娘に他人に頼らないように警告しました。「慎重になること。自分以外は信用してはいけない」と言ったのです。彼女は全く逆の考えで、信用こそが人を思いやる職場環境で役立つのだと思っていました。彼女はこう話してくれました。「もし、支え合う環境を作れたら、信頼に値する人材が集まってくるはずです。そしてその人たちを信頼すれば、彼らもまた私を信頼してくれます」

ネルソンは社員と顧客に重点を置いて、企業文化を恐怖心で人を働かせる文化から、社員が相互に支え合うそれへと転換させました。

「指揮命令方式の環境で、父は反対意見を持つ人に耳を傾ける機会を自ら逃していたのです」と、語ってくれました。

反対する意見が出てきたら、自分の立ち位置をしっかりと確認するか、変えるかしなければなりません。私は相互に協力する経営体制へと移行させました。今では、みんながそれぞれの知恵と経験を持ち寄って、意思決定に関わるようになりました。

集合知というのは、堅実な考えがその基盤にあれば、大きな価値をもたらしてくれます。ただし、最後の意思決定はリーダーがしなければなりません。

ネルソンはカールソン社を顧客志向の会社に転換する決心をしました。そのためには、社員にとって最も思いやりのある職場環境を作らねばなりません。彼女が重視したのは、金融資本による管理ではなく、人的資源の獲得と育成でした。社員には3つの資質を求めました。性格、能力、そして思いやりです。

「必要なのは、絶対的に信頼できる性格、グローバルな経験で培われた能力です。専門知識と判断力は言うまでもないでしょう」

彼女の説明が続きました。「でも思いやりの心は、目には見えませんよね」

私は「サーバントの心」を持った人材を探していました。サーバント・リーダーシップは私たちが創ろうとしている文化の重要なけん引力になるものです。満足している社員が、顧客を満足させられるのです。サービス産業では、顧客は自分たちが正当に扱われているかどうかを敏感に感じ取るのです。

彼女は確信しました。この価値観をカールソン社の全世界のオフィスに根づかせ、全社員がその価値観を核にして行動するようにしなければいけないと。そのために頻繁に出張して、世界中の社員や顧客に会ったのです。

「社員と会社が良い関係性を築くには、社員が大切にされ、エンパワーメントを受け、明確な指示を与えられ、そして、会社の使命を理解することが不可欠です」

「レストランで働く社員に、料理をテーブルに運ぶことを教えるだけでは、不十分です。経験を通して、お客がプライバシーを求めているのか、それとも、楽しい夜を求めているのかを知り、それに合わせられる知恵を学ばせなければなりません」

ネルソンは、彼女が先導して実現した会社の変革を振り返りながら、「今ではMBAの学生の誰ひとりとして、カールソン社は社員を粗末にするとは言わないでしょう」と、誇らしげに語りました。

「6カ月で会社の文化を変えることはできません。透明性と協調的に議論ができる文化を根づかせるには時間がかかります」と、説明してくれました。彼女はまた、20年前に娘の死で苦しい思いをした経験から、自分の個人的な使命を決して忘れないようにしています。それは、「自分の手に入るあらゆる道具や手段を使ってチャンスを作り、世の中にお返し、あるいは、人々の生活が一段と良くなるように貢献する」ことです。

彼女が実現したカールソン社の企業文化の協調的な環境への転換は、すばらしいリーダーシップの実践例です。彼女はリーダーとして、社員を触発して共通の目的の下に結集し、彼らをエンパワーして仕事を先導するように仕向けました。

◆ケント・ティリ　ダヴィータ村の村長さん

腎臓透析センターを運営するダヴィータ社[48]の企業文化は、外部の人たちにはきわめて珍しく、もしかしたら少し奇妙にすら映るかもしれません。社内の会議はスポーツイベントのような歓声やコントが満載で、CEOのケント・ティリは『三銃士[49]』のコスチュームを着て剣を振り回しながら、走り回っています。ティリ自身も認めています。

「初めて私たちの村（腎臓透析センター）に来る人は、趣味が悪くて、ばかげていて、わざとらしいと思いますよ」

どの国にもスポーツ・チーム、軍隊組織、そして宗教団体があって、それぞれに聖歌、応援歌、歌やスローガンがあるでしょう。変なのはダヴィータの文化ではなくて、むしろ、精神的に不毛な環境の会社が、働いている人たちを元気づけられないでいる方がおかしいですよね。人生の中で、職場で過ごす時間の割合を考えれば、職場こそ楽しく満足できる場所で

48 ダヴィータ・ヘルスケア・パートナーズ（DaVita HealthCare Partners Inc.）は、コロラド州デンバーに本社があり、慢性腎不全患者のために透析サービスの供給を行う企業。
49 1993年のアメリカ映画。ウォルト・ディズニー・ピクチャーズ製作の実写映画。

あるべきでしょう？

ティリのエンパワーメント文化の作り方は、彼が前の会社の、ヴィヴラ・スペシャリティ・パートナーズ（VSP）を清算する際に味わった苦い経験から生まれました。肉体的にも精神的にも疲れ果てたティリは、VSPが失敗して、自分の民間分野でのキャリアはこれで終わりだと思っていました。

妻のデニス・オリアリーと話し合って、しばらく仕事から離れて家族のために尽くそうと決めました。ところが数週間後、ティリがダヴィータ社を率いるようにオファーされたことを知り、彼の妻は激怒しました。

「そんなの男のひどい身勝手よ」。それでティリは、そのオファーを一旦は断りました。しかし、彼があまりにも落ち込んでいる姿を見て、妻がこう言いました。「あなたって変な人ね。その仕事をやればいいじゃない」

ティリがダヴィータ社のCEOに就任して気づいたのは、腎臓透析センターで働いている社員が情緒的な課題を抱えている事実でした。患者は週に平均12時間の透析を受けても、彼らの20％が毎年、亡くなるのです。しかも最善のケアを施した患者でさえそうなのです。そこで彼は、各透析センターを明るい協同の場にし、患者とダヴィータ社員の間に深い思いやりの気持ちを持てる環境をつくる方法はないだろうかと考えました。

ダヴィータ社全体を、ある種のコミュニティのような、他とは違う組織に作り直したいと思いました。それは、人々がお互いに支援をして、地元の教会やスポーツ・チームに対するのと同じように情熱を傾けられる組織です。ティリは、自分の故郷・ウィスコンシン州の古臭い小さな町にあったようなコミュニティを再現したいと思いました。自分をダヴィータ村の村長と呼び、大好きな映画『三銃士』のテーマを採用したのです。

ティリが彼の会社の企業文化について話すのをたびたび聞いていたので、私も実際に体験してみようと思いました。すぐに感じたのは、面談した社員全員から伝わる極めて高いレベルの情熱、熱意、そして献身でした。ダヴィータの社内文化に違和感を抱くどころか、私自身が、「おかしいのは、多くの会社の感情的に不毛な文化だ」というティリの主張にすっかり賛同していました。

ちょうど私たちがメドトロニック社で、患者を中心にした強い共同体意識を創り上げたときのように、自分自身にこう問いかけていました。

「なぜ、すべての会社が同じようにしないのだろう?」

ギャロップ社[50]のさまざまな調査が示しているように、自分の仕事にきちんと関与しているのは、社員のわずか30%です。そのこと自体が、人間が持つ可能性を考えるとひどい悲劇です。多くの社員が燃え尽き、離職率が高いのも不思議ではありません。考えてみてください。もしも多くの会社が、カールソン社やダヴィータ社のようなエンパワーメント文化のある職場環境を作っていたら、その社員の士気はきっと高くあがるでしょう。

50 ワシントンD.C.に本社があり、30カ国以上に拠点を設けており、世論調査およびコンサルティングを行う。

トニー・シェイ　例のないほどの透明性

ザッポス社[51]のCEOトニー・シェイは、熱狂的といえるほど文化を重視しています。ザッポス社はコール・センターの視察ツアーを組み込んだ世界唯一の靴販売会社です。視察ツアーを作った理由は、ビジネス・リーダーから絶えず要望があって、コール・センターで働く人たちが愉快で、活気があり、お客のために夢中になって働いている現場の雰囲気にぜひ触れたいと頼まれたからです。

シェイは、ビジネス全体を明確な価値観と目的のもとに構築しました。彼はオープンに、かつ頻繁に、社員全員、特に最前線で働く社員たちとコミュニケーションをとるようにしています。2008年11月、レイオフの後に全社に向けて送ったEメールの中で次のように書いています。

> 心に留めておいてください。この会社は私ひとりのものでも、投資家のものでもありません。私たち全員のものなのです。これから何処へ向かうのか、それは、私たち全員で決めるのです。私たち一人ひとりが持つ力を結集して前に進めば、今までになかったほどの強くて立派な会社をつくることができます。

良いときも悪いときも、シェイがとるコミュニケーションは彼らしく、楽しく、形式ばりません。彼は仲間たちに、直接かつ個人的に話します。彼が絶えず気にかけているのは価値観です。その価値観があるからこそ、会社は卓越した顧客サービスを提供できているのです。そして、ザッポス社には、社員を縛るルールや官僚的な制度はほとんどありません。

51　ネバダ州ラスベガスに本拠を構える靴を中心にしたアパレル関連の通販小売店。2008年に全社員の８％を解雇した。

たとえば、他社のコール・センターはほとんど、社員の業績を顧客ひとり当たりの平均対処時間で評価して、コールの時間を減らし生産性を上げようとします。ザッポス社ではこういった測定基準、定型会話集、そして、一段と高級品を売りつけるノルマも排除しています。だから、社員はお客と直接つながっていて、良いサービスを提供できるのです。

シェイのこのようなエンパワーメントのやり方が、社員の潜在力を解き放ちました。彼は、「しっかりとした企業文化が根づけば、すべてが収まるべきところに収まるのだ」と言いました。その結果、ザッポス社は10年間で躍進的な成長を遂げ、２００９年に12億ドルでアマゾン社が買収するまでになったのです。

マルケイヒー、ネルソン、ティリ、そしてシェイといったリーダーたちはわかっていたのです。組織の全員を、情熱を傾け目標を掲げてエンパワーすれば、彼らが達成する業績は遥かに大きく、権力を利用して部下に無理やり従わせて得られる成果との比ではありません。

組織の幅広い目標の範囲内で、人々に自律行動をする裁量権を与えれば、彼らは自分のリーダー責任を一段と大きく部下に委譲できます。そうすれば、彼らのリーダーシップが拡大し、さらに多くの人たちに影響を与えることになります。

エンパワーメントは、結果責任をともなう

「エンパワーメント」という用語はしばしば、「思い通りのことをする自由」だと誤解されがちです。実際のところ、本当のエンパワーメントというのは、会社に対する自分のコミットメントを果たすという高いレベルの結果責任と不可分一体なのです。私自身が同じような誤解を受けました。メドトロニック社に入って頻繁に、エンパワーメントの企業文化を構築すべきだと話していたのです。

ある日、女性重役から詰問されました。私が彼女のこれまでの成果に口出しするのは、彼女の裁量権への挑戦であると。そして数週間後、再び彼女がやってきて次のように言ったのです。「やっとあなたの言うことが理解できました。エンパワーメントの本当の意味は、『結果責任をともなう裁量権の委譲』なのですね」

それに対して私は、「それ以外にはありえないでしょう」と答えました。成功したリーダーたちというのは、クローズド・ループのマネジャー、つまりフィードバックを伴うチームのマネジャーであり、チームが結果を出しているかどうか定期的にフォローを続け、必要とあれば支援をしています。

アラン・ムラーリー　結果責任をともなうエンパワーメント

アラン・ムラーリーはエンパワーするリーダーで、チームをひとつにまとめ目標や目的を共有し

ます。しかも、進捗状況の包み隠しのない報告を求めて厳しくフォローします。私の実務時代に聞いた話では、ムラーリーの注意深い問い合わせに丹念に回答しない中堅マネジャーたちが、ムラーリーのやり方を「微細管理」だと呼んでいました。私はそうは思いません。裁量権限を委譲されたリーダーは、自分の行動や結果のすべてに対して包み隠さず全責任を取らなければなりません。そうでなければ、結果はまともに評価されず政治的な駆け引きになってしまいます。いずれの場合も業績不振に陥ることになるのです。

2006年、ムラーリーはボーイング社からフォード社に新しいCEOとして就任しました。カジュアルな上着にスラックスというでたちで、身なりを正したフォードの役員とは大違いでした。彼は会社の駐車場に車を入れて直ぐに気づきました。フォード車が1台もなかったのです。

フォードの社名を冠したモデルが最も多く売れている会社にしては不思議だと思いました。彼は直ちに自分の巨大なオフィスに案内され、そこで合計30人もの秘書たちから挨拶を受け、コートを脱がされ、コーヒーを注いでもらいました。1カ月もたたないうちに、彼ら全員をその職務から外し、代わりにボーイング社から連れてきたアシスタントをひとり置くことにしました。

ヘンリー・フォードⅡ世がかつて使用した巨大なオフィスの中に入り、パノラマのような窓から、ムラーリーは自動車業界で最も有名なルージュ工場を眺めました。秘書に、工場を視察して従業員たちに会いたいと指示したところ、返ってきた返事は、「当社の役員は工場従業員とは直接話さないのが慣例です」

それでも彼は強引に工場へ向かいました。工場で持った最初のミーティングで、ムラーリーは確信しました。フォード社の抱える問題の深さは、その年に予想されていた驚異的な損失よりももっと深刻だと。言葉よりも直観的にわかるタイプのリーダーである彼は、自分が直面しているのは壊れてしまった会社の文化であり、それを大幅に修復しなければいけないのだと、思い定めました。

生粋のカンザス州生まれというルーツのせいなのか、ムラーリーは全く気取るところがなく、人に対しては温かく控えめに振る舞うので、相手をすぐさま楽な気分にさせてくれます。フォード社でのムラーリーのスタイルは控えめで堅実でした。前任者までの洗練された、そして、宮廷政治を思わせる雰囲気とは、大いにかけ離れていました。スマイルマークをつけてメモを書き、気さくに会話をし、予告なく会議に飛び入りし、またよくハグをしました。フォード社の役員の多くは当初、彼のアプローチは見え透いていると見くびっていました。ブライス・ホフマンは、ムラーリーによるフォード社の再生を描いた名著 *American Icon* の中で、彼を次のように記述しています。

「ムラーリーは、正直さと物怖じしない決断力が混じりあった、ちょっと変わった性格の持ち主です。その性格の由来は、質素な幼児期と世界に大きく名前を残したいという生涯を通した願いの両方にあります」

ムラーリーは、1969年にボーイング社に入りました。窮地に陥った商用旅客機部門の責任者に昇進して、その部門で眼を見張るような再生を先導しました。そのためボーイング社の次期CEOと目されていました。ところがフィル・コンディットとハリー・ストーンサイファーの両CEOが不正行為のため引責辞任を強いられたため、取締役会は社内の人間ではなく、3MのCEOだったジム・マクナーニを次のCEOとして迎え入れたのです。

それでもムラーリーはボーイング社に心血を注ごうとしました。ヘンリー・フォードのひ孫であるビル・フォードが個人的に電話で誘ってくれたのですが、ムラーリーは転職を考えることはありませんでした。

その後、フォード自身や取締役のメンバーとも広範囲にわたって話し合ったのですが、彼はボーイング社に残ることを選択して、フォード社のＣＥＯの席を一旦断っています。最終的にはフォード社の取締役会から説得され、ようやくアメリカを最もよく象徴する会社のひとつであるフォード社を救う役割を引き受けました。

ムラーリーが、フォード社が抱えていた問題の深刻さを理解するのに時間はかかりませんでした。１２７億ドルという、会社がはじまって以来の巨額の損失にもかかわらず、ムラーリーを支える新役員チームの誰ひとりとして、その問題の大きさを認めようとはしませんでした。ムラーリーは私にこう話してくれました。

「フォード社は、デトロイトの競合社であるゼネラル・モーターズ社やクライスラー社と同様に、過去30年近く倒産の危機にありながら、誰もその事実に向き合おうとはしていなかったのです」

フォード社は決定的な行動を起こさなければ、先々の問題や景気の失速からくる衝撃を緩和できないと考え、ムラーリーは２３５億ドルの融資計画を承認しました。フォードの全資産とアイコンであるフォード・オーバルを担保にした借り入れでした。

それからムラーリーは、顧客ニーズを満たす戦略を打ち立てました。そのため、ＳＵＶとピックアップ・トラックだけではなく、高品質の乗用車とピックアップ・トラックのラインナップを用意しました。一方では、全米自動車労組（UAW）の組合員が働いている国内工場のコストを、南部の非組合員が働く工場のコストと同等にすべきだと言い続けました。それには、若年労働者たちが属するUAWとの画期的な合意が必要で、そのためには、中型車の生産をミシガン州に戻さねばなりませんでした。

この件は2007年に、フォード社の労組所属の従業員が批准しました。その間ムラーリーは、ブランドを集約してフォードとリンカーンのふたつにし、ジャガーやランドローバーといった高級ブランドを分社化しました。

毎週の業績レビュー会議（BPR）でムラーリーは、自分が直接入手した報告資料も揃え、丸一日かけて、詳細で事実に基づいたフォード社の業績をレビューしました。会議で彼は、それ以前の上席経営者が誰ひとりとして言及しなかったほどの、何段階も深いレベルまで突っ込んでレビューし、出席者に公正に評価をするように求めました。

主要なプロジェクトの現状評価では、緑、黄色、赤の色別システムを使いました。ところが会社が抱える問題の深刻さにもかかわらず、すべてのプロジェクトが「緑」だと評価され、困惑しました。

5回目のBPRでムラーリーは出席者に対し、数十億ドルにのぼる会社の損失と彼らの一貫して楽観的な経過報告の矛盾を突きつけました。「この会社では、何もかもがうまくいっている、と言うのかね？」と尋ねても、誰も返答しませんでした。翌週、米州地区の社長マーク・フィールズが現実を見定めて「赤」の評価を下し、主力の新車導入は延期すべきだと報告しました。

フィールズの同僚たち全員が、彼は首を切られるのではと心配する中、ムラーリーは拍手を送りながら言いました。「マーク、君にはちゃんと現実が見えているようだ。すばらしい」。ムラーリーは問題の報告を受けるだけでなく、意識的に問題解決へと重点を移していきました。彼は会話をする中で何度も同じ言葉を繰り返して励ましました。

「あなたたちは問題を抱えている。しかし、あなたたち自身が問題だとは思っていない」と。

意外でしたが、ムラーリーはCEOに就任しても、ほとんど人事異動を発令しませんでした。むしろ企業文化を変えて、各リーダーたちを細部にわたるまで仕事に専念させ、ひとつのチームのように動かして業績を向上させました。その中のひとりで海外部門の社長であるマーク・シュルツは、ムラーリーのアプローチに断固として抵抗しました。ムラーリーが細部にまで関与するのを拒否し、会議には体調が悪いことを理由に参加しませんでした。

シュルツの心の中には、いざとなれば会長のビル・フォードに駆け込めばいいとの思惑もあったのでしょう。しかし、そうはいかなかったのです。シュルツはムラーリー体制を離れた最初の役員でした。

フォード社が実現した企業再生は、偶然の産物ではありません。リーダーがビジョンを設定し、自分のチームをエンパワーして、そのビジョンを達成させるのです。ムラーリーは彼のオープンな性格と誠実さを使って、社員を結集させました。彼の部下に対する要求は、自分に割り当てた仕事に比べて、決して過大ではありませんでした。彼は大変ユニークな才能の持ち主で、部下への純粋な思いやりと彼らの結果責任を求める厳しさをうまく両立させました。彼のブランド・イメージである「いかつい愛情」には、厳しさと思いやりの両面がありました。つまり、フォード社の役員たちの発想を転換させる厳しさを持つ一方で、上級リーダーや一般社員を強く思いやっています。上級リーダーたちには裁量権を与え、社員にはグローバル競争力を持った会社にするというビジョンを掲げて彼らを結集させました。ところで、自分の抱えていた問題を打ち明けたマーク・フィールズはその後、どうなったかと言うと、２０１４年にムラーリーの後継者になりました。

リーダーシップ・スタイル

リーダーシップ・スタイルについての話題は最後までとっておきました。というのも、成果を上げるリーダーのスタイルにはそれにふさわしい条件が必要だからです。成果を上げるスタイルができるのは、深く自己を認識し、明確な価値観を持ち、リーダーシップの目的を掴んだ後なのです。そのスタイルは、「あなたらしいリーダーシップを自分の外に表明すること」、でなければなりません。あなたらしさがないスタイルでは、単にペルソナ（ふりをしている人）になるだけです。このことを明確にしない限りは、あなたのスタイルは、組織や外部からの期待に沿って作られてしまい、本物だとはみなされません。そして周りの人たちをエンパワーすることもできないでしょう。

多くの会社が熱心に、若いリーダーに自社の模範的なリーダーシップのスタイルを学ばせるとか、あるいは、トレーニング・プログラムを受講させ、そこで学んだスタイルを会社に取り入れたりします。でも、そこにはリスクが潜んでいます。組織の中で成功するために、自分らしさを捨てなければなりませんか？　もしもそうなら、自分が自分でなくなり、誰か自分でない人間になろうとしていると感じてしまうでしょう。

この章で取り上げたエンパワーするリーダーの代表は、アン・マルケイヒー、ロイ・バジェロス、マリリン・カールソン・ネルソン、トニー・シェイ、そしてアラン・ムラーリーです。彼らのリーダーシップ・スタイルから得られた最重要ポイントのひとつは、各自がそれぞれ独自のスタイルをもち、それが各自に有効に働いていることです。彼らのマネをしても、私たち誰ひとりとして決してうまくいかないでしょう。自分のリーダーシップのスタイルを考えるとき、次を自問した後に、図表11-1の分類のどれに当てはまるのか考えてみてください。

・あなたのリーダーシップ・スタイルは、自分のリーダーとしての信条や価値観と整合していますか？
・現在直面している状況に、あなたのスタイルをどのように適応させますか？
・あなたらしいスタイルが、所属する組織で受け入れられるかどうか、懸念していますか？
・昇進するには、自分のスタイルを修正しなければならないだろうと心配していますか？

過去には指示型のリーダーシップが一般的で、とくに、軍隊や製造業の現場ではそうでした。今でも危機の状況で、時間が最優先される場合は必要とされます。ところが知的労働者が中心の企業が増えるにつれて、指示的なスタイルは有効ではなくなり、彼らに自発性や創造性を発揮させる動

図 11-1

リーダーシップのスタイル

指示型	服従と規則の順守を求める
関与型	共通の目的と価値観の下に人々を結集する
コーチング型	育成してリーダーシップの役割を担わせる
合意型	参画型の合意形成をする
絆型	気持ちの結びつきと調和をつくる
専門型	能力と自律力を期待する

機づけにならなくなったのです。

近年登場した最も一般的なスタイルは関与型です。アン・マルケイヒーやアラン・ムラーリーのように、どのレベルの社員に対しても積極的に関与するのです。質問を投げかけ、話を聞き、動機づけし、そしてより高みを目指すように勇気づけます。そしていずれの場合でも、会社の共通した目的や価値観に沿って行われます。

コーチング型のリーダー、たとえばイーベイ社[52]のジョン・ドナヒューは、人々の長所を引き出し、将来を担う役職に就けるよう育成します。通常、こういったリーダーは、短期の結果を求めることをせずに、長期的な結果を出せるように人材を育成しています。

合意型のリーダーは、チームのメンバー全員を同等に扱い、意思決定に参画するよう促します。結論を出すまでに時間をかけることを厭わず、決定の延期も考慮しながら、全員が合意す

52 世界最多の利用者を持つインターネットオークションを展開するアメリカ合衆国の会社。

るまで続けます。ほとんどの非営利組織には、こういった合意型のリーダーが求められており、さまざまな構成グループに対して動機づけをしなければなりません。

絆型リーダーは、チームのメンバーたちと信頼の絆を築きます。短期的成果を犠牲にしてでも、メンバー間の調和を優先させます。こういったリーダーたちが特に有効なのは、仲間の長所を引き出し、繊細で控えめな方法でリードしていくときです。

専門型のリーダーは、たとえばクレイグ・ベンター[53]のように、自分の知識と専門性に大いに依存します。科学研究機関、コンサルティング会社、金融サービスなどの組織でよく見かけるリーダーたちです。そこでは優秀な個人がリーダーの位置へ登ります。彼らは他の専門家たちの意見を聞く一方で、仲間たちにも自分と同等の高いレベルの知識や個人の業績を要求します。

自分ならではのリーダーシップを発揮する中で、状況に応じてリーダーシップのスタイルに幅を持たせるのが、効果的で適切だと言えます。リーダーシップのスタイルを変える前に、仲間の能力や、彼らにより大きな責任を取る力量があるかどうかを見極めるべきでしょう。

たとえば、仲間が明確な指示を求めているのであれば、まだ合意型のスタイルは早すぎるかもしれません。逆に、クリエイティブで自立志向の仲間なら、指示型スタイルにポジティブな反応はしないでしょう。

リーダーシップを発揮するに際して大切なのは、高い業績を上げるのは勿論ですが、自分の仕事の現場の状況をしっかりと理解することです。そして、その状況下で自分の持てる力を最大限に発揮できるように柔軟に対応しなければなりません。ナラヤナ・ムルティが次のように言っています。

53 アメリカ合衆国の分子生物学者、ヒトゲノム解析を中心的に行った人物としても有名。ゲノム研究の産業利用において精力的に活動している実業家でもある。

「リーダーシップは、どんなときでもその場の状況を考慮に入れなければなりません。たとえば、企業では最高のリーダーである人物を上院議員や大統領に押し上げたとしても、うまくいかないかもしれません。彼らにとっては別の状況なのです」

しかし、置かれている状況や環境を把握できれば、コミュニケーションやリーダーシップのスタイルをそれに適応させて、成果を上げ、かつ自分らしさを保っていられるのです。

自分の作法を決める

ケビン・シェアラーはMCI社での経験から、柔軟なリーダーシップ・スタイルの価値を学びました。つまり、リーダーシップ・スタイルは会社のニーズや仲間たちの自主的な遂行能力次第で変わるのです。彼はそういった柔軟なスタイルを、現下の仕事の特殊性に応じた、適切な「リーダーシップ・レベルの高さ」の問題だと説明します。

最も高位のリーダーシップ・レベルでは大局的な問いかけをするでしょう。「会社のミッションと戦略は何ですか?」「この目標を社員は理解し、信じていますか?」

逆に最も低位のレベルでは、現場の仕事に注目します。「売上は達成しましたか?」「工場の最新ロットの生産量はいくらでしたか?」などです。

そして、中間位であれば、「有望な新薬を開発している小さなバイオテクノロジーの会社に投資すべきだろうか?」「今期は化学者を何人採用すればいいのだろうか?」などの質問をするでしょう。

ＣＥＯとしては、こういったレベルのすべてを、同時にリードしなければなりません。私がジャック・ウェルチから学んだのは、レベル間を素早く移行する、あるいは同時にいくつかのレベルに関与するスキルでした。大抵のＣＥＯは、自分の最も気楽なレベルにこだわりがちです。ところが残念ながら、そういったＣＥＯはある決まったレベルに固執してしまうため、問題に巻き込まれるのです。

シェアラーは、自分は問題の核心の細部にこだわりすぎる、と自覚していました。

私は潜水艦モードになると、問題のとても深いところまで入りこんでしまって、自分で解決できると思ってしまいます。でもそれは私がリスクを犯しているときで、専門家のアドバイスを無視するとか、議論を打ち切ってしまっています。

リーダーシップのレベルの違いに速やかに対応することが、リーダーシップを成功させるには不可欠です。急成長しているときや不確実性があるときには、なおさらです。

リーダーとして、あなたは自分の性格にあったスタイルを採用すべきですが、同時に柔軟に、その場の状況や仲間のニーズに適応しなければなりません。そうすることで、さまざまな課題に取り組む中で、あなたらしさを保ちながら、周りの人たちをエンパワーできるようになるのです。

演習

他のリーダーをエンパワーする

1 これまでの自分の経験から、ひとつ例を選んで述べてください。あなたが他のリーダーたちを効果的に触発して共通の目的や価値観を持たせた経験を述べてください。

2 あなたは今、自分が行うエンパワーメントは、他の人たちがステップ・アップしてリーダーになるのにどれだけ役に立っていると思いますか？　これにどのように取り組んでいますか？　成果を一段と高めるためにはどうすればいいと思いますか？

3 他の人をエンパワーすることと、自分の業績目標を達成することがコンフリクトした状況を思い出してください。

a どのように、あなたはそのコンフリクトを解決しましたか？

b 目標の達成と、他の人たちとの人間関係とでは、どちらを優先しましたか？

c もしも将来、同じコンフリクトに直面したら、今度は違う行動をとると思いますか？

第12章
グローバル・リーダーシップ
Global Leadership

グローバル企業の組織モデルは、
2020年までには従来の欧米型とは
非常に異なったものになっているでしょう。
それにともなって、企業文化も
これまでとは全く異なっているはずです。

ポール・ポールマン、ユニリーバ社CEO

最終章では、グローバル社会でのリーダーシップの課題を検証します。企業のリーダーたちは、相互に繋がっている今日のようなグローバル社会では、これまでとは違った能力が必要だと考えています。グローバルな役割で求められるのは、地政学的な知識であり、新興国市場に対するビジネス・モデルの再発見であり、多様な人材からなるチーム作りであり、そして企業組織の再設計なのです。

この複雑な環境の中で本物のリーダーには、これまでの水準をはるかに越えた資質が求められます。グローバル・リーダーを目指す読者の一助となるように、グローバル・インテリジェンス（ＧＱ）のコンセプトを紹介し、どのようにＧＱリーダーシップの特性を開発するかを考えます。

ポール・ポールマン

ユニリーバ社のグローバル・リーダーシップを転換

ＣＥＯポール・ポールマンのリーダーシップの下で、ユニリーバ社は消費財のトップ企業への転換を実現しました。ポールマンはオランダに生まれ、そこで教育を受けました。彼はユニリーバ社の最大のライバルであるＰ＆Ｇ社で26年間勤務し、その多くをアメリカとヨーロッパで働きました。その後は、ネスレ社のＣＦＯおよび米州地区のトップとして３年間勤務しました。２００９年初めにユニリーバ社で初の外部から採用されたＣＥＯに就任したポールマンは、会社の立て直しというむずかしい課題に直面しました。

それまでの20年間、ユニリーバ社の売上、利益、時価総額はいずれも下降を続けていました。本書のインタビューに応じてくれたとき、ポールマンはこう言いました。

「わが社は、市場での勝ち方を忘れていました」

１９２９年に、英国の石鹸メーカーのリーバ・ブラザーズ社とオランダのマーガリン・メーカーのユニー社が合併して、ユニリーバ社が設立されました。英蘭資本の会社であるユニリーバ社には歴史的にふたつの取締役会があり、ＣＥＯは英国系とオランダ系のリーダーがそれぞれ交互に選出されていたのです。社内で長年問題となっていたこの分裂は、ポールマンがＣＥＯに就任して解消されました。

彼が入社して間もなく、ひとりの取締役がこう言いました。

「あなたは大変いい人ですが、いわゆる身内ではありません。私たちはいつも内部の人間を昇進させてきました」

それを聞いて彼は大いに発奮して、会社の歴史を学び、リーバヒューム卿[54]の遺産を基に会社の立て直しを図りました。リーバヒューム卿は、個装の石鹸サンライトを使って、イギリスからマラリアを駆除するために大いに貢献した人物です。ユニリーバ社の統一された取締役会はロンドン拠点の会社内に設置されました。ポールマンの在任中、取締役会は多彩な顔触れとなり、スウェーデン人の議長と中国、アメリカ、インド、南アフリカ出身の取締役で構成されました。

2011年、彼の発言がシティ・オブ・ロンドン（イギリスの金融センター）を驚かせました。ユニリーバ社株の大部分がそこで取引されているのですが、次のように発言したのです。「私の仕事は株主に仕えるのではなく、顧客や消費者に奉仕することです」。さらにポールマンは利益予測の発表や四半期の報告を廃止する方針を打ち出して、取締役たちが長期戦略と世界一の消費財メーカーへの転換に努力を集中できる道を開きました。

彼はユニリーバ社が持っている能力をしっかりと把握していました。つまり、世界中の人々に役立ちつつ、「環境負荷の削減」（サステナビリティ）を核にした企業ミッションを打ち立てる能力です。そして策定したのが、ユニリーバ社の戦略のベースとなる「ユニリーバ・サステナブル・リビング・プラン[55]」です。

彼とトップ50人の経営陣は、彼らのために私たち（HBR）が設置したプログラムでこのプランの中身を取り上げました。私たちが出した結論は、「サステナビリティこそユニリーバ社のトゥルー・

54 ウィリアム・H・リーバ（1851―1925）。後にリーバヒューム卿となる。1885年弟のジェームズと、リーバ・ブラザーズ社を創業。当時、イギリスは衛生上に問題があった。個装された石鹸サンライトの製造・販売を行い石鹸を普及させた。

ノース」でした。

ユニリーバの企業文化を転換するために、ポールマンは「ザ・コンパス」[56]というグローバル戦略を打ち立てました。それは、彼の内なる使命、価値観、戦略についての指針を集合したもので、成長と市場での勝利を目指しています。彼は製品の地理別構成を単純化するために、世界中のオフィスの数を２２００から32に減らし、機能別のグローバル・センターを新たにいくつか設置しました。「グローバル企業の組織モデルは、２０２０年までに従来の欧米型とは非常に異なったものになっているでしょう。それにともなって、企業文化もこれまでとはまったく違ったものになっているはずです」

就任当初ポールマンは、ユニリーバ社の経営陣のほとんどがイギリスかオランダの出身だったため、ヨーロッパ中心主義が強すぎるのではと懸念していました。就任後の2、3年間で、経営陣１００人のうち70人を交代させました。その半数は内部から昇進させ、残りは外部から採用しました。そのことを次のように説明しています。

私たちは成長志向の思考回路を持った人材を探さなければなりませんでした。つまり、外向きで、消費者や顧客を重視する人材です。私は顧客を重視する10の質問を、社内のリーダーたちに投げかけました。彼らが顧客のためにどれくらい時間を使っているのか知りたかったのです。彼らの回答は恥さらしものでした。

55 「環境負荷を減らし、社会に貢献しながら、ビジネスを成長させる」というビジョンを実現するための青写真。出典：ユニリーバ社HP。
56 2009年に発表した成長戦略。成長とサステナビリティを両立するビジネスモデルを確立する決意を表明した。出典：ユニリーバ社HP。

それでもすばらしいと思ったのは、会社の売上の41%が新興国市場からのもの、という事実でした。そこで彼は売上の70%を新興国市場で達成するという目標を掲げ、これまでの会社の地理的な実績分布を大きく変えようとしたのです。彼が就任して6年後には、ユニリーバ社の新興国市場での売上は60%になっています。

私たちは、人材の多様性をわが社の競争優位性にしたいと思っています。今や会社の重心が東半球へ移動中です。COO（最高執行責任者）と主要なビジネス・ユニットをシンガポールに配置しました。そして、4万4000ユーロを投じた幹部育成センターであるフォーエーカーズ・シンガポール[57]も開設しました。今では、シンガポールの社員数がロンドンよりも多くなっています。

リーダーたちを地理的に分散させねばなりません。なぜなら、私は今後、本社というコンセプトは重要ではなくなると思っているからです。ロンドンをベースにしたアングロサクソン・モデルの商品カテゴリーが必要なのではなく、むしろ、世界中に散らばった商品カテゴリーが求められるのです。

さらに加えて、大規模な研究所をふたつ、インド・バンガロールと中国に設置しました。そして、すべての技術センターをインドに集めました。

ユニリーバ社は新興国市場出身のリーダーを一段と増やすべく育成に力を入れています。ポール

57 ユニリーバ・アジア向けに造られたビルド・トゥ・スーツの国際的開発・研修センターである。世界で2件目、アジアでは初のユニリーバの国際リーダーシップ開発センター。出典：ユニリーバ社HP。

マンはこう言いました。「私たちは、他社に比べて、新興国市場出身のシニア・リーダーたちが多くいて恵まれています。でも、まだまだ不足しているのです」。ＣＯＯのハリッシュ・マンワニが次のように提案しました。「もしもビジネスの70%を新興国市場で上げるのであれば、最終的にはこの市場からリーダーの70%が出てくるようにしなければなりません」

ポールマンは次のように言葉を加えました。「将来に向けて新しいリーダーシップの文化を創らねばなりません。でも、今ビジネスを動かしているリーダーたちの協力が必要です」

私たちが求めているのは、新興国市場の文化により高い感受性を持ったリーダーです。つまり、高い透明性と協調性を保ち、不安定性を厭わないリーダーです。そのリーダーたちに試練を経験させなければなりません。その試練が彼らに、どんなリーダーになればよいのかを気づかせてくれる光となるのですから。

ポールマンのリーダーシップの下で、ユニリーバ社はグローバル・リーダーを育成するという明確なビジョンを持ったプログラムに着手しました。これがユニリーバ・リーダーシップ開発プログラム（ＵＬＤＰ）です。彼はこう言いました。「ＵＬＤＰは未来のリーダーを育て、今後ますます不安定で不確実になる時代に備えるためのものです。そのときに必要な唯一の他社との差別化ポイントは、リーダーシップの質より他にはありません」

ＵＬＤＰを通じてユニリーバ社は、トップ６６００人のグローバル・リーダーに、本物のリーダーになるための研修を実施しました。参加者たちはＥＱ能力を高め、自らのリーダーシップ目的を定め、自らの目的とユニリーバ社の使命や戦略をどのようにして統合できるかを見極めるのです。南アフリカ出身でサステナビリティ部門の責任者を務めるゲイル・クリントワースが次のように説明してくれました。

> ＵＬＤＰへの参加が私にとっての転換でした。「環境負荷の削減」（サステナビリティ）と人々の生活の質の向上に貢献することが私の推進力になっていると理解できました。サステナビリティとビジネスを融合させる役割を担って、サステナブルなビジネスだけが唯一の生存可能なビジネス・モデルだと証明したいのです。私の新しい任務は、その希望にぴったりと合致したのです。でもＵＬＤＰに参加するまでは、この任務を受ける勇気がありませんでした。

ポールマンが実行した経営陣の異動のひとつが、レーナ・ナイールを人的資源部門のグローバル・ヘッドへと昇進させたことでした。

ナイールは、ヒンドスタン・ユニリーバ社のキャリア社員で、以前は南アジアの人的資源の部門長を務め、人材のグローバルな多様性を先導していました。ところが、ロンドンへの転勤は彼女にとっては大きな挑戦でした。彼女の話はこうでした。

この瞬間が来るのをいつも恐れていました。お話ししたように、夫がインドで経営する会社が成功していて、私は、国を離れられなかったのです。でも、ポールに説得されました。ネットワークを作り、上席の幹部リーダーや取締役会との関係を築くことが私には必要だと。今では、私はふたりの息子とロンドンに住んでいて、夫が時間を割いて来てくれています。

ナイールは話を続けました。

ユニリーバ社のリーダーシップのプロファイルには、2020年の世界を反映させなければなりません。もっと多くの女性をリーダーに起用すること、そして一段とグローバルな経験をリーダーに求める必要があります。

会社を変革して未来の競争に備えるのに必要なのは、グローバル視点での発想ができ、会社の複雑なグローバル組織を理解したうえでその強みを梃に使える人材です。

グローバル環境の変化という課題

長期的に見れば、グローバル展開で成果を上げているリーダーが経営する企業が、一段と競争力があり、生産性や収益性も高いでしょう。高速コミュニケーションやグローバル・サプライ・チェーンが当たり前になった今日の世界で、新興国市場を攻略するには、その中で自社が事業展開をしているグローバル環境の急速な変化を読み解く能力を備えたリーダーが必要です。

地政学的な環境を読み解く

今日の世界は、過去に比べて数段も不確実性が増しています。その主な理由は、新興国市場の成長が、不安定性の拡大、ITの普及の速さ、そして、国家間の相互依存の高まりと同時に進行していることです。このような急速に変化している世界に適応するには、自社の事業を取り巻く地政学的な状況を明確に理解し、政治的な事象が事業にどんな影響を与えうるのかをしっかりと認識しなければなりません。

エジプトの政情不安が商品供給が遅らせてしまうのでしょうか？　ウクライナの対立が天然ガスの価格に影響するのでしょうか？　インドにあるデータ・センターで問題が起きたら、上海の研究センターが麻痺するのでしょうか？

もしも、あなたの会社がグローバルに社員を配置し、彼らが組織横断的に時差を超えて働いているとしたら、競争優位に立つために、世界レベルの人材を採用して、生産性を高め、グローバルな組織構造が持つ比較優位性を利用できるはずです。

私がメドトロニック社にいたころ、ミネアポリスにいたソフトウェア・チームは毎晩、チーム内のコードをアップロードして、相棒であるインドのチームによるソフトウェアの絶え間のない開発を支援していました。それで、製品開発サイクルの40％が短縮され、コストが下がり、品質は向上しました。ところが、こういったグローバル・バリュー・チェーンでは、プロジェクトの遅延の可能性があるとか、予想外の品質問題が起こるといったリスクも高くなります。為替の大きな変動や地域の軍事紛争、あるいは、これまでとは真逆の法律が制定されます。そんなことが起きれば、どのような影響が出てくるでしょうか？　これらの課題のかじ取りは容易ではありません。

ビジネス・モデルを再発見する

成熟した市場では、産業構造は往々にしてしっかりとできあがっています。たとえば、アメリカでは医療機器メーカーと医療サービスを提供する組織とは、販売者と顧客という単純明快な関係でつながっています。そして、医師が患者のための機器を選択し、患者の治療期間の最初から最後まで責任を持ちます。対照的に、新興国市場には新しいビジネス・モデルを作ってそれを実証実験する機会があります。

オマール・イシュラクが2011年にメドトロニック社のCEOに就任したとき、新興国市場には多くの成長機会があると気づきました。西ベンガル（現在のバングラディシュ）で生まれロンドンで教育を受けたイシュラクは、新しいタイプのグローバル・リーダーの良い例だと言えます。

オランダのコングロマリットであるフィリップス社に8年間勤務した後に、超音波関連のトップ企業であるダイアソニックス社を経て、GE社へ移りました。彼は次のように説明してくれました。

「フィリップスはオランダの会社でしたから、オランダ人でない限り昇進は望めませんでした。アメリカの会社では、自分がもっと大きな影響力を持てると感じたのです」

まず彼は、アメリカ人が圧倒的に多かった経営委員会の枠を広げて、非アメリカ人を6人増やしました。これで経営トップの意思決定の方向が変わり、新興国市場を一段と重視するようになりました。次に、経営委員会は医療技術のエコシステムを見直すこととし、革命的なビジネス・モデルを導入しました。

イシュラクはこう説明してくれました。「私がメドトロニック社で学んだのは、グローバリゼーションを違った角度で考えてみることでした」

従前の考え方だと、現地の工場で生産した方がコストを削減でき、グローバル展開できると言うでしょう。ところが現実には、わが社の製品は現地で使われていません。購入するお金はあるにもかかわらずです。

だから私は優先順位を変えました。製品を売り込むより前に、教育、訓練、患者と医師の認知を高めるなどの、インフラを整えることにしました。

こう気づいたイシュラクは、北京にメドトロニック大学を設立し、医師に訓練を施しました。同時に、患者センターを中国中に設けて患者が自分の病気を理解できるような教育を提供したのです。

インドでは、野営の診断所を作り、患者がローンを組んで医療費を払えるようにしました。ヨーロッパでも、新しいビジネス・モデルを創造して、メドトロニック社の製品を使ったカテーテル検査室の建設と運営を行いました。

本社パラダイムをひっくりかえす

ほとんどの多国籍企業が取り入れているマトリックス組織は、戦略的事業単位と地理的組織のバランスを図っています。これまで多国籍企業は、母国から才能あるエキスパット（海外派遣社員）を地域や各国の事業単位に派遣し、彼らを通じて、本社の標準管理手法、統制システム、マーケティング・アプローチをホスト国に移転してきました。

こういった多国籍企業では、外国籍の人間が意思決定の場に座るのはまれで、ましてや、彼らがトップの座に登るのは更に一段と稀有のことでした。たとえば、HSBC銀行の長年のやり方はこうでした。まず200人のエキスパットをイギリスで採用して、海外、とくにアジアに派遣し、ロンドンで決められた方針に沿って現地の銀行を管理させせたのです。

私が1980年代にハネウェル・ヨーロッパで社長として勤めていた間、会社は多くのアメリカ人エキスパットを地域本部や各国の現地法人に派遣して、アメリカ式のマーケティング・プログラムを移転させていました。

技術や製造の専門知識も同様でした。ところがほとんどの場合彼らは無頓着で、ヨーロッパ、中東、アフリカの各市場には大きな違いがあることに気づきませんでした。しかもどの市場でも、アメリカでのやり方を強制したのです。そこで私は、INSEADのアンドレ・ローラン教授に依頼して、アメリカ人社員向けに、文化の違いや異文化間の橋渡し方法についてのリーダーシップ講座を作ってもらいました。

教授は、最初の2日間はアメリカの文化について、次の2日間はヨーロッパの文化について講義したいと提案され、その理由を次のように説明してくれました。「ほとんどのアメリカ人は、自分たちが文化的に偏っているとは思っていません。自分たちのやり方が優れているのだから現地の人々がそれを学べばよいと思っているのです」

企業の気づきが広がっています。本社が押しつける基準やマーケティング・プログラムは新興国市場では通じないのです。食品をグローバルに販売しようとした、多くの消費財企業が失敗を重ねて学んだレッスンは、「自社の製品は現地の消費者の味覚に合わない」ことでした。

つまり、現地の熟達した大手企業と対等に競争できなかったのです。たとえば、日本、韓国、インドやブラジル、ロシアといった国の現地企業は、その国の消費者ニーズを多国籍企業よりも一段と深く理解しているのです。

多様なリーダーシップ・チームを編成する

新興国市場での成長を最大にするには、意思決定をする経営陣の出身国や出身文化の多様性が必要だと、企業は気づきはじめています。シーメンス社のCEOピーター・レッシャーが2008年にこう述べています。「シーメンス社の海外展開では、私たちの能力を十分に発揮できていません。それは経営陣があまりにも、白人、ドイツ人、男性で占められており、あまりにも一面的だからです」。より幅広い多様性に向けた議論がシーメンス社の将来にとって必須でした。レッシャーはさらにこう言っています。「世界の隅ずみのニーズをくみ取れるリーダーシップ体制にしなければ、その企業が持つ能力に相応しい業績を達成することはできません」

結果的に企業は門戸を開き、世界中の最優秀なリーダーを国籍を問わず経営陣に加えるようになりました。コカ・コーラ社は長年このやり方を実践しているパイオニアで、5人のCEOをアメリカ国外から迎え入れて道を開いてきました。

この他にも、先見の明を持っていたダニエル・バセラの例があります。彼はノバルティス社をスイス人中心の企業からグローバル企業に育て上げました。開発拠点をスイスのバーゼルからマサチューセッツ州のケンブリッジに移し、マサチューセッツ工科大学（MIT）やハーバード大学のトップクラスの科学者を獲得しました。さらにバセラは、スイス人中心の経営陣や取締役会を、国籍を問わないグローバル・リーダーシップ・チームへと編成し直すことも視野に入れていました。

ノバルティスのような先進的な会社でも、新興国市場出身のグローバル経営のトップ・リーダーを育成するのにまだまだ苦労しています。ノバルティス社の現CEOのジョー・ヘメネスは、この育成プロセスが大変むずかしいと述べています。「取締役会のメンバーを見渡すと、ブラジルや中国、ロシアといった国の出身者はひとりもいません。私たちが人材を探していないのではなく、まだ彼らをふさわしい人材に育成できていないのです」

グローバル・インテリジェンス（GQ）を開発する

新しいグローバル環境の中で成功するには、経営幹部の育成が必要です。つまり、1社につき

500人くらいをグローバル・リーダーとしての能力を持った幹部として育成します。こういった新しいリーダーの育成には、リーダーとしてのユニークな経験、理想的には新興国市場での経験が求められます。その経験と現在の企業内研修プログラムとは大きく異なるリーダーシップ開発プログラムとを組み合わせていくのです。

現在の社内プログラムでは、伝統的に、管理スキルや個人の機能的知識が重視されています。ところが、リーダー人材不足の原因とやがては失敗するリーダーが多い理由は共に、私たちがグローバル・インテリジェンスあるいはGQと名づけたリーダーシップ能力の欠如に起因しているのです。GQには7つの要素があり、そのすべてがグローバル・リーダーには不可欠です。

・適応力
・自己認識力
・好奇心
・共感
・一体感
・連携
・統合力

これらの要素のいくつか、たとえば自己認識力は、これまで本書で検証してきたトゥルー・ノースを発見するプロセスのいくつかの部分と非常に共通しています。意図的にそうしています。グローバルな交流はリーダーのストレスを大いに高めます。グローバル環境が広がるほど、リーダーはますます大きな課題に対処しなければなりません。新興国市場の環境下に置かれたリーダーにとって、その環境は途方もなく複雑に見えます。

なぜなら、言語、文化、顧客の嗜好、商談の駆け引き、商習慣、法律、そして倫理基準などが大きく異なるからです。同じことが日々の生活の中でも当てはまります。だから、慣れた環境下でなら堅実なリーダーの多くが、グローバルな任務につき新興国市場で働くと、とても苦労することになるのです。

グローバル・リーダーの特性をひとつずつ見ていきましょう。

適応力

グローバル・リーダーには、今日の世界情勢の変動を読み解き、今後数年間の変化を予測する能力が求められています。グローバル・リーダーは、急速に変化するグローバル環境に迅速に対応して、機会を逃さないように資源をシフトさせるとか、緊急時の対応策を準備して地政学的に困難な状況に対処できなければなりません。

新興国市場ではとりわけこういった対応が必要です。頻繁な政権交代、通貨変動、財政危機、民族紛争、戦争やテロが起きると、文字通り一夜にしてビジネスの展望が変わってしまうのです。近年では、こういった状況が、ギリシャ、エジプト、イラク、パキスタン、ウクライナ、ロシア、インドで起こっています。他にも挙げればきりがありません。グローバル・リーダーはこういった変化に素早く対応して戦術変更をする準備を整えておかなければなりません。

自己認識力

リーダーは、自分を取り巻く環境を把握しておかなければなりません。同時に、自分自身の強みや弱み、先入観などを把握しておくことで、ホスト国での文化の違いにどう対応するのかを頭の中で思い描いておかねばなりません。先進国出身の人たちが新興国市場に住むようになると、自分自身と安全性への関心が強くなります。そうなるのは、他国の言語は複雑であるとか、自分はマイノリティであるとか、文化や判断基準に違いあるとかがだんだんとわかってくるからです。

好奇心

グローバル・リーダーはホスト国の文化への強い好奇心を持たねばなりません。好奇心とは、個人として多様な経験をする熱意とか、他の文化から貪欲に学びたいと思う気持ちです。また謙虚に受け入れなければいけません。他の文化の型を左右するのは異なった文化基準や行動様式であって、それが、しばしば、自分たちの基準や様式よりも優れている場合があるのです。

中国やインドなどの新興国市場を訪れデラックスなホテルに泊まって、西洋料理のレストランで食事をしますか？　それとも、その国に深く入り込んで現地の人々に会い、現地のマーケットや店で買い物をし、現地の人たちの家を訪ねてどのような暮らしぶりなのかを見るようにしますか？これが、国内でのリーダーのままで海外へ出張するリーダーと、世界中にあるものすべてを経験しようと心掛けているグローバル・リーダーとの違いなのです。

共感

共感とは、自分以外の人たちの立場に立って物事を考える能力を指します。そのためには、異文化圏の人たちと謙虚に個人的に関与する能力が求められます。距離を置いたところから判断を下す能力ではありません。共感はラポール、つまり相互の信頼関係や絆を築き、長期にわたる関係を作ります。

グローバル・リーダーは異文化圏の同僚たちと共感出来てはじめて、彼らの高レベルの関与を引出し、彼らをエンパワーして（自律行動の裁量権を委譲して支援する）、彼らが類まれな業績を上げるように支援できるのです。

一体感

グローバル・リーダーにとっての大きな課題は、企業の使命や価値観のもとに全社員に一体感を持たせることです。それが、国や文化の違いを超えて会社に献身する力になります。グローバルな状況で一体感を実現するのはこの上もないほどの困難をともないます。というのも、新興国市場における商習慣や商業倫理が先進諸国のそれとは劇的に異なることが多いからです。

そのためグローバル・リーダーは現地社員に要請します。彼らが育ちこれまで働いてきた国の商習慣や価値観よりも、その企業の使命を優先して欲しいと。単にホスト国の法律や道徳規範に従って仕事を進めるだけでは、もはや十分ではありません。

自社のビジネスの手法が、ホスト国に好ましくない結果をおよぼす可能性があることも考慮しておかねばなりません。しかし、だからといって母国で身につけた文化や価値基準を捨てる必要はありません。規範や基準は国によってそれぞれ異なっているのですから。

連携

グローバルな環境下での連携には、地理的な国境を越えて水平的にネットワークを築く能力が必要です。つまり、人々を共通の目標のもとに結集し、国によって異なる基準を横断して仕事のやり方を創り上げる能力のことです。

本物のグローバル連携では、それに参加する多国籍の社員は会社やプロジェクトの目標を優先してパートナーシップを組み、目標達成のために一致協力して働きます。国境を越えた連携で確かな成功を導くためには、グローバル・リーダーは、国や地域別のチームの強みと弱みを把握する能力、そして、それが得意とする分野の仕事を各チームに配分する能力を持っていなければなりません。

統合力

グローバル・リーダーにとって最大の課題のひとつが、現地とグローバルそれぞれの問題を取り込んで企業の統合戦略を構築することです。そういった戦略を採用すれば、グローバル・リーダーは多様な現地市場で企業のポジションを最適化でき、効率的に競争優位を持続できるのです。

そのためには、次のようなグローバル・リーダーとしての能力が求められます。まず、現地市場を深く理解する能力です。そして、グローバルな視野で、企業がどうすれば顧客のニーズに、自社の強みを梃にして他社よりもはるかに優れて、奉仕できるかを見通せる能力です。これ以外にグローバル・リーダーが、現地発でコスト競争力を持った現地企業を打ち負かす方法はありません。

ユニリーバ社のマンワニが次のように説明してくれました。「我々は、グローバルに配置された組織モデルを使って、現地に相応しいことと、グローバルな能力とのバランスを図っています」

私たちは、「ローカルに考え、グローバルに行動せよ」ではなく、「ローカルに行動して、グローバルに考えよ」だと思っています。現地での行動からはじめて、現地の消費者のニーズ・ウォンツがどこにあるかを調べ、そして、現地の文化を理解します。

それから、ユニリーバ社が持っている豊富なグローバル資源を使って、現地のニーズを満たし、かつ他社よりも優れた製品を提供します。このようにしてわが社は、現地の競合会社に対して競争優位に立つのです。そして私たちは現地市場に自社の能力を使って貢献するのです。

GQを高める

意欲を持ったリーダーが自分のGQ（グローバル・インテリジェンス）を高める最善の方法のひと

つは、新興国に住んでみることでしょう。若い時期であればあるほど、新しい文化を学ぶとか多少のリスクを冒すのもほとんどいとわない時期なので、新興国市場を理解する能力も一段と高いはずです。

もし、海外への移住がむずかしいのであれば、最低でも途上国を訪問して都会ではなく地方で時間を過ごしてみてください。地方の方が、まだ文化が原型のままであるとか、グローバル化の影響も少ないはずです。

ノバルティス社のヒメネスも、実際に外国に住んでみることが、リーダーのグローバリゼーションにはきわめて重要だと言います。

アメリカの居心地よい場所からリーダーを引っ張り出して、たとえば中国やインドのような見知らぬ国に行かせます。彼らは、食料品の買い入れや医者の診察をどうすればいいかを調べ、別の国でどう生きるかを考えなければなりません。

彼らは見事に変わっていきます。彼らの自己認識、共感、そして他の文化に対する敬意の念が大きく変わります。その結果、これまでとは違うビジネス・モデルを使って、ビジネスを成長させる方法が見えてくるのです。

新興国市場で仕事をする。そこはまったくの別世界です。言語、習慣、文化、法律、そして嗜好が違います。リーダーは否が応でも自分自身に対するこれまでの考え方を見直さざるを得なくなります。

グローバル・リーダーは、極端に異なる状況に直面したときに、なぜ特定の行動をとるのかを見直さなければなりません。もし彼らがまったく新しい経験に対して心を開き、その経験を通して学べば、高いレベルのGQが得られるでしょう。

多文化出身のメンバーで構成するタスク・チームを率いると、文化の違いへの理解が深まります。担当地域の言語を複数学ぶのも大切です。そうすれば一段と効果的に現地の人たちとのコミュニケーションができるようになります。

よくあることですが、ある文化に独特な側面が現地の言語やそのニュアンスを通してはっきりと見えてきます。しかしそれは、現地の人たちがグローバル・リーダーの母国語（たとえば、英語）を話さざるを得ない場合には、見えてこないのです。

対人関係で言えば、グローバル・リーダーはGQを身につけ、世界中の人たちをエンパワーしなければなりません。GQが不足しているグローバル・リーダーの、新興国市場での同僚や顧客に対する見方は、融通性に欠けかつ決めつけになり、また自分の学びもうまくいかなくなります。自分とは違う人たちへの共感が高まるどころか、ぎこちなさが強くなってしまい、親しい関係が作れなくなるでしょう。

多文化出身者で構成されるチームと働くとき、GQのないリーダーは、企業の主流の文化の中に人々を無理やり押し込めてしまい、協調的な環境を作ろうとはしません。そのため、チームのメンバー一人ひとりが持つ最大の強みを引き出すことができません。学習、創造性やイノベーションを高めるどころか、押さえつけてしまいます。だからこそ、グローバル・リーダーに必要なGQは若いときに身につけなければなりません。若い心は新しい経験を一段とよく受け入れるのですから。

新世代のグローバル・リーダーたち

新世代のリーダーはいろいろな方法で、グローバル・リーダーシップを標準化しようとしています。GQを向上させる方法を理解するために、すでにグローバル・リーダーになっている若いリーダーたちを幾人か取り上げてみましょう。

デビッド・タイ、シリアル・アントレプレナー（連続起業家）

デビッド・タイは1972年にベトナムで生まれました。戦争が沈静化して共産党が国を支配するようになったために、彼の家族は仕方なく、南太平洋の小さな島バヌアツに避難しました。彼は少年期に、家族が最終的にワシントン州のレドモンドに居を落ち着けるまで、十数回も引っ越しを繰り返しました。タイの起業家としての本能は、すでに子どものころから現れていました。12歳のとき、菓子を訪問販売で売り歩いていたのですが、すぐさま、より大きく儲けるチャンスがあることに気づきました。それはBtoBでした。その成功が彼に自信と勇気を与え、高校やワシントン大学で、いくつかのビジネスを立ち上げました。

タイは自分自身のルーツを調べたいと思い、言葉はほとんど理解できなかったのですが、両親の願いに逆らってベトナムへ出かけました。

「大学卒業を目の前にして、猛烈に自分探しをしたいと思ったのです。ベトナムに戻ったおかげで、自分が何者であるかを知っただけでなく、ベトナムや東南アジアの次の世代に何か遺せるものを造りたいという気持ちにも火がついたのです」

（アメリカの）故郷にあるスターバックスの成功に触発されて、25歳のときに初めて生業のビジネスを立ち上げました。それがハイランズ・コーヒー社で、ベトナム産コーヒーを小売店を介して発売しました。海外に住むベトナム人がベトナム国内で創業できた初めての民間企業でした。このブランドが好評で、ホーチミンやハノイの周辺でハイランズ・コーヒーの小売りチェーンを展開しました。

材料はすべてベトナムのコーヒー生産者から取り寄せました。今日、ベトナムは唯一ブラジルに次いで、世界2位のコーヒー生産国です。そして、この成功が持ち株会社、ベト・タイ・インターナショナル社の設立につながり、ベトナム麺の「フォー24」を含む、いくつかの会社を傘下に持つようになりました。

その業績が称えられて、タイは2009年の世界経済フォーラムのヤング・グローバル・リーダーに選出されました。これだけ大きな成功を収めたにもかかわらず、彼はとても控えめな姿勢を崩しません。彼は、シリアル・アントレプレナーとして、ベトナム共産党政府の支援の枠内で私企業の推進に尽力しています。

タマラ・ロジャーズ、旅人

ユニリーバ社のタマラ・ロジャーズは、彼女の両親が21歳と18歳でイギリスを離れて移り住んだザンビアで生まれました。「私は生まれたその日から旅を続けています。10歳になるまでに、アフリカ諸国、タイ、シンガポール、アメリカ、そしてヨーロッパの多くの国々に行きました。気楽に、異なった言語、文化、顔つき、肌の色、信条に接することができ、そのことが大好きでした」。ロジャーズはイギリスで高校に入学しましたが、1年休学してラテン・アメリカの国々を周っています。生活費は1日3ドルのバックパック暮らしでした。

ところが骨盤を5カ所骨折するという自動車事故に遭ったため、充実した毎日を送りたいと思うようになり学校に戻りました。大学卒業後、ユニリーバ社に入社する前にもアジア中を旅しています。彼女がこれまでに培った強みが社内で発揮されています。多様な背景を持つリーダーたちを結集して、彼らの一人ひとりが自己のベストを尽くせるようサポートし、彼らが協力し合ってクリエティブな解決を見出せるようにアレンジするなど、活躍しています。

リーダーシップ・スキルが認められた彼女は、過去数年間で何度か昇進した後に、ユニリーバ社の上席副社長の地位につきました。彼女は次のように説明しています。「アジアで学んだのは、聞くときは音量を上げ、話すときには下げるということでした」

アメリカ人やドイツ人はメッセージを明示的に送り出すのに対して、アジアでは相手が何を伝えたいのかわからない時があります。だから、音量を大きくして何らかのシグナルをキャッチしなければいけないのです。

こういった多様性が大好きです。私のリーダーシップ・チームでは、メンバー全員が誰にでも聞こえるように自分の意見をちゃんと伝えるように奨励しています。そして、自分にとって居心地の良いゾーンから離れてみるように訓練しています。セイフティ・ネットさえ与えておけば、そこが一番物事を学べる場所なのです。

ペイルン・リー、反抗者

ペイルン・リーは39歳の若さながら、ソフトバンク・インベストメント・チャイナ社の会長です。若いころは困難の連続でした。彼が学んだレッスンは、成功するには自分の道を突き進むしかない、ということでした。

台湾で生まれ、5歳のときに両親が離婚したために、孤独感に苦しみました。母親が再婚して、さらに彼を苦しめることになりました。その相手がひどく厳格な人で、彼には怖い存在だったのです。学校は、教師たちとはかけ離れた世界観を持っていたために、退屈な場所でしかなく、反抗的な問題児だとみられるようになりました。彼は次第に内向的になっていき、自分の考えを表現する方法として絵を描くようになりました。

15歳のときに、カリフォルニアに移り叔父と住むようになりますが、自立を余儀なくされました。英語はほとんど話せなかったので、大抵の時間は絵を描いて過ごしました。彼の母親がアメリカに移住してきてレストランをはじめることになり、低所得層が住む地域へ転居しました。そこで、母親のレストランが強盗に襲われ、彼は学校のトイレで銃を突きつけられました。彼はそのときのことを話してくれました。「また強盗が自分を襲ってくるのではないかと恐れました。裁判所で証言したときに、強盗に顔をみられたのです。だから自分を守るために変装することに決めました」

カリフォルニア大学サンタバーバラ校を卒業した後、奨学金をもらって日本で勉強しました。またしても、言葉のわからない国でした。それでも、日本語学校で優秀な成績を収め、日本に残ってコンサルティングの仕事につきました。一度ならずも上司の倫理観に疑問を持たざるを得ませんでした。大和証券に入社後、中国に派遣され、4社による合弁会社の設立をしました。その会社では、資金の不正運用についてたびたび、合弁相手とのトラブルに巻き込まれました。

短期間アメリカで仕事をした後、リーはソフトバンク・インベストメント社（SBI）に入りました。最初の勤務地は東京で、次が北京でした。彼は流ちょうな中国語と文化理解力を駆使して、中国でソフトバンクのビジネスを構築しました。ところが、合弁会社の中国側のパートナーの倫理感に反発を感じることが頻繁に起こり、彼らの脅しとも闘わなければなりませんでした。

SBI会長から信任を得て、リーは上海事務所を通じて次々と合弁会社を立ち上げました。その功績が報われて、SBI・チャイナの会長に昇進しています。

40歳に満たないリーに、それほどの成功をもたらしたものは何だったのでしょうか？　おそらくは次のようなことだったと思います。少年期の経験のせいで否が応でも、自分の人生は自分で決めざるを得なかったし、誰も知人がいない、しかも、言葉もわからない新しい環境の中に敢えて飛び込んでいきました。こういった経験を通して彼は自分の性格や価値観を育み、困難な状況に立ち向かう勇気を身につけたのでしょう。その一方では不正と対決してきました。こういった自立した思想と精神が、リーだけでなく、新世代の若いグローバル・リーダーの特徴です。

◆ロドリゴ・マスカレーナス、マルチプライヤー[58]

ロドリゴ・マスカレーナスは、ブラジルで育ちました。天体物理学者になることを夢見ていた内気な男の子でした。彼がデール・カーネギー・コース[59]でスピーチを行ったときのことでした。「私の中の何かがカチッとなって、自分は完全に変わってしまいました。自分の経験を話して学んだのです。私は人々の心や経験につながることができるのだと。そして自信があふれてきました」

マスカレーナスは父親のタイヤ会社の仕事では不満で、自分探しをするホフマン・プロセス[60]のワークショップを受講しました。そこで学んだのは、自分の感情を知性、肉体そして精神と一体化させる方法でした。その結果、彼は奮起して、父親のビジネスと決別し、ケース・ウェスタン（ケース・ウェスタン・リザーブ大学）でＭＢＡを取得しました。入社した会社の転勤で、ブラジルからスペイン、チェコへと移り住み、最終的にはロンドンに落ち着きました。それぞれの環境で際立っていたのは、人々の能力を増幅させる彼の能力でした。彼は次のように説明してくれました。「私には、人と人を信頼という橋でつなぐ才能があるようです」

人々の心の深いところにある何かとつながって、彼らが自分の力に気づき開花するように手助けしました。そして、その人たちもまた周りの人たちに同じことをしてあげるのです。

58 「マルチプライヤー」は従業員から無限の生産力を引き出すことができる。出典：『メンバーの才能を開花させる技法』（リズ・ワイズマン, グレッグ・マキューン 他著、関 美和訳、海と月社、2015年）

そうやって、増幅効果を生んでいきました。

そのたびに、彼らは開花し、自信をつけ、強いリーダーになっていきました。そのことが彼らの人生、子どもたちや人生観、さらには身体の健康状態にまで影響を及ぼしました。

私は自分が何者なのかわからずにいたために、誰もが持っているはずの大きな宝物を持ち腐れにしていました。箱を開ける鍵を自分の内に持ちながら、自分の外でそれを探していました。宝物は既に自分の手の内にあったのです。

私たちは今、多くの選択肢に囲まれた複雑な世界に生きていて、名声やお金、地位のために魂を売り飛ばしてしまうのも簡単にできます。私の目標は人々の人生にポジティブな影響を与えることです。

私は自分のキャリアの中で、マルチプライヤーであると高く評価されてきました。この授かった才能を使って、人々に手を差し伸べ、深いレベルで繋がりを持たなければならないのです。国籍は関係ありません。これ以上にすばらしい人生はありません。自分が、自分よりも大きな何かの一部になったようで、強い天命を感じています。

アビー・ファリク、グローバル・リーダーを育成する

アビー・ファリクは27歳のとき、非営利団体グローバル・シチズン・イヤー（GCY）を設立しました。それは、大学入学前に新興市場で生活し奉仕することを希望する高校卒の若者のための団体です。

59 デール・カーネギーのテクニックに基づき、効果的な話し方と人間関係について実践的に学ぶプログラム。1912年の発足以来、90カ国以上で開催され、800万人以上が修了。

ファリクは洗練された教養ある女性です。彼女が最初に新興国市場を訪れたのは、まだ幼いときでした。13歳のとき、両親が彼女をインドネシアに連れて行ったのですが、そこで目にしたのは極度の貧困でした。情緒が錯綜し罪悪感を抱き、彼女は打ちのめされました。「私のメンターのひとりの言葉ですが、社会正義というものに関わってしまったら、もう無視できなくなるのです」

また若者たちと対話をして彼女は強く動揺しました。「私は、自分が望めば何でもなれると言われてきた時代と場所で育ってきました。でも、劇的に異なる環境の中で育ってきた若い人たちと話してみて、彼らには、私が与えられているような機会を何ひとつ持っていないのだと気づきました。ただ、生まれた場所がそこだったというだけで」

グローバル経験を重ねてファリクの自己形成が続きました。高校時代の夏、ニカラグアでホームステイをしながら、子どもたちを教えるプログラムに参加しました。彼女はこう言っています。「あの経験をしたことで、グローバルな環境でリーダーシップを発揮したいという思いが固まりました。そして、リーダーシップには、謙虚さ、人の話を聞くこと、そして忍耐が不可欠だと学びました」

彼女はこれらの問題に取り組むために自己開発したいと決心してニカラグアを去りました。大学時代に決意を固め、1年間休学して再びニカラグアに戻り図書館を建てようとしました。「私が16歳のときに持ってきた本がずっとそのコミュニティの中を巡っていました。その地域にはおよそ本がありませんでした。私が5年前に持ってきた本に、順番待ちの行列ができていたのです」

ファリクの理想には障害がつきまといました。「この経験は、私の人生の中で最も困難で心が折れそうでした。私はある程度の素材を持ち込んだのですが、図書館を建てるには具体的にどうすれ

60 アメリカを拠点に1967年に設立。ネガティブな思考パターン、幼少時からのトラウマ、対人関係、自己愛に問題を抱えている人を対象に一週間、大自然の中にあるリトリートセンターで解決するワークショップを運営している。世界各国ですでに96,000人が受講。(HP参照、https://www.hoffmaninstitute.org/)

ばよいのか皆目見当がつきませんでした」。コミュニティに亀裂が入り、図書館のプロジェクトは遅れていました。彼女はこう説明しています。「私には、異なる言語や文化の中で現場監督をすることは不可能でした。毎日、その日が終わるころになると、作業が思うように進んでいないことに落ち込んでしまいました。それでも、この失敗を生かせるのだというレッスンを学んでもいました」

ファリクは、グローバル・シチズン・イヤー（ＧＣＹ）を立ち上げる前に、ティーチ・フォー・アメリカ（ＴＦＡ）のウェンディ・コップにアドバイスを求めました。彼女はＧＣＹの成長を、ＴＦＡの組織のようにロケット軌道に乗せることを夢見ていました。ところが、ＧＣＹへの献金や会員のマーケットはＴＦＡほど大きくなかったのです。予測よりも遅い進展でしたが、彼女は自分の立てた目標に集中しました。理事のひとりが次のように話してくれました。「彼女の使命に対する献身ぶりには揺るぎがありませんでした。他に見たこともありません。彼女はただただ、献金してくれる人たちや参加学生を説得し続けていました。将来のグローバル・リーダーである若者の育成方法を変えなければいけないと信じてのことでした」

新興国に住んだファリクの経験が、ＧＣＹのプログラム構想の原型になりました。彼女の到達目標は、すべての高校卒業生が大学に進学する前に、１年間の貢献活動を考えるようになることです。２０１５年には１００人の学生を1年間の奉仕会員として、ブラジル、セネガル、そしてエクアドルに送り込みました。彼女は次のような所見を述べています。

早い段階で、フェローの学生たちはホスト・ファミリーとの生活やなじみのない言語で奉

仕する中で孤独を感じるようになります。この孤独感が否応なく、彼らを自分自身と向き合わせるのです。

私もギャップ・イヤーの経験で落ち込みました。すべてが新しくて、居心地悪いときに、自分自身を新しいレンズを通して見るようになるのです。

現在、グローバル・フェローズの仲間たちは10倍に増えました。GCYでは、奉仕の役割や高等教育でのグローバル経験に関する一段と幅広い考え方が形成されています。その一方で、彼女は政府指導者や大学の学長に、どうすれば明日のリーダーたちにグローバル経験をさせられるかについて助言をしています。

ファリクは次のように締めくくりました。「私が想像していた以上に大きなチャンスです。10年以内に、グローバル・シチズン・イヤーがすべての若い人たちを動かして、彼らが海外で住んで奉仕し、マインドフルになり（心を込めて自分や周囲への目配りをする）、本物のグローバル・リーダーとなるように願っています」

グローバル・リーダーの将来

ポール・ポールマンにはじまって、ペイルン・リー、そしてアビー・ファリクまで、新しい世代の本物のリーダーたちによって、ビジネスのやり方が世界中で変化しています。新しい世代は、私の世代よりも、はるかに幅広くかつグローバルな視野を備えています。そして彼らはわかっているのです。これから先のビジネスの成功は、世界中の人々に公平に奉仕し社会に貢献して初めて実現されるのだと。

演習

グローバル・インテリジェンス（GQ）を開発する

1 あなたはこれまでに、不慣れな環境に身を置いたことがありますか？　もしそうなら、どのような感情を経験しましたか？　たとえば、自分の脆さ、孤独感、不確実性など。

2 グローバリゼーションは、あなたの顧客と製品に、どのような変化を与えるでしょうか？　会社の将来のリーダーとしてあなたは、どのレベルまで高く、自己啓発し環境適応力を身につける必要があると思いますか？

3 あなたのGQのレベルはどれくらいですか？　GQを高めるために、あなたにできる具体的な行動は何ですか？

おわりに　企業は社会のステークホルダー

私は15分間も金勘定に費やしません。
私にとって大切なのは、
多くの人たち、そして、
中国の発展に影響を及ぼすことなのです。

ジャック・マーCEO、アリババ

本書『True North リーダーたちの羅針盤』を締めくくるにあたって、ひとつの課題に触れておきたいと思います。それは、しばしば論争の種にもなっていますが、21世紀のグローバル社会におけるビジネスの役割についてです。私たちは今、ビジネスの目標を見失う危機に直面しています。その目標は、株主に対して短期的な報酬を提供するだけではなく、持続可能な組織体を構築して、そのすべての構成員のために価値を創造することです。

ジャック・マー　中国初のグローバル・リーダー

アリババ社のジャック・マーは、まぎれもない、中国初のグローバル・リーダーとして表舞台に登場しました。新生中国の顔です。彼は民間企業の起業家として、共産政府の制約内で、一段と公平な社会の構築を目指しています。

マーは、私と昼食を共にしながら、とても熱く語ってくれました。ちょうどその日に初めて、アリババは新規公開株（ＩＰＯ）を上場しました。株価は、アリババを時価総額で世界18番目のグローバル企業に押し上げました。マーの目標は金儲けではありません。アリババの成功で彼の自己資産は既に２００億ドルに達しており、最も裕福な中国市民です。それでもマーは自分の妻に尋ねたことがあると言います。より重要なのは裕福になることか、それとも尊敬されることなのかと。ふたりの意見は「尊敬されること」で一致しました。

マー個人は温厚で、愛想がよく、オープンで、そして彼ならではの個性を持った人物です。これまで成功を積み上げてきたにもかかわらず、極めて謙虚で、自分は立派な会社を作り上げて顧客に役立ち、雇用を創出し、社会に奉仕したいのだと話します。彼はこう語ってくれました。

「私は単なる純粋主義者です。私は15分間も金勘定に費やしません。私にとって大切なのは、多くの人々、そして、中国の発展に影響を及ぼすことなのです。ひとりのときはリラックスできてハッピーです。みんなは私のことを『クレイジー・ジャック』と呼ぶのですが、私自身も後30年はクレイジーなままでいたいと思っています」

中国の巨大な、成長を続けている経済。過去20年間、その勢力は拡大しました。しかし、いまだにグローバル企業は生まれていません。その代わりに、中国のビジネスは国内に特化し、海外企業には低コストの生産力を提供してきました。マーは異なるアプローチをとっています。

インターネットは国境を超えた世界的な現象だと考えています。現在、アリババのグループ会社は240カ国で6億人の顧客に役立っています。マーの次の狙いはアメリカ、ヨーロッパ諸国、新興国市場への積極果敢な進出です。そのため、100万の小企業を20億人のアジアの消費者とリンクさせようとしています。また、中国の商業銀行や保険の分野に一石を投じる計画も持っています。

私と会うたびに、マーは自分の人生経験を好んで話してくれました。彼は杭州の貧しい家庭の出身で、1980年代をそこで過ごし、次から次に起こる障害を乗り越えてきました。大学の入試もことごとく失敗、高校ですら入学を拒否されたといいます。数学の点数があまりにもひどかったからです。

それでも彼は諦めませんでした。12～20歳まで、英語を勉強するために自転車で片道40分もかかるホテルへ通っていました。マーはこう話してくれました。「中国は開放途上で、多くの旅行者が訪ねてきていました。無料ガイドとして、旅行者の案内をしていました。この8年間が私を大きく変えてくれました。大抵の中国人よりも自分は国際化したと思います。外国からの訪問者たちが話してくれた世界は、私が教師や本から学んだそれとは違っていました」

青年になってから、マーは30社もの会社の求人に応募したのですが、どの会社にも採用されませんでした。とくにケンタッキー・フライド・チキンでの経験は彼にとって最も苦いものとなりました。24人の応募者のうち23人が採用され、マーひとりだけが不採用だったのです。最終的に、杭州電子工業大学（現・杭州電子科技大学）で英語の先生の職を得ました。１９９９年、彼が最初にアメリカを訪問したとき、カリフォルニア州で目にした起業文化に大いに驚かされました。「アメリカで夢が見つかりました。シリコン・バレーで見たのは、夜なのに道路いっぱいに車が行きかい、すべてのビルには電灯が煌々としている光景でした。これが、私が（中国に帰って）創り上げたいと思った光景でした」

杭州に戻ったマーは、ジョー・ツァイ（現副会長）とともに自分の慎ましいアパートでアリババを立ち上げました。彼は社名についてこう話しています。「その名前を選んだのには、わけがあります。その名前を聞くと世界中の誰もが、『千夜一夜物語』の中で秘宝に至る扉を開けるときにアリババが使った『開け、ゴマ』の呪文を連想してくれると思ったからです」。マーは彼が率いるチームの考えを重視し、企業や消費者が彼ら自身の秘宝を探し当てる手助けをしたかったのです。

ところがアメリカの投資家たちからは２００万ドルの投資すら受けられませんでした。ここでもマーは諦めることはありませんでした。やがてゴールドマン・サックスから５００万ドル、その後日本のソフトバンクの孫正義から２０００万ドルの投資を受けました。

マーが情熱を注いでいるのは、アリババのエコシステムを構築して人々を助けることです。それが、彼が会社のＤＮＡに組み込もうとしている哲学なのです。会社創業にあたって、彼は初期の社員に対してストック・オプションを気前よく提供しています。彼らの生活を豊かにしてあげたいという思いからでした。

彼はIPO公開の当日、ニューヨーク株式取引所で、アリババが掲げる6つの価値観をニューヨーク株式取引所の柱に刻みたいと強く思いました。その価値観とは、顧客第一、チームワーク、変革、誠実、情熱、そして献身です。

自分自身のことよりもっと大きな大儀に献身するという決意を持ち、彼はさらに前進したのです。


私のビジョンは、Eコマースのエコシステムを構築して、消費者や企業がオンラインで取引のすべてを済ませるようにすることです。100万の仕事を創って、中国の社会や経済の環境を変え、世界最大のインターネット市場にしたいのです。


グーグルのラリー・ページ、フェイスブックのマーク・ザッカーバーグのようなアメリカのITリーダーたちは、何よりも技術と製品を重視します。マーは彼らとは違います。「私は技術系ではありません。お客さんと同じ目線、つまり普通の人と同じ目線でテクノロジーをみています」

彼は気さくな性格の持ち主で、毎年恒例のタレント・ショーに出演してポップスを歌ったりもします。また、太極拳や格闘技の訓練も怠りません。彼は次のように語ってくれました。「これが儒教、仏教、道教を説明できる最も現実的な方法なのです。つまり、兄弟愛、道徳心、勇気、情緒、良心を大切にした訓練でもあるのです」

マーは憂いています。毛沢東によって儒教や他の思想が排除されたため、中国からひとつの時代が完全に失われてしまいました。彼の大胆なビジョンは、価値観や目標の意味を取り戻して次の時代の人たちに引き継ぎたいというものです。彼は言います。「私たちに必要なのは政治ではなくて、誠実な人々です」。マーはビジネス実践においても大変高い倫理意識を持っています。「賄賂を払うくらいなら、自分の会社を閉じてしまいますね」

マーは自信家でありながら、それでも心配は尽きません。彼自身の最大の課題は、顧客に本物の価値を創造し、政府と協力し、そして彼のチームをグローバル・リーダーに育てることだと確信しています。そして、これまでに築いた資産を使って大学を創設し、中国の次世代の起業家を育成したいと思っています。マーはこう言います。「私たちの課題は、もっとたくさんの人が持続可能な方法でお金を稼げるように手助けすることです。これはその人たちだけでなく、社会にとっても良いことなのです」

ビジネスの目標

近年、ヘッジファンドを含む短期志向型の投資家たちが着実に力を持ってきました。こういった物言う投資家たちは、高い手数料を課し、20%の実益を稼いでいて、知らぬ間に資本主義に大きな影響をおよぼしています。長期的な利益よりも短期的な収益を重んじるため、短期的な株主価値の最大化にやっきになっています。そのため開発費を含む長期投資の削減が強制的に行われ、企業の経済価値や将来の活力を破壊しかねない状況です。

それでも議論が絶えません。ビジネスは、株主や所有者の価値を最大にするためのものなのか、あるいはすべてのステークホルダー（利害関係者）に対して幅広い義務があるものなのか、の議論です。２０１４年11月、ハーバード・ロー・スクールの３年生たちの講義に客員講師として招かれた際に、私は次のような質問を投げかけました。「企業は、社会に貢献するために発展する組織でしょうか？　それとも、投資家の収益を最大化するために資産を管理する組織なのでしょうか？」

受講していた30人全員の答えは後者（投資家の収益の最大化）だったので、驚きかつ失望しました。彼らのその考えは確固としていて、その後その話題について意味のある討論を続けることができませんでした。

事実としては、多くの国の上場企業、つまり有限責任企業の法的地位は、社会へ貢献するために社会によって設立を許可されたものです。ところが過去30年の間に、株主グループの激しい圧力を受けて大抵の投資家や多くの実業家は、自分たちの役割は資産管理をして株主への直近の収益を最大化するだけでよい、と思わざるを得ない状況になっています。

残念なことに投資家や企業の多くは、法的に認められた自由を当然のように謳歌する運営を行っています。

ところが、彼らが不正を働いたときには、社会は彼らに対して極端な改善措置策を採ることを自覚していません。そこに資本主義の危険が孕んでいるのです。２００３年のエンロン破たんにはじまって、２００８年のグローバル金融システムの事実上の崩壊を目のあたりにしました。それ以来、私たちは制限のない資本主義が自滅の危機にさらされていると考えるようになりました。そのためにアメリカでは、2003年にサーベンス・オクスリー法、2011年にドッド・フランク法といった法律を可決して自由市場を抑制しようとしました。しかし、法律だけで解決が得られるわけではありません。必要なのは、企業と政府のリーダーが協働して、資本主義の原点である社会に奉仕するという目標に立ち返ることなのです。つまり、すべてのステークホルダーへの奉仕という目標です。

インフォシスの創業者ナラヤナ・ムルティは、ビジネスの目標は株主価値の最大化を越えた先にあるのだという信念を持っています。彼はこう言いました。「株主価値を長期に持続させるためには、先ずは持続する顧客価値を創造しなければなりません。同時に、すべてのステークホルダー（利害関係者）に対して公正でなければなりません。つまり、顧客、社員、投資家、納入業者、政府、そして社会に対して公正を保たねばならないのです」

企業の成功度合を示すベストな指標は、その企業が長命であるかどうかです。ある長寿企業を例にとると、その企業は、順境や逆境を経て、会社の個性を強化し、顧客第一を貫き、堅実経営をしてきたのです。企業はそうして強くなるのです。

ムルティは20代のパリでの経験を土台にして、4つの原則に沿って立ち上がってきました。それを彼は、「思いやりある資本主義」と呼んでいます。

ひとつめは、貧困から抜け出す唯一の方法は、新しい仕事とより多くの富を創出すること。ふたつめは、ほんの一握りの人だけが、起業して新しい仕事と富を創出できること。3つめは、これらの人々には富を公正に創出するための動機が必要なこと。最後は、仕事や富を創出するのは政府の責任ではないこと。政府の役割は、公正な奨励制度を創って人々を勇気づけ、彼らが仕事や富を創出できるよう環境を整備することです。彼は次のように説明してくれました。「人々が自らを高めようとするには、チャンス、動機、そして競争が必要です。これが資本主義の本質です。資本主義の精神を公正、品位、透明性、そして誠実と組み合わせれば、思いやりのある資本主義が実を結ぶのです」

ホールフーズ社の創業者ジョン・マッキーは、こういった問題を2013年出版の著書『世界でいちばん大切にしたい会社 コンシャス・カンパニー』（前出）で、直截的に取り上げています。

> 私たちにとって資本主義のビジョンとは、今以上のコンシャス・ビジネス（世のため人のためになるビジネス）の創出を奨励することなのです。つまり、すべてのステークホルダーのために奉仕するという、一段と高い目標に突き動かされて一致団結する企業の創出です。そんな企業には、目標に奉仕するコンシャス・リーダーがいて、それに同意する人々がいて、そして世間の支持が集まります。3つを合わせて、ビジネス・リーダはビジネスや資本主義が持つ恐るべき力を解き放ち、思いやり、自由そして繁栄をもたらす世界を創出することができるのです。

私の経験では、株主価値の最大化を支持する人たちの多くは、企業が持続可能な株主価値をどのように創出するのかがわかっていないか、あるいは気にも留めていないかのどちらかです。というのも、彼らは単なる株のトレーダーに過ぎず、企業への長期的な投資家ではないからです。

持続可能な価値の創出には、先ず、すべてのステークホルダーが一丸とならねばなりません。つまり、企業の顧客、そして、ビジネスの成功に向けて何らかの関与をするすべての人たちに奉仕するという、共通の使命感や価値観の下に団結しなければならないのです。

社員は共通の使命に鼓舞されて、革新をおこし、顧客に優れたサービスを提供するようになります。そして、価値観が繋ぎ役になって、グローバル企業は一致団結します。そして、革新と優れたサービスのおかげで、企業の売上と利益が増え、それが持続する株主価値を創り出します。そのためには、企業はその成功を持続させるべく長期にわたる投資をすることが求められます（図表A-1参照）。このようにして、すべてのステークホルダーの関心が一致すれば、企業は持続軌道に乗るのです。

社会のステークホルダーになる

企業やリーダーに対する人々の信頼が大変低くなっている現在だからこそ、私たちは「株主対ス

図
A-1

持続する成長と業績

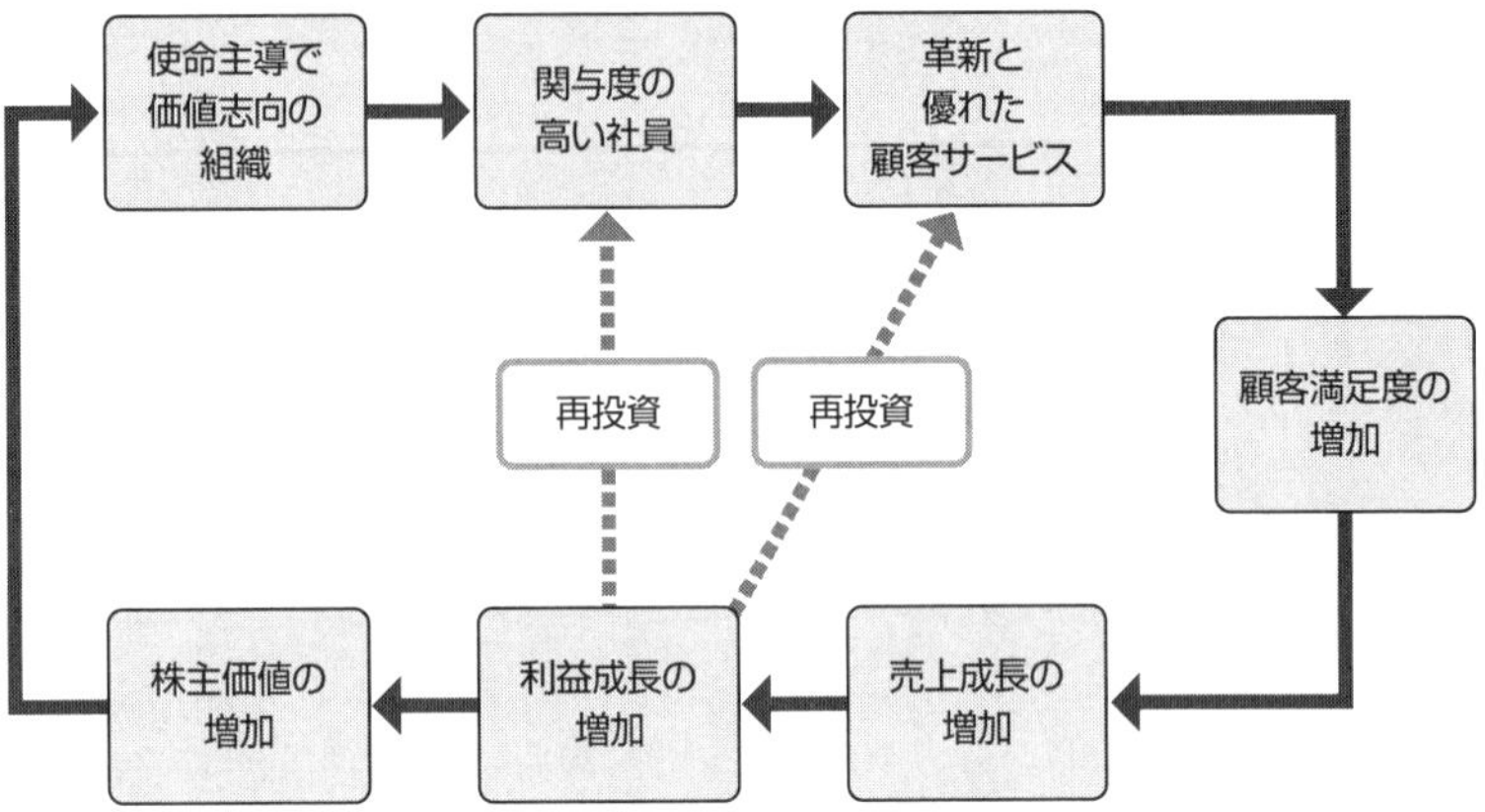

テークホルダー」を、従来の議論を超えた新しい枠組みでとらえる必要があります。つまり、グローバル企業はいかにビジネスを通して社会に貢献できるかを考えなければならないのです。

クラウス・シュワブは、世界経済フォーラムの創設者兼CEOです。彼は、企業のリーダーは社会的な問題に立ち向かう役に立つべきとの主張を長年牽引してきました。グローバル社会がより密接に絡み合う現在、彼の問題意識は一段と核心をつくものになっています。私を含めたハーバード大のグループと会食を行った際に、彼は次のような考えを提起しました。社会を企業のステークホルダーのひとつと見るのではなく、企業が自らを「社会のステークホルダー」としてとらえるべきだと。

マイケル・ポーター教授とマーク・クラマーはこの問題を、ハーバード・ビジネス・レビュー（2011年1月号）に掲載した有名な論文「共通価値の戦略」（『ダイアモンド・ハーバード・ビジネス・レビュー』、2011

年6月号）の中で取り上げています。ふたりの提案はこうでした。企業の役割とは、企業本来のビジネスを通して、社会に価値を創出することであって、単に慈善基金を使って付随的に社会に貢献することではありません。

ポーターの論文に対して、ユニリーバ社のポール・ポールマンが次のようなコメントを寄せています。「私の哲学はもう一歩先を行っています」

より良い世界のために貢献しますと言うだけでは、もはや十分でなくなっています。あなた自身がその解決策の当事者のひとりになって、現在起こっている問題のいくつかでも解決して事態を180度変えなければならないでしょう。

自分が成功するためにどうやって社会を利用するのかと考えるのではなく、どうやったら、社会や環境がより良くなるために自分が貢献できるのかを考えはじめなければなりません。

「そうするためには、自らの透明性を一段と高めて、株式市場の動向に惑わされずにより長期の時間枠で行動しなければなりません」。ポールマンはさらに説明します。

自分のトゥルー・ノースを発見することが助けとなります。私たちは今、これまで誰も足を踏み入れたことのない社会に住んでいるのです。

率直に言って、外部要因や金融市場での成功度合を評価する現在のやり方を大幅に変えない限り、私たちは相当な逆風にさらされ続けるでしょう。今抱えている問題はそういったやり方がもたらした結果なのです。

ポールマンはこうも主張します。社会的な責任を担う企業であるためには、一段と高レベルの業績を上げねばなりません。なぜなら社会に対して、一段と高レベルの貢献を約束するのですから。

> 私たちには新しいビジネス・モデルが必要です。そのモデルをリードする新しい世代のリーダーたちは、将来の課題に立ち向かう思考回路と勇気を備えています。ビジネス自体が課題の解決策の一部にならなければなりません。森林の乱伐や食の安全といった問題は、ひとつの企業が単独で立ち向かえるものではありません。
>
> だから、産業内あるいは産業の壁を超えた協力が必要です。有限の世界だからこそ、富は一部の少数派のために創出されるのではなく、すべての人にその恩恵が施されなければならないという大きなプレッシャーがあるのです。

ポールマンは次のように締めくくりました。「ユニリーバ社の目標は、持続可能なビジネス・モデルを作り、それをより大きな善のために役立てることです。実に単純明快です」

もし、すべての企業がこの考えに沿って目標を再構成したらどうでしょうか？　そうなれば、グローバル企業や現地企業が営利のためか非営利のためかを問わず、世界の喫緊の問題に取り組むうえで、どんな影響が出てくるのかを考えてみてください。世界的な健康問題、食物や水の供給、人口抑制、エネルギーと環境、雇用創出、富の分配、そして世界の平和に対する企業の取り組みはどう変わるのでしょうか?

リーダーが組織の有用性を持続させるためには、共通の目標に向かって社員をエンパワーする(自主的・自律的に行動する権限を委譲して支援する)ことが必要です。リーダーとして、ビジネスに取り組む熱意を伝えつつ、組織の使命を明確に維持しなければなりません。このことに、ジャック・マー、ケン・フレイザー、インドラ・ヌーイをはじめとする新しい世代のグローバル・リーダーの多くが取り組んでいるのです。

あなたも自分のトゥルー・ノースを発見して、本物のリーダーになると約束してほしい。これが私の願いです。世界は今、大変重要な問題に直面しています。あなたのリーダーシップを、同様の思いを持つ他のリーダーたちと協働しながら発揮して欲しいのです。そして、持続可能なビジネス、政府、非営利組織を構築し、それらが一緒になって、この世界に住むすべての人たちのために世界を一段と住みよい場所へと変えていくのです。

監訳者あとがき

本書は、ビル・ジョージ（Bill George）が２０１５年に著した*Discovering Your True North*（増補改訂版）の邦訳である。初版の翻訳者、梅津祐良先生（元早稲田大学ビジネススクール教授）が「訳者あとがき」で解説しているように、書名のTrue Northとは、「羅針盤上の真の北の意味で、本物のリーダーを目指す人たちが、そのキャリア開発の旅路において設定する「真の目的」、または「キャリアの究極的な目標」（３０３ページ）のことを指している。換言すると、本物のリーダーになるための「内なる指針」（羅針盤）の意味である。

著者のビル・ジョージは、グローバルに成功を収めている巨大医療機器メーカーのメドトロニック社（本社：スイス）のCEOを16年間務めた後、自らのリーダーとしての経験を若い世代に伝えようと、教育界に転身したユニークな経歴を持つ経営学者である。

ハーバード大学ビジネススクールの教授として教鞭をとるかたわら、これまでにリーダーシップ論について5冊の著作を発表している。そのいずれもが学問的に高い評価を得て、全米のビジネス書ベストセラーに輝いている。

経営学者としてのビル・ジョージの貢献は、リーダーシップ論の偉大な先駆者であるウォーレン・ベニス（シンシナティ大学元学長）の理念を引き継いで、21世紀のリーダーシップのあり方について、その理想像を根底から覆してしまったことである。20世紀の優れたリーダー像は、ピラミッド組織の頂点に君臨し、自らのカリスマ的なイメージを用いて企業組織を動かす達人である。完璧なキャリアを歩んできた巨人たちは、家庭生活（ワーク・ライフ・バランス）や社会貢献などの視点は埒外に置いて、自らの昇進と彼らの指揮下にある企業の繁栄を求めて、一心不乱に働くハードワーカーであった。

しかし、ビル・ジョージは、そうしたリーダーシップの発揮の仕方では、21世紀の組織はうまく動かすことができないと主張している。２００３年のエンロン事件と２００８年のリーマンショックは、金銭や名声や権力の獲得に固執するあまり、短期的な利益を追い求めたリーダーたちによってもたらされた歴史的な悲劇である。21世紀の企業社会では、それとは逆のリーダーシップが求められている。

自らも経営者として苦難の道を歩んできた筆者が提唱しているのは、「完全無欠のスーパーマン」ではなく、「等身大のリーダー像」である。若いころ大きな挫折に遭遇しながら、自らを陶冶して成長してきた人間ほど他人の痛みがわかる。苦難の道を歩んできた人間こそ、本物のリーダーになるために必要な価値観の基軸（トゥルー・ノース）を獲得できる可能性が高い。重要なのは、リーダーとしての先天的な資質や遺伝子ではなく、苦い経験や内省を通して得た学びや気づきなどである。

自己を変えていく学習能力とそのプロセスこそが、21世紀型のリーダーにとっては大切である。

新しい世紀におけるリーダーシップの転換こそが、本書のメインテーマである。この主張を一冊の本にまとまるために、筆者のチームは、初版で１２５人に、改訂版では追加で47人の経営者にインタビューを試みている。インタビュー対象となった企業経営者や非営利組織のリーダーたちの人生経験（ライフ・ストーリー）を整理して、彼らのリーダーとしての成長プロセスを３つのフェーズに区分している。

通常のアカデミシャン（大学の研究者）ならば、多くのインタビューを整理したのちに、科学的な手続きに基づき、基本的なキー概念を抽出して事例を抽象化していく。概念整理のプロセスで、科学者という種族は、具体的で人間くさい個別事情は消し去ってしまうものである。

ところが、筆者は科学的な厳格さにこだわることなく、それとは異なる「ナラティブな」アプローチを採用している。「読み手に物語を語り聞かせるような手法」を採用しているのは、未来の若いリーダーたちに向けて、先人たちが歩んできたリーダーとしての個人史を彼らの苦い教訓を交えて、リアルに伝えるためである。

そうした観点から言えば、本書に対して、「科学的な枠組みを大きく逸脱している著作ではないか」との非難を受ける可能性がないわけではない。ただし、厳密な科学者たちからのそうした批判を打ち負かすことができるのは、実務家的な教育者としてのビル・ジョージの実践的な成果が、科学的な考察の厳密さを上回っているからだろう。優れたリーダーシップの実践は、ある種の技術的なスキルの獲得を意味している。そこでは、実践で鍛えられた経営的な技能が重要であり、科学的な手続きの厳密さに優位性はない。

すでに本書を読み終えてしまった読者には、読後の内容整理のために、いまから読みはじめる人に向けては手引書を提供する目的で、本書の概要を要約してみたい。

本書は3部から構成されている。本物のリーダーになるべく、未来のリーダーたちは3つのステップを踏んで成長していく。すなわち、(フェーズⅠ)は、リーダーになるための準備段階、(フェーズⅡ)は、リーダーとして経験を積み重ねていく段階、(フェーズⅢ)は、次の世代のリーダーを育てることに貢献する段階である。3部構成のそれぞれのパートが、3つのフェーズに対応している。

第一部「リーダーシップへの旅路」は、リーダーになる準備段階(フェーズⅠ)を扱っている。読者はここで3つの事柄を学ぶことができる。

1. 自分のリーダーとしての意味を理解し、試練や誘惑との向き合い方などを内省することを学ぶ(第1章 人生経験)。
2. 人生の途上で起こる困難や試練に対処するため、踏み外してはいけないことを学習する(第2章 道を失う)。
3. 試練そのものより、試練を乗り越えることで獲得することができる経験(プロセス)こそが、重要であることに気づく(第3章 試練)。

第二部「本物のリーダーになる」は、5つの章から構成されている。それぞれの章は、真正のリーダーになるために必要とされる5つの要素について、章立てて解説がなされている。
1．中心にあるのが自己認識で、これは内省と他者からのフィードバックによってもたらされる（第4章 自己認識）。
2．自分の価値観や行動のための原理・原則を発見して、それを揺るぎないものするための強化の仕方を学ぶ（第5章　価値観）。
3．自分の最大の強みと動機が交差する場所（スイート・スポット）を見つけるための心構えと方法を知る（第6章 スイート・スポット）。
4．試練に立ち向かうリーダーにとって不可欠なのが、精神的に支援してくれるサポーターたちである。そのネットワークの大切さを認識する（第7章 サポート・チーム）。
5．従来のリーダーシップ論が重視してこなかった個人の生活（ライフ）と公的な仕事（ワーク）を統合させることを大切にすること。そのために必要な心構えは何かを学ぶ（第8章 公私を統合する人生）。

第3部「成果を上げるリーダーへ」では、リーダーとしての視点が、「私」から「私たち」に切り替わる転換点を示している。その結果、リーダーにとって必要な目標設定やマネジメントの焦点が大きく変わることになる。
1．本物のリーダーならば、ある時点から自然に、心のあり方が自分中心（私）から他者（私たち）に切り替わる瞬間が訪れる（第9章「私」から「私たち」へ）。そして、
2．リーダーの視点が「私たち」に切り変わったことで、組織全体が共通の目標に向かって動け

るようになる（第10章 目標）。

3．ひとつのチームとして組織を動かすために、リーダーはメンバーが自律的に動けるように権限を委譲するようになる（第11章 エンパワーメント）。

4．最後に、現代的な課題である異文化経営で必要とされるグローバル・リーダーシップの役割について議論を重ねる（第12章 グローバル・リーダーシップ）。

本書はわたしが監訳者として責任をもつことで、翻訳作業は友人の林麻矢さんにお願いした。訳者の林さんにとっては、本書がご本人にとってはじめての本格的な翻訳作業だった。そのため、海外（中国西安交通大学ＭＢＡコース）でマーケティングの講義を担当している夫君（林廣茂氏：元同志社ビジネススクール教授）の助けを借りて、慎重に本書を訳していった。監訳者のわたしも、各章の下訳が終わるたびに、全文をチェックさせていただいた。元ドクターコースの大学院生だった林廣茂さん（英語の達人）と、慎重にダブルチェックを行っているので、日本語はかなりこなれているはずである。

さて、本書は原著を読みやすくするために、注釈を各ページの下に横書きで入れるなどの工夫をした。手に取られる読者は、わたしたちがずいぶんとゆったりとしたレイアウトを採用したと感じられるはずである。また、読者のために個人の経験（ライフ・ストーリー）に照らして本書を読んでもらいたいと考えた著者は、各章末に「演習」（個人のリーダーシップに関する質問）を付け加えている。想定される読者に対して、自らの内省を促すためには、演習の掲載は教育的にはよいことだと考えている。あるいは、リーダーシップのテキストとして、本書を教室で使用してくださる先生たちには、試験問題を作る手間が省けるだろう。

最後に、本書に対する感想をふたつ開陳させていただきたい。まずは、ビル・ジョージがインタビューした人物たちと米国の企業文化についてである。

本書に登場するリーダーは、人生の挫折や困難に対して敢然と立ち向かう英雄たちである。取り上げたほとんどのケースで、彼らは優秀な配偶者や頼りになるメンターに恵まれている。米国の文化は、自立した個人が互恵的な人間関係を結ぶことで、お互いの成功を支え合うところに特徴がある。

ところが、わたしたち日本の社会では、キャリア形成のための舞台装置と、そこでの人間関係の作り方が米国ほど成熟していない。監訳者としては、日米間での企業文化の違いが、本書のリアリティを少しばかり損なってしまうのではないか、と懸念している。

二番目は、より個人的な事柄である。わたしは開学から13年間、法政大学経営大学院でマーケティング論の授業を担当している。毎年、春学期の最初の授業で、「わたしの研究活動・社会活動」というタイトルで、研究歴の紹介を兼ねた自己紹介をしている。そのスライドの一枚に、つぎのようなページがある。そのままの形で引用する。パワーポイントのページタイトルは、「なぜ、マーケティング研究者になったのか？」

・自らの遺伝子：農家（母の血筋）と商家（父の血筋）。
・大学に入学した時点で考え方を改める（天才だらけ）。
・マーケティングを専攻することを決める（20歳）。
・米国留学中（30歳）に、研究者としての20年間を設計した。
・48歳のときの結論：人生3分割論（25年＋25年＋25年＝75年）。
↓50歳になったら社会活動家に転身することを決意。

わたしの研究者としての「人生3分割論」が、まさにビル・ジョージが提唱している3つのフェーズ（Ⅰリーダーになる準備段階、Ⅱ経験を積み重ねる段階、Ⅲ社会に奉仕する段階）そのままなのである。翻訳をしていてそのことに気づいたのは、ある意味で驚きだった。

2017年8月吉日

小川孔輔

参考文献

序文

Bennis, Warren. Managing People *Is Like Herding Cats: Warren Bennis on Leadership*. Provo: Executive Excellence Publishing, 1999, p. 163.

Bennis, Warren. *On Becoming a Leader.* New York: Perseus Books, 1989.

Bennis, Warren, and Patricia Ward Biederman. *Still Surprised: A Memoir of a Life in Leadership*. San Francisco: Jossey- Bass, 2010.

Bennis, Warren, and Joan Goldsmith. *Learning to Lead: A Workbook on Becoming a Leader*. 4th ed. New York: Basic Books, 2010.

George, Bill. *Authentic Leadership*. San Francisco: Jossey-Bass, 2003, p. xvi.

Longfellow, Henry Wadsworth. *A Psalm of Life*. New York: Cupples & Leon, 1900.

序章

George, Bill, and Andrew McLean. "Kevin Sharer at Amgen: Sustaining the High-Growth Company (A)." Boston: Harvard Business School, 2005, pp. 8–9.

James, *William. Letters of William James*. Vol. 1. 1878.

Medtronic. "One Company, One Mission." Accessed March 25, 2015. http://www.medtronic.com/us-en/about-3/mission-statement.html.

Werner Erhard Video. "Warren Bennis on the est Training." Video, 6:28. June 7, 2014. http://wernererhardvideo.com/warren-bennis-on-the-est-training/.

第1章

Bennis, Warren, and Robert Thomas. *Geeks and Geezers: How Era, Values, and Defining Moments Shape Leaders*. Boston: Harvard Business

School Press, 2002, p. 20.
Bloomberg, Michael. and Matthew Winkler. *Bloomberg by Bloomberg*. Hoboken, NJ: John Wiley & Sons, 2001.
Erikson, *Erik. Childhood and Society*. Reissue ed. New York: Norton, 1993.
George, Bill. *Authentic Leadership*. San Francisco: Jossey-Bass, 2003.
George, Bill, and Andrew McLean. "Howard Schultz: Building Starbucks Community." Boston: Harvard Business School, 2006, pp. 1–4.
John Barth quote from a conversation Barth had with Warren Bennis. Research interview with Warren Bennis, July 2005.
John Gardner quote from interview Gardner had with Warren Bennis. Research interview with Warren Bennis, July 2005.
Magee, David. *Jeff Immelt and the New GE Way: Innovation, Transformation, and Winning in the 21st Century*. New York: McGraw-Hill, 2009.
Sandberg, Sheryl. *Lean In: Women, Work, and the Will to Lead*. New York: Alfred A. Knopf, 2013, p. 53.

第2章

George, Bill, and Andrew McLean. "Richard Grasso and the NYSE, Inc. (B)." Boston: Harvard Business School, 2005.
Gupta, Rajat. Speech at Columbia University, New York, 2005.
Hytha, Michael. "ArthroCare Ex-Chief Baker Gets 20-Year Term for Fraud." *Bloomberg*, August 30, 2014.
Jobs, Steve. Commencement address, Stanford University, Stanford, CA, June 12, 2005. http://news.stanford.edu/news/2005/june15/jobs-061505. html.
Lance Armstrong quote from a conversation Armstrong had with Oprah Winfrey. Interview with Oprah Winfrey, January 2013.
Mangalindan, JP. "Why YouSendIt had to change its name." *Fortune*, July 10, 2013.
Paulson, Jr., Henry, *On the Brink: Inside the Race to Stop the Collapse of*

the Global Financial System. New York: Business Plus, 2013, p. 138.
Raghavan, Anita. "Rajat Gupta's Lust for Zeros." *New York Times Magazine*, May 17, 2013.
Vasella, Daniel, and Clifton Leaf. "Daniel Vasella of Novartis talks about Making the Numbers, Self-deception, and the Danger of Craving success." *Fortune*, November 18, 2002.

第3章

American Academy of Achievement. "Oprah Winfrey Interview." Last modified July 13, 2012. http://www.achievement.org/autodoc/page/win0int-1.
Bennis, Warren. *On Becoming a Leader*. New York: Perseus Books, 1989, p. xxiv.
Joseph, Stephen. *What Doesn't Kill Us: The New Psychology of Posttraumatic Growth*. New York: Basic Books, 2011.
Maslow, Abraham. "A Theory of Human Motivation." *Psychological Review*, 1943. Retrieved from http://psychclassics.yorku.ca/Maslow/motivation. htm.
Miller, Arthur. *The Crucible: A Play in Four Acts*. New York: Viking Press, 1953.
Pedro Algorta quote from a conversation Algorta had with Harvard Business School class, 2013.

第4章

Browne, John. *The Glass Closet: Why Coming Out Is Good Business*. New York: HarperCollins, 2014, pp. 13, 21, and 182.
Bryant, John *Hope. How the Poor Can Save Capitalism: Rebuilding the Path to the Middle Class*. San Francisco: Berrett-Koehler Publishers, 2014.
Bryant, John Hope. *Love Leadership: The New Way to Lead in a Fear-*

Based World. San Francisco: Jossey-Bass, 2009, p. 11.
Cook, Timothy. "Tim Cook Speaks Up." *Bloomberg Businessweek*, October 30, 2014.
Delphic Oracle. Inscription on the Oracle of Apollo at Delphi, Greece, sixth century BC, *The Columbia World of Quotations*, 1996. The words are traditionally ascribed to the "Seven Sages" or "Seven Wise Men" of ancient Greece, and specifically to Solon of Athens (c. 640–c. 558 BC).
Gelles, David. *Mindful Work: How Meditation Is Changing Business from the Inside Out*. New York: Houghton Mifflin Harcourt, 2015.
Goleman, Daniel. *Emotional Intelligence: Why It Can Matter More Than IQ*. New York: Bantam Books, 1995.
Kabat-Zinn, Jon. *Wherever You Go, There You Are: Mindfulness Meditation in Everyday Life*. New York: Hachette Books, 1994, pg. 3.
Langer, Ellen. *Mindfulness*. 2nd ed. A Merloyd Lawrence Book. Boston: Da Capo Lifelong Books, 2014.
Whyte, David. *Where Many Rivers Meet*. Langley, WA: Many Rivers Press, 1990.

第5章

Jim Burke quotes from visit to Harvard Business School, 1994.
McLean, Andrew, Shailendra Singh, and Bill George. "Narayana Murthy and Compassionate Capitalism." Boston: Harvard Business School, 2005, pp. 1, 6, and 8.
Sam Palmisano letter to IBM employees in "Our Values at Work: On Being An IBMer," November 2003.

第6章

Berkshire Hathaway Annual Reports. Accessed March 25, 2015. http://www .berkshirehathaway.com/reports.html.

George, Bill. "Truly Authentic Leadership." *US News and World Report*, October 30, 2006.

Lowenstein, Roger. *Buffett: The Making of an American Capitalist*. Reprint ed. New York: Random House, 2008.

Schlender, Brent. "Gates and Buffett: The Bill and Warren Show." *Fortune*, July 20, 1998.

Schroeder, Alice. *The Snowball: Warren Buffett and the Business of Life*. Updated ed. New York: Bantam, 2009.

The concept of integrating one' s motivations with one' s abilities originated in the System for Identifying Motivated Abilities. Accessed March 25, 2015. http://www.sima.co.uk.

第7章

Kirkpatrick, David. *The Facebook Effect*: *The Inside Story of the Company That Is Connecting the World*. New York: Simon & Schuster, 2010.

Stewart, Christopher, and Russell Adams. "When Zuckerberg Met Graham: A Facebook Love Story." *Wall Street Journal*, January 5, 2012.

第8章

Christensen, Clayton, James Allworth, and Karen Dillon. *How Will You Measure Your Life?* New York: HarperCollins, 2012.

Langer, Ellen. "Ellen Langer-Science of Mindlessness and Mindfulness." Interview by Krista Tippett. On Being, May 29, 2014. http://www .onbeing.org/program/ellen-langer-science-of-mindlessness-andmindfulness/transcript/6335.

Sandberg, Sheryl. *Lean In: Women, Work, and the Will the Lead*. New York: Alfred A. Knopf, 2013, pp. 122, 126, 129, 134, 138, and 139.

第9章

Alighieri, Dante. *The Divine Comedy* (*The Inferno, The Purgatorio, and The Paradiso*). Translated by John Ciardi. New York: New American Library, 2003.

Greenleaf, Robert. "The Servant as Leader." The Greenleaf Center for Servant Leadership, 2008, p. 6

Isaacson Walter. *Steve Jobs*. New York: Simon & Schuster, 2011.

Jobs, Steve. Commencement address, Stanford University, Stanford, CA, June 12, 2005. http://news.stanford.edu/news/2005/june15/jobs-061505.html.

Mackey, John, and Rajendra Sisodia. *Conscious Capitalism: Liberating the Heroic Spirit of Business*. Boston: Harvard Business Review Press, 2014, p. 196.

Mandela, Nelson. *Long Walk to Freedom: The Autobiography of Nelson Mandela.* Boston: Little, Brown, 1994, pp. 563 and 568.

第10章

Badaracco, Joseph, Jr., and Matthew Preble. "PepsiCo, Profits, and Food: The Belt Tightens." Boston: Harvard Business School, 2013.

Global Agenda Council on Values. "A New Social Covenant." Davos Kloster, Switzerland: World Economic Forum, 2013.

Stafford, William. *The Way It Is: New and Selected Poems.* Minneapolis: Graywolf Press, 1998.

第11章

Brown, Daniel James. *The Boys in the Boat: Nine Americans and Their Epic Quest for Gold at the 1936 Berlin Olympics*. Reprint ed. New York: Penguin Books, 2014, p. 353.

George, Bill, and Andrew McLean. "Anne Mulcahy: Leading Xerox through the Perfect Storm (A)." Boston: Harvard Business School,

2005, pp. 5, 7, 8, 9, and 11.
George, Bill, and Andrew McLean. "Anne Mulcahy: Leading Xerox through the Perfect Storm (B)." Boston: Harvard Business School, 2005, pp. 2–3.
Gergen, David. *Eyewitness to Power: The Essence of Leadership: Nixon to Clinton*. New York: Touchstone, 2001, p. 177.
Hoffman, Bryce. *American Icon: Alan Mulally and the Fight to Save Ford Motor Company*. Reprint ed. New York: Crown Business, 2013, p. 58.
Hsieh, Tony. *Delivering Happiness: A Path to Profits, Passion, and Purpose*. Reprint ed. New York: Grand Central Publishing, 2013.
Goleman, Daniel. "Leadership That Gets Results," *Harvard Business Review*, March/April 2000.
Michelli, Joseph. *The Zappos Experience: 5 Principles to Inspire, Engage, and WOW*. New York: McGraw-Hill, 2011.

第12章

George, Bill, and Natalie Kindred. "Omar Ishrak: Building Medtronic Globally." Boston: Harvard Business School, 2013.
Knoop, Carin-Isabel, Krishna Palepu, Matthew Preble, and Bill George. "Unilever's Paul Polman: Developing Global Leaders." Boston: Harvard Business School, 2013.
Milne, Richard. "Siemens 'Too White, German and Male.'" *Financial Times*, June 24, 2008.
Palepu, Krishna, and Carin-Isabel Knoop. "Novartis' Sandoz." *Harvard Business Review*, March 6, 2013.

おわりに

George, Bill."Jack Ma on Alibaba, Entrepreneurs and the Role of Handstands." *New York Times*, September 22, 2014.
Mackey, John, and Rajendra Sisodia. *Conscious Capitalism: Liberating the*

Heroic Spirit of Business. Boston: Harvard Business Review Press, 2014, p. 273.

Porter, Michael, and Mark Kramer."Creating Shared Value." *Harvard Business Review,* January 2011.

著者プロフィール

ビル・ジョージ（Bill George）

ハーバード大学ビジネススクールの前教授（マネジメント・プラクティス）、現シニアフェロー。2001年までは、最先端医療技術企業のメドトロニック社でCEO兼会長。在職中に同社の株価時価総額は11億ドルから600億ドルに増加、年率35％の成長を達成した。2001年から2002年にかけて、全米でトップ経営者25人のひとりに選出。2014年にはフランクリン・インスティテュートのバウワー賞（ビジネスリーダー部門）を受賞。著書*Authentic Leadership*（邦訳『ミッション・リーダーシップ』生産性出版）はベストセラーに。他に『リーダーへの旅路』『難局を乗り切るリーダーシップ　ハーバート教授が教える七つの教訓』（いずれも、生産性出版）がある。

監訳者

小川 孔輔（おがわ こうすけ）

1951年生まれ、秋田県出身。法政大学名誉教授（元経営大学院教授）、日本フローラルマーケティング協会会長（創設者）、有限会社オフィスわん代表取締役、公益財団法人ランナーズ財団評議員。『マーケティング入門』（日本経済新聞出版社、2009年）、『マクドナルド　失敗の本質』（東洋経済新報社、2015年）、『青いリンゴの物語：ロック・フィールドのサラダ革命』（PHP研究所、2022年）、『わんすけ先生、消防団員になる。』（小学館スクウェア、2023年）、『True North リーダーたちの羅針盤（監訳）』（生産性出版）、『史上最強のホームセンター　常識破りのホームデポ経営戦略（共訳）』（ダイヤモンド社、2023年）、『True North リーダーたちの羅針盤　フィールドブック（共訳）』（生産性出版、2024年）など全53冊。

訳者

林 麻矢（はやし まや）

佐賀県出身。筑波大学卒業。海外旅行代理店の設立メンバー、外資系マーケティング・コンサルティング会社にてアジア地区CEOの補佐、国内外のビジネススクールでの教授補佐を経て、現在は翻訳業。『True North リーダーたちの羅針盤（小川孔輔監訳）』（生産性出版、2017年）、『史上最強のホームセンター　常識破りのホームデポ経営戦略（共訳）』（ダイヤモンド社、2023年）、『True North リーダーたちの羅針盤　フィールドブック（共訳）』（生産性出版、2024年）など。

本書は『True North リーダーへの旅路』（2007年7月24日）刊を増補改定したものである。

True North
リーダーたちの羅針盤

2017年 9 月30日　初版　第1刷発行©
2024年12月 9 日　　　　第5刷

著　者　ビル・ジョージ
監訳者　小川 孔輔
訳　者　林 麻矢
発行者　髙松克弘
編集担当　村上直子
発行所　生産性出版
〒102-8643　東京都千代田区平河町2-13-12
日本生産性本部
電話03(3511)4034
https://www.jpc-net.jp/

印刷・製本　シナノパブリッシングプレス

Printed in Japan
乱丁・落丁は生産性出版までお送りください。お取替えいたします。
ISBN 978-4-8201-2071-1